365
versículos
alentadores
de la
Biblia

Una lectura llena
de esperanza para
cada día del año

BARBOUR
ESPAÑOL
Un Sello de Barbour Publishing

© 2017 por Barbour Español

ISBN 978-1-63609-669-8

Título en inglés: *365 Encouraging Verses of the Bible*

© 2011 por Barbour Publishing, Inc.

Desarrollo editorial: Semantics, Inc. Semantics01@comcast.net

Publicado por Barbour Español, un sello de Barbour Publishing, Inc., 1810 Barbour Drive, Uhrichsville, Ohio 44683.

Nuestra misión es inspirar al mundo con el mensaje transformador de la Biblia.

Member of the
Evangelical Christian
Publishers Association

Impreso en China.

365 versículos alentadores de la Biblia

La Biblia está llena de miles de fascinantes versículos que describen a Dios, a las personas (nosotros incluidos) y el mundo en que vivimos. Algunos de ellos nos reafirman en nuestra fe, otros nos resultan desconcertantes.

Las citas del Antiguo y del Nuevo Testamento de estas páginas pueden ser versículos favoritos que aprendiste en tu infancia u otros por los que te has preguntado por mucho tiempo. En algunos es posible que no te hayas fijado nunca antes. Sea cual sea el caso, *365 versículos alentadores de la Biblia* está concebido para ayudarte a apreciar la Palabra y a caminar con más profundidad en ella. Aquí puedes compartir cada día el deleite que encuentran los autores en citas bíblicas famosas, llegar a conocer mejor algunos versículos esquivos y sentirte animado a hacer que cada uno de ellos forme parte de tu vida.

La Biblia es el libro más maravilloso que existe. A medida que estos versículos desafíen tu fe, animen a tu alma y te ayuden a entender más acerca del Dios a quien amas, sus palabras tocarán tu corazón y tu alma, y recibirás ánimo para convertirlos en una parte diaria de tu vibrante vida espiritual.

Los editores

Día 1

*En el principio creó Dios
los cielos y la tierra.*
GÉNESIS 1.1 RVR1960

A veces las cosas más simples son las más profundas.

La Biblia empieza con una declaración clara y directa acerca del origen de nuestro universo: Dios. Lo que la Biblia no intenta es explicar de dónde viene Dios mismo. En el mismo comienzo, las Escrituras simplemente *dan por sentada* su existencia.

Pero lee unas cuantas páginas en la Biblia y encontrarás la explicación de Dios de su propio ser… más o menos. Es duro de entender para la mente humana limitada en el tiempo. Dios se presentó como «YO SOY» en respuesta a la pregunta de Moisés, «¿Cuál es su nombre?». Esas dos breves palabras claramente implican existencia, y, curiosamente, siempre en el tiempo presente. Nunca hubo un tiempo en el que Dios no fuese, y nunca habrá un tiempo en el que él no sea. Dios simplemente *es*.

Científicos y filósofos han debatido sobre los orígenes del universo y sobre todo lo que abarca —incluyendo a las personas— desde que estas existen en el universo. Pero la Biblia dice clara y simplemente que todo se originó en Dios. Se necesita fe para aceptar eso. ¡Pero se necesita mucha más fe para no creer!

Día 2

Así manifestó Dios su amor entre nosotros:
en que envió a su Hijo unigénito al mundo
para que vivamos por medio de él.
1 JUAN 4.9 NVI

Este pequeño versículo alberga una gran cantidad de significado. Dios siempre ha estado ahí para guiarnos, incluso cuando no sabíamos que lo estaba haciendo. Él continúa ayudándonos de maneras que quizás nunca descubramos, todo por su amor por nosotros. Y, como sabemos, él envió a su único Hijo a este mundo para ofrecer la salvación.

Muchas cosas sobre Dios son un misterio. Nunca llegaremos a entender la manera en la que él obra y cómo piensa. Si hay algo en absoluto que podamos entender, podemos saber que él nos ama. Por eso, le amamos. No hay nada que podamos hacer para que Dios *deje* de amarnos, porque ciertamente no hicimos nada para que comenzara.

Dios se preocupa por todo lo que hacemos. Él celebra nuestras victorias y llora con nosotros en nuestros tiempos difíciles. Como vemos en 1 Juan 4.9, ¡Dios demostró su amor por nosotros mucho antes de que naciéramos! ¿Cómo podríamos no amar a un Dios que nos amó tanto primero?

Día 3

Y a aquel que es poderoso para hacer todas las cosas
mucho más abundantemente de lo que pedimos o
entendemos, según el poder que actúa en nosotros.
EFESIOS 3.20 RVR1960

Este versículo es el final de la oración de Pablo por la
iglesia de Éfeso por crecimiento espiritual, fuerza interior
y conocimiento del amor de Dios (vv. 14–19). El pasaje es
una doxología que alaba a Dios y asegura a cada creyente la
omnipotencia de nuestro amoroso Señor.

El apóstol declara que Dios es capaz de «exceder
abundantemente». La palabra griega *huperekperissou*
es un raro doble compuesto que significa que Dios no
solo es capaz de lograr todas las cosas, sino que lo hace
«superabundantemente por encima de la mayor abundancia».

«Mucho más abundantemente de lo que pedimos o
entendemos» es sencillamente eso. Imagina cada buena cosa
que Dios ha prometido en su Palabra, o cosas que solo has
soñado. Piensa en las cosas maravillosas que exceden los
límites de la comprensión o descripción humanas, ¡después
imagina que Dios es capaz de hacer y *está dispuesto* a hacer
incluso más!

La última parte de este versículo indica que el Espíritu
Santo obra dentro de la vida del cristiano para lograr lo
aparentemente imposible. Nuestras aspiraciones más altas
están dentro del poder de Dios, pero, como Pablo, debemos
orar. Cuando lo hacemos, Dios hace mucho más por nosotros
de lo que podamos imaginar.

Día 4

¿Acaso no sabéis que sois templo de Dios
y que el Espíritu de Dios está en vosotros?
1 Corintios 3.16 rvr1995

La mujer samaritana preguntó a Jesús dónde debía la gente adorar a Dios, en el monte Gerizim (donde estuvo el templo samaritano) o en el templo judío de Jerusalén. Jesús la sorprendió al decirle que se acercaba el tiempo en el que los hombres no adorarían a Dios en *ninguno de los dos* puntos, sino que «los verdaderos adoradores adorarán al Padre en espíritu y en verdad» (Juan 4.19–24 rvr1995). De hecho, como Esteban dijo más tarde: «el Altísimo no habita en templos hechos de mano» (Hechos 7.48 rvr1995).

Si Dios no habita en templos construidos por hombres, ¿dónde habita? Jesús prometió a sus discípulos que, aunque hasta ese momento el Espíritu Santo habitó *con* ellos, pronto habitará *en* ellos (Juan 14.17).

Pablo lo indicó claramente cuando les preguntó a los cristianos: «¿Acaso no sabéis que sois templo de Dios y que el Espíritu de Dios está en vosotros?» (1 Corintios 3.16 rvr1995). Dijo, además: «... vuestro cuerpo es templo del Espíritu Santo, el cual está en vosotros», y subrayó que a causa de eso debemos vivir nuestras vidas en santidad (1 Corintios 6.19 rvr1995; 2 Corintios 6.16–17).

¡Qué privilegio más asombroso el de ser templo del Espíritu de Dios!

Día 5

*Pero ellos no me obedecieron ni me prestaron atención,
sino que siguieron los consejos de su terco y malvado corazón.
Fue así como, en vez de avanzar, retrocedieron.*
JEREMÍAS 7.24 NVI

Los judíos de los tiempos de Jeremías eran excelentes a la
hora de seguir los entresijos externos de la ley; pensaban
que, siempre que ofreciesen los sacrificios apropiados en
abundancia, agradarían a Dios.

En Jeremías 7.22–23, el Señor les dijo, por el contrario:
«No les dije nada ni les ordené nada acerca de holocaustos
y sacrificios. Lo que sí les ordené fue lo siguiente: [...]
Condúzcanse conforme a *todo* lo que yo les ordene» (NVI,
cursivas añadidas). En cambio, hacían lo que querían, lo que
acabó resultando en una religión que iba marcha atrás.

El texto literal de la última frase dice: «*Iban* hacia atrás y
no adelante». Llevaban su religión por el camino equivocado;
ponían el foco en las acciones externas y no en la obediencia
interna.

Anteriormente, el profeta Isaías había dicho que el
pueblo caería hacia atrás, en cautividad, porque tenían una
religión «pequeña»: «Pues la palabra del SEÑOR para ellos será
también: "a-b-c-d-e, a-e-i-o-u, un poquito aquí, un poquito
allá". Para que se vayan de espaldas cuando caminen, y
queden heridos, enredados y atrapados» (Isaías 28.13 NVI).

La meta para los cristianos de hoy sigue siendo la misma:
«En esto consiste el amor a Dios: en que obedezcamos
sus mandamientos» (1 Juan 5.3 NVI). La devoción real se
expresará en sí misma en cada área de nuestras vidas.

Día 6

Gracia y paz a vosotros, de Dios
nuestro Padre y del Señor Jesucristo.
1 Corintios 1.3 rvr1995

❦

Los romanos tenían una forma particular para empezar una carta. Una típica línea de apertura podría decir: «Hermas, a mi querido hermano Aristarco, saludos».

Pablo siguió este formato en sus epístolas. Comenzaba presentándose como «Pablo», y a menudo como «Pablo, llamado a ser apóstol de Jesucristo». Después identificaba al destinatario de su carta diciendo: «a Timoteo» o «a los santos [...] que están en Éfeso».

En vez de decir, «saludos», Pablo siempre pedía bendición sobre sus lectores: «Gracia y paz a vosotros, de Dios nuestro Padre y del Señor Jesucristo». Su lenguaje era casi idéntico en sus epístolas. Antes que nada, Pablo deseaba a los creyentes tener la gracia y la paz de Dios llenando sus vidas.

En sus últimas cartas, a Tito y 1 y 2 Timoteo, como un anciano que mira hacia atrás a una vida de dificultades y persecución, Pablo añadió una bendición más. Ahora escribió: «Gracia, *misericordia* y paz, de Dios nuestro Padre y de Cristo Jesús, nuestro Señor» (1 Timoteo 1.2 rvr1995, cursivas añadidas).

La gracia y la paz de Dios son dones de su Espíritu Santo, que nos ayudan a pasar a través de los tiempos difíciles. Pero a veces caemos, y es bueno saber que la misericordia de Dios está ahí para levantarnos.

Día 7

En la multitud de mis pensamientos íntimos,
tus consolaciones alegraban mi alma.
SALMOS 94.19 RVR1995

¿Te preocupas cuando la gente malvada parece prosperar y cuando la vida se te complica? No estás solo.

No estamos seguros de quién escribió el salmo 94, pero podemos estar seguros de que el salmista estaba molesto y ansioso cuando lo escribió. Clama a Dios pidiéndole: «dales su merecido a los soberbios» (v. 2 NVI). A continuación sigue una lista de acusaciones contra los malvados. La ansiedad del salmista crece hasta que finalmente, en los versículos 8–11, advierte a sus enemigos de que se corrijan y empiecen a seguir a Dios. El versículo 19 (NVI) es el punto de inflexión, el punto en el salmo donde el escritor se queda sin palabras. Total y completamente exasperado, da la vuelta y empieza a alabar a Dios. Dice: «Cuando en mí la angustia iba en aumento, tu consuelo llenaba mi alma de alegría».

«Cuando en mí la angustia iba en aumento». ¿Esta frase te describe? Cuando la ansiedad nos abruma, encontramos alivio en las palabras de Salmos 94.19. Cuando volvemos nuestros pensamientos de angustia hacia Dios, él trae alegría a nuestras almas.

Día 8

Escogieron a Esteban, hombre lleno de fe y del Espíritu
Santo [...] lleno de la gracia y del poder de Dios.
HECHOS 6.5, 8 NVI

Después de leer Hechos 6, uno sospecha que los comités
fueron idea de la iglesia primitiva. La buena noticia es que
el grupo allí descrito fue creado para ofrecer ayuda a los que
sufrían: viudas griegas que no estaban recibiendo su justa
parte. El comité incluía a Esteban, un hombre joven lleno de
fe, gracia, poder y del Espíritu Santo de Dios.

Lo que hace este pasaje tan importante es el énfasis en la
armadura espiritual para la realización de buenas obras. Para
Esteban, esa armadura incluía «fe», una convicción de que
su vida estaba totalmente dirigida a Dios; «gracia», un estilo
de vida que hablaba de Cristo, incluso estando en silencio; y
«poder», el resultado de permitir al Espíritu Santo que obre a
su manera.

Al final, la vida íntegra de Esteban les resultaba tan
hostil a sus enemigos que, después de un discurso en el que
no se guardó nada, fue arrastrado afuera y apedreado hasta la
muerte, convirtiéndose en el primer mártir del cristianismo.

Ese día estaba allí parado un tal Saulo, un asesino de
cristianos. Sin duda, la influencia de un joven lleno de fe,
gracia y poder siguió a Saulo hasta el día en que encontró a
Dios en un camino hacia Damasco. Entonces fue cuando
Saulo se convirtió en el apóstol Pablo.

Día 9

*Y la ciudad será dedicada al anatema,
ella y todo lo que hay en ella pertenece al Señor.*
Josué 6.17 lbla

Fortificada con murallas gigantescas, Jericó parecía invencible. Pero Dios dio milagrosamente a los israelitas victoria sobre la ciudad derrumbando esa barrera.

En aquellos tiempos, los ejércitos conquistadores solían confiscar todas las cosas valiosas de sus víctimas. Dios, sin embargo, instruyó a Josué para que no tomara nada de Jericó, excepto objetos de oro, plata, bronce y hierro.

Entre las prohibiciones de los despojos estaba el grano almacenado en la ciudad, un producto comercial extremadamente valioso. Sin duda, algunos israelitas se preguntaban por qué Dios quería destruir el grano, sobre todo porque su maná diario había dejado de aparecer poco antes. Sin embargo, los soldados quemaron el grano junto con todo lo demás de la ciudad.

En los últimos años, los arqueólogos han excavado las antiguas ruinas de Jericó. Sus hallazgos coinciden con la historia bíblica hasta en los recipientes de arcilla llenos de grano carbonizado. Aunque algunos consideran esta batalla un mito, las vasijas quemadas están ahí como silenciosos testigos de la exactitud de la Biblia.

Hace milenios, una orden de quemar el grano pudo haber parecido un desperdicio para algunos. Pero Dios tenía sus propósitos. Hoy, cuando Dios nos asigna una tarea que parece rara o poco importante, creamos que él sigue teniendo sus razones.

Día 10

Si alguno de ustedes anda escaso de sabiduría, pídasela a Dios,
que reparte a todos con largueza y sin echarlo en cara, y él se la
dará. Pero debe pedirla confiadamente, sin dudar, pues quien
duda se parece a las olas del mar, que van y vienen agitadas
por el viento. Nada puede esperar de Dios una persona así,
indecisa e inconstante en todo cuanto emprende.
SANTIAGO 1.5–8 BLPH

Santiago, el medio hermano de Jesús, no fue creyente al
principio. Debió de haber sido difícil crecer en un hogar
con la perfección personificada. Pero después de la muerte,
sepultura y resurrección de Jesús, Santiago se convirtió en
un fuerte líder de la iglesia. El libro de Santiago se lee como
una lista de preguntas frecuentes sobre la vida cristiana en la
práctica.

Al principio de este pasaje, Santiago nos dice que, si
tenemos falta de sabiduría, debemos pedírsela a Dios, y él nos
concederá esa petición. Los tres primeros versículos (Santiago
1.2–4) dicen que Dios nos da sabiduría por medio de
pruebas y adversidades, que producen resistencia y finalmente
madurez.

Así que, si vas a pedir, tienes que estar listo para la
tormenta. Cuando venga, cree, no dudes. Si resistimos la
tormenta, tendremos sabiduría.

Día 11

Estudia constantemente este libro de instrucción.
Medita en él de día y de noche para asegurarte de
obedecer todo lo que allí está escrito. Solamente
entonces prosperarás y te irá bien en todo lo que hagas.
JOSUÉ 1.8 NTV

Es muy fácil que el pecado se arrastre hasta entrar en nuestras vidas, particularmente en esta era de la tecnología. Con un solo clic del ratón, podemos ver lo que queramos. Podemos estudiar cualquier asignatura e instantáneamente tener una biblioteca de recursos a mano.

Desafortunadamente, esta tecnología también tiene su lado oscuro. Una frase que se ha utilizado a menudo en los últimos años es «basura adentro, basura afuera». Con otro clic del ratón, podemos permitir que entren en nuestra mente imágenes e ideas que sabemos que mejor sería no permitir.

Josué 1.8 habla claramente sobre la solución a cualquier tentación que podamos encontrarnos. Así como la Biblia es relevante hoy tanto como cuando fue escrita, podemos usar su instrucción para tener éxito en nuestro caminar cristiano. Si llenamos nuestras mentes con la Palabra de Dios, no habrá deseo de llenarlas con la basura de este mundo. Como Josué 1.8 lo señala, ¡solo entonces prosperaremos y tendremos éxito en todo lo que hagamos!

¡Demos gracias al Señor por su santa Palabra!

Día 12

*Porque de tal manera amó Dios al mundo, que ha
dado a su Hijo unigénito, para que todo aquel que
en él cree, no se pierda, mas tenga vida eterna.*
JUAN 3.16 RVR1960

Muy de vez en cuando encontramos una declaración concisa
que resume una serie de temas en una frase diáfana. No, no
estamos hablando sobre «enjabonar, aclarar, repetir». Juan
3.16 es fascinante porque en un versículo encontramos la
plenitud del mensaje de Dios condensado.

Nos enseña cuánto nos amó. El amor de Dios no fue un
amor de lástima o de mera emoción, sino un amor práctico.
Él expresó su amor mediante la grandeza del regalo de su
Hijo. Cuando el pecado nos podría haber arrastrado hacia
lo más profundo del abismo, Cristo murió y fue nuestro
sustituto.

El pecado nos separó de Dios. La resurrección de Jesús
nos conecta de nuevo con un Dios que da vida, con una vida
eterna donde sabemos que Dios es amor. Por fe entramos en
esta relación. En nuestro pecado, merecedores de la muerte,
no podemos hacer suficientes buenas obras para sacarnos de
nuestro agujero. Por la gracia de Dios, él extendió salvación
como un regalo, obtenido por medio de la fe en su Hijo.
¡Qué mensaje! ¡Qué regalo!

Día 13

*Confía en el Señor de todo corazón, y no en
tu propia inteligencia. Reconócelo en todos
tus caminos, y él allanará tus sendas.*
PROVERBIOS 3.5–6 NVI

¿Alguna vez has tenido que tomar una decisión, pero no
has sabido qué hacer? Como cristianos, tenemos un recurso
de confianza para aconsejarnos. Cuando tomar decisiones
plantea una amenaza a nuestra paz y tranquilidad, Proverbios
3.5–6 nos proporciona buen consejo.

Primero, confía en el Señor. Confiar en el Señor es
fundamental en nuestra relación con Dios. Y no solo confiar,
sino hacerlo con todo lo que hay dentro de nosotros.

El segundo consejo nos dice que evitemos la tentación de
cargar los problemas o decisiones apartados de Dios. Nuestros
pensamientos y opiniones se cargan de engañosas tendencias
personales. Por eso el rey Salomón, autor de este proverbio,
señala a la dependencia completa en la sabiduría de la Palabra
de Dios antes que en el razonamiento humano. Finalmente,
Dios provee la solución para la toma de decisiones con una
promesa: si traemos todas nuestras preocupaciones a Dios,
él guiará nuestros caminos.

Cuando somos tentados a actuar en nuestra propia
sabiduría, el Señor nos dice que paremos, reflexionemos y
consideremos en oración cada asunto. Él nos da consejos
sencillos para nuestras decisiones importantes y no tan
importantes. La pregunta es, ¿escucharemos? Esa es la
decisión más importante de todas.

Día 14

La industria pesquera prosperó en el mar de Galilea, ya que no existía otro lago de agua dulce cerca. Esta masa de agua estaba a unos doscientos metros por debajo del nivel del mar Mediterráneo, a unos treinta kilómetros al oeste.

Las colinas cercanas alcanzaban los quinientos metros. Al este, montañas con picos de más de mil metros de altura rodeaban el mar, cuyo nombre significa «círculo». La geografía creó un entorno precioso pero peligroso, sujeto a tormentas repentinas y violentas.

Los barcos pesqueros de uso común tenían cuatro hombres, y el tamaño típico de un barco pequeño en ese momento lo hacía bastante vulnerable al mal tiempo. Si los pescadores se descuidaban en cuanto a lo que estaba pasando a su alrededor —dónde estaban y si las nubes mostraban signos de cambio—, podrían encontrarse rápidamente en problemas. Su barco sería llevado por el viento y las olas.

Una deriva similar nos puede pasar fácilmente a nosotros mientras navegamos por el mar de la vida. Mantener un ojo abierto para ver las primeras señales de advertencia del peligro nos ayuda a permanecer en el curso que Dios nos ha dado. Tenemos que prestar mucha atención a todo lo que aprendemos para llegar con seguridad al final de nuestro trayecto.

Día 15

Luego el rey David se presentó ante el SEÑOR y le dijo:
SEÑOR y Dios, ¿quién soy yo, y qué es mi familia,
para que me hayas hecho llegar tan lejos?
2 SAMUEL 7.18 NVI

Cuando paramos y consideramos todo lo que Dios ha hecho
por nosotros y todas las cosas que ha prometido hacer,
experimentamos un intenso sentimiento de humildad.

Así es como David se sentía antes de que el profeta
Natán le visitara. Natán informó a David de lo que Dios
había dicho acerca de él. Después de recordarle a David
algunas de las cosas de las cuales ya le había sacado, Dios
habló de todo lo que todavía tenía intención de hacer en su
vida. Dios hizo promesas tan majestuosas y completas que
debieron de ser abrumadoras para este hombre que había sido
un simple pastor de ovejas.

David no fue el único que recibió promesas de las
bendiciones de Dios. Abram (Génesis 15.1–17), Moisés
(Éxodo 3.1–22) y Josué (Josué 1.1–9) son solo algunos de los
otros a quienes se les dieron promesas, promesas de las cuales
apenas podían creer que Dios se las ofreciera.

La disposición de Dios a extender a su pueblo tales
bendiciones habla de su maravillosa gracia, una gracia
que generosamente se extiende cada día sobre nosotros.
Expresemos nuestro aprecio como hizo David, con una
actitud humilde y una oración agradecida de alabanza.

Día 16

*En esto consiste el amor: en que pongamos en práctica sus
mandamientos. Y este es el mandamiento: que vivan en este
amor, tal como ustedes lo han escuchado desde el principio.*

2 Juan 1.6 nvi

«Vivir en amor». Suena muy fácil, muy atractivo. Entonces
¿por qué no lo hace más gente?

Porque va contra nuestros peores instintos. No olvidemos
que fuimos rebeldes desde el principio. Eva, animada por la
serpiente, temía que Dios le ocultara algo. Así que siguió su
propio camino, y se llevó a Adán con ella. Huyeron de Dios.
Puede que pienses que nosotros hubiésemos sido más sabios,
pero todavía seguimos yendo por nuestro propio camino, y
nos seguimos equivocando.

Es la naturaleza humana revelarse cuando alguien te está
impidiendo algo, se está aprovechando de ti o te está tratando
como si fueras tonto. Pero estamos hablando de *Dios*, no de
un estafador, un político deshonroso ni un dictador de poca
monta. Él no tiene nada que demostrar y no tiene nada que
ganar. Él creó todo, así que ya es suyo. Sin rodeos, podemos
confiar en él.

Así que deja a un lado esos temores. Si tienes que
rebelarte, rebélate contra la rebelión. Los «mandamientos» de
Dios son simples instrucciones de cómo debemos caminar a
su lado. Deja de ir por tu propio camino y empieza a ir por el
suyo. Entonces sabrás realmente cómo es «vivir en amor».

Día 17

—¿Y qué es la verdad? —preguntó Pilato.
Dicho esto, salió otra vez a ver a los judíos.
—Yo no encuentro que este sea culpable de nada —declaró—.
JUAN 18.38 NVI

La mayoría de nosotros estamos familiarizados con las falsas acusaciones y la corte irregular que se reunió para poner en marcha el trayecto de Jesús a la cruz. Cuando Jesús fue arrastrado de una jurisdicción a otra, se dio una conversación interesante con Poncio Pilato, la figura de la autoridad romana para la región.

En un intento de dar sentido a esta última crisis, que sin duda interrumpía su desayuno, Pilato comienza a interrogar a Jesús. Cuando Pilato trata de resolver el lío que los sacerdotes judíos han traído a su puerta, se encuentra involucrado en una discusión filosófica sobre la verdad con el prisionero.

Jesús afirma que su propósito es testificar la verdad, y que para eso nació (18.37). El camino, la verdad y la vida está testificando en un procedimiento legal sobre quién es él.

Pilato planteó la pregunta correcta: «¿Qué es la verdad?». Está en el camino correcto, buscando una apariencia de justicia en medio de un juicio totalmente irregular. Pero su fracaso reside en el hecho de que no espera la respuesta de Jesús. En lugar de eso, regresa a la muchedumbre sedienta de sangre que no está interesada en la verdad, solo en que se justifique su posición.

Jesús se acerca a nosotros con la respuesta de la verdad. ¿Escucharemos?

Día 18

*También fue Ezequías quien cegó la salida de las
aguas del Guijón y las condujo por vía subterránea
a la parte occidental de la Ciudad de David.
Ezequías tuvo éxito en todas sus empresas.*

2 Crónicas 32.30 blph

Jerusalén está encima de una montaña y ha sido durante mucho tiempo una fortaleza formidable, pero siempre ha tenido una vulnerabilidad constante: debe extraer su agua de la fuente de Guijón, que se encuentra fuera de los muros.

Al principio de la historia de la ciudad se cavó un foso de seis metros de profundidad y se cubrió con losas de roca para proporcionar un acueducto cubierto que vertía sus aguas en el estanque de Siloé, dentro de los muros. Más tarde fue remplazado por el escarpado pozo de Warren, el cual permitía al pueblo llegar directamente a la fuente. No eran muy efectivos, porque los hombres del rey David conquistaron la ciudad a través de uno de ellos.

El rey Ezequías resolvió el problema cubriendo totalmente el acceso exterior al manantial de Guijón y tallando un túnel y acueducto de 533 metros de regreso al estanque, donde el agua podría acumularse con seguridad. Jerusalén ha sido asediada al menos veintitrés veces, y conquistada cuarenta y cuatro veces, pero esto resolvió el problema del agua.

Los turistas pueden visitar hoy en Jerusalén el túnel de Ezequías, ¡2.700 años después de haber sido construido!

Día 19

El que habita al abrigo del Altísimo
morará bajo la sombra del Omnipotente.
SALMOS 91.1 RVR1960

¡Qué promesa más maravillosa! Dios cubrirá —con una nube de gloria y protección— a cualquiera que entre en su presencia y permanezca en continua comunión con él. Bajo el antiguo pacto esto se aplicaba solo al sumo sacerdote al entrar al lugar santísimo. Pero, bajo el nuevo pacto, todos los cristianos pueden entrar a la presencia de Dios mediante la sangre de Jesucristo.

Mientras permanecemos diariamente en las Escrituras y venimos a la presencia de Dios, él nos garantiza seguridad, sin importar las circunstancias. La palabra «abrigo» indica un refugio, que cubre y protege del calor y de las tormentas de la vida. Así como las ramas de un árbol nos protegen del sol abrasador, Dios provee refugio y protección donde sea que estemos y ante cualquier desafío que encontremos.

Los nombres dados a Dios en este versículo definen varios aspectos de su amoroso cuidado y protección. «Altísimo» quiere decir que él es mayor que cualquier amenaza o problema que tengamos, y «Omnipotente» recalca su poder y majestad.

En otro versículo, el salmista escribió: «Dios es nuestro amparo y fortaleza, nuestro pronto auxilio en las tribulaciones» (Salmos 46.1 RVR1960). El Señor está presente todo el tiempo para ayudarnos y protegernos. Él *es* nuestro refugio.

Día 20

Que el mensaje de Cristo, con toda su riqueza, llene sus
vidas. Enséñense y aconséjense unos a otros con toda la
sabiduría que él da. Canten salmos e himnos y canciones
espirituales a Dios con un corazón agradecido.
COLOSENSES 3.16 NTV

Cuando pensamos sobre qué es la sabiduría real, nos damos cuenta de que la única sabiduría que vale la pena es la que viene de Dios.

No importa lo inteligentes que pensamos que hemos llegado a ser, no hay nada comparado con la sabiduría de Dios. Él comparte su sabiduría con nosotros y nos instruye para compartirla con otros.

Colosenses 3.16 indica que nos convertimos en sabios cuando nuestras vidas se llenan con la Palabra de Dios. Necesitamos estudiar, aprender y meditar en ella. Entonces sentiremos la necesidad de cantarle alabanzas a él por lo que nos da. Necesitamos vivir la Palabra de Dios todos los días. ¡Brillará a través de nosotros! Una antigua canción dice: «Y sabrán que somos cristianos por nuestro amor». Esto significa que reflejemos el amor de Dios en todo lo que hacemos.

Cuando pasamos tiempo en la Palabra de Dios, encontramos paz, sabiduría y alegría que no podemos hallar en otro lugar. Esta es una paz que amamos tener. ¡Esto es felicidad! ¡Imagínate dando gracias y nada más que gracias a Dios por llenarnos con su amor, paz y sabiduría!

Día 21

Jesús extendió la mano y tocó al hombre.
—Sí, quiero —le dijo—. ¡Queda limpio!
Y al instante se le quitó la lepra.
LUCAS 5.13 NVI

Este conmovedor versículo resume la misión de Jesús. El leproso pidió sanidad, si Jesús así lo quería. Por supuesto, Jesús estaba dispuesto. Él estuvo dispuesto a tomar forma humana, y voluntariamente sufrió el escarnio. Voluntariamente curó a muchos, y voluntariamente murió.

Él no tenía por qué hacer nada de eso, pero lo hizo.

A cambio, Dios pide lo mismo de nosotros. Él puede hacer grandes cosas a través de nosotros, si estamos dispuestos. Pero eso es difícil, ¿verdad? Después de todo, ¿quiénes somos nosotros? No podemos hacer milagros. Y ahí está la piedra de tropiezo: para que Dios obre en el mundo, tenemos que dejar de pensar en nosotros mismos como sus *colegas*. Los apóstoles no curaron a nadie. Dios los usó para realizar muchas curaciones, pero ningún poder era de ellos. Ellos simplemente permitieron ser instrumentos en sus manos.

Todavía quedan por hacer grandes cosas en este mundo, y nosotros podemos ser parte de ello si dejamos de preocuparnos por nuestras capacidades y ponemos más fe en las *suyas*.

En la búsqueda de ser más como Cristo, la cosa más simple y efectiva que podemos hacer es estar dispuestos. Luego entrega esa disposición a Dios y observa lo que hace con ella.

Día 22

Jehová te bendiga y te guarde.
NÚMEROS 6.24 RVR1995

❦

«Dios te bendiga». ¿Cuántas veces has dicho esto? ¿Cuántas veces te lo han dicho?

En la iglesia oyes esta famosa bendición que encontramos en Números 6.24–26 (RVR1995).

Jehová te bendiga y te guarde.
Jehová haga resplandecer su rostro sobre ti
y tenga de ti misericordia;
Jehová alce sobre ti su rostro
y ponga en ti paz.

Dios dio las palabras para esta bendición, a veces llamado «la bendición sacerdotal», a Moisés. Es la bendición más antigua de la Biblia.

¿Qué significa para el Señor bendecirte? El diccionario define la palabra «bendecir» como «santificar o consagrar por rito o palabra religiosa». Ser bendecido por Dios es que te conceda su favor y bendición. En Mateo 5, Jesús nos ofrece ejemplos de aquellos que fueron bendecidos. Él les dice a los bienaventurados: «Gozaos y alegraos» (v.12 RVR1995). El resultado de la bendición de Dios es la felicidad. Encontramos gozo al saber que Dios nos ama y protege.

Pablo dice en Efesios 1.3 que debemos reaccionar a las bendiciones de Dios con alabanza: «Alabado sea Dios, Padre de nuestro Señor Jesucristo, que nos ha bendecido [...] con toda bendición espiritual en Cristo» (NVI).

¿Cómo te ha bendecido Dios hoy? ¡Alábale!

Día 23

Al probar Jesús el vinagre, dijo: —Todo se ha cumplido.
Luego inclinó la cabeza y entregó el espíritu.
JUAN 19.30 NVI

«Todo se ha cumplido». Las palabras de Jesús en la cruz han inspirado músicas y han emocionado los corazones de los cristianos desde su muerte.

Juan escribió su Evangelio en griego, un idioma rico en posibilidades. La palabra original es *tetelestai*. Este verbo en tiempo perfecto implica una acción completada en el pasado con resultados continuos en el presente. Cuando Jesús murió, el plan de Dios para nuestra salvación dio su fruto, y seguimos siendo salvos hoy por ese único sacrificio.

Hay más significado cuando consideramos las palabras hebreas que Jesús dijo en la cruz. «*Tam ve'nishlam*» está tomado de la oración ofrecida a la conclusión de un libro de la Torá: «*Tam ve'nishlam Schevach La'el Boreh Olam*». Traducido al español, significa «Está terminado y completo, bendecido por Dios, el creador del mundo». El sumo sacerdote decía «*Tam ve'nishlam*» al final de la Pascua.

Al decir «Todo se ha cumplido», Jesús no solo dijo que había completado el trabajo para nuestra salvación, también dijo que su muerte cumplió la ley y lo identificaba como el cordero de Pascua. Una vez más, se reivindicó como el Mesías judío.

Demos gracias por Jesús, nuestro Cordero de la Pascua.

Día 24

«No hay un solo justo, ni siquiera uno».
Romanos 3.10 NVI

Aquellos que han orado por la salvación de un padre o una madre se identificarán con la siguiente conversación:

—Papá, ¿qué es lo que te impide aceptar al Señor en tu vida?

—No soy digno.

—Nadie lo es, pero quiere que vayas a él a pesar de eso.

—No puedo hacer eso, hijo, no hasta que deje mis malos hábitos.

El versículo de hoy destaca la convicción de Pablo de que todo el mundo está bajo la influencia del pecado. Desde que Adán cayó, toda la humanidad está en el mismo barco, todos tenemos la necesidad de ser hechos justos aceptando el regalo de la salvación de Cristo y permitiendo al Espíritu Santo que se tome el mando en el camino del día a día.

Según Pablo, la justicia es ser y hacer. Es una relación correcta con Dios y una conducta que esté de acuerdo con su voluntad. En el griego original «ni siquiera uno» es como dar carpetazo al tema. ¡Así es! ¡Sin excepciones!

Todo el que piense que debe poner en orden su casa espiritual antes de acercarse a Dios, debe recordar una vieja canción góspel:

Ven tal y como eres. Oh, ven tal y como eres.
Dale la espalda a tu pecado, deja al Salvador entrar,
pero ven tal y como eres.

Haldor Lillenas

Día 25

*Sin embargo, Dios lo resucitó, librándolo de las
angustias de la muerte, porque era imposible que
la muerte lo mantuviera bajo su dominio.*
HECHOS 2.24 NVI

De acuerdo con la ciencia y el orden natural, ¿qué declaración
es verdad?

Es imposible que los muertos vuelvan a la vida.

Es imposible que los muertos permanezcan muertos.

Incluso películas como *La noche de los muertos vivientes*
juegan con nuestra firme idea de que las personas muertas
están destinadas a permanecer en las tumbas.

En su sermón en el día de Pentecostés, Pedro le dijo a
su audiencia que Jesús de Nazaret, realmente, había muerto,
llevado a la muerte por ellos solo semanas antes. Para los
miembros de esa audiencia, ese debería haber sido el final.
Si incluso el cuerpo del gran rey David estaba sepultado en
Jerusalén, cuánto más este problemático profeta de Galilea
(Hechos 2.29).

Pero, en Jesús, Dios le dio la vuelta al curso normal de
la naturaleza. Invirtió los polos; cambió la imposibilidad de
volver a la vida por la imposibilidad de quedarse muerto.
Le devolvió la vida a Jesús y lo exaltó a su mano derecha
(Hechos 2.32–33).

Postrémonos en adoración a Aquel que le dio vuelta a su
funeral y abrió un nuevo mundo de (im)posibilidades.

Día 26

Pero cuando Pedro llegó a Antioquía, tuve que enfrentarlo
cara a cara, porque él estaba muy equivocado en lo que hacía.
GÁLATAS 2.11 NTV

Cuando Pedro llegó a Antioquía por primera vez, los judíos
y los creyentes gentiles tenían comunión durante la hora de
comer. Aunque la preparación de la comida no siguiese la
dieta judía y la ley judía consideraba impuros a los gentiles,
Pedro no dudó nunca en participar en esas comidas. Después
de todo, Dios había declarado a los gentiles y a todos los
alimentos limpios en la visión de Pedro en Jope.

Sin embargo, cuando Jacobo y otros líderes cristianos
judíos llegaron a Antioquía, Pedro dejó de tener comunión
con los creyentes gentiles. Entonces los otros cristianos
judíos siguieron la hipocresía de Pedro, e incluso Bernabé fue
influenciado para unirse a su hipocresía (ver Gálatas 2.13).

Alarmado por el comportamiento de Pedro y su
influencia en otros, Pablo lo confrontó cara a cara. Si no se
hubiese puesto remedio, las acciones de Pedro podrían haber
resultado en una enseñanza herética que afirmase que había
dos cuerpos de Cristo, uno para los judíos y otro para los
gentiles.

Por temor a lo que otros pudieran pensar, Pedro, un pilar
de la iglesia primitiva, no se atrevió a hacer lo correcto, sin
considerar las consecuencias de sus acciones.

Todos queremos encajar. Sin embargo, poner en
entredicho las convicciones que Dios nos ha dado no es la
respuesta. Para combatir esa tentación, ora por dirección,
memoriza el versículo apropiado y mantente firme. Cualquier
cosa por debajo de eso es hipocresía.

Día 27

*Uziel hijo de Jaraías, que era uno de los plateros, reconstruyó
el siguiente tramo de la muralla, y uno de los perfumistas,
llamado Jananías, el siguiente. Entre los dos reconstruyeron
la muralla de Jerusalén hasta la muralla Ancha.*

NEHEMÍAS 3.8 NVI

Cuando Nehemías comenzó a reconstruir los muros de
Jerusalén, utilizó a todo tipo de gente. Los perfumistas y
los orfebres podrían haber suministrado los medios o haber
puesto unas piedras sobre otras. Al lado de estos artesanos
estaban los comerciantes y los gobernantes de los distritos.
Hombres de diferentes tribus trabajaron juntos. Algunos
repararon áreas en las que tenían interés personal. Salum
reparó una sección, «con la ayuda de sus hijas» (v.12). Los
sacerdotes y criados del templo trabajaron. Algunos eran algo
menos que diligentes, otros eran entusiastas.

Nehemías llamó a *todos* los creyentes a hacer la obra
del Señor. Y trabajando juntos, ¡reconstruyeron la ciudad
en cincuenta y dos impresionantes días! El hecho de estar
rodeados por enemigos por todos los lados podría haber sido
un incentivo adicional.

La fe está en una posición similar hoy en día. Solo tenemos
enemigos, pero los hacemos más fuertes cuando tratamos a
nuestros hermanos y hermanas como refuerzos de Satanás. Al
permitir que la política o las interpretaciones dividan a la iglesia
de la iglesia, solo debilitamos la ciudad de Dios.

Hagamos que nuestra fe en él sea nuestro denominador
común y construiremos un muro con todo su pueblo dentro,
y que solo Satanás se quede en el exterior.

Día 28

*María, por su parte, guardaba todas estas
cosas en su corazón y meditaba acerca de ellas.*
LUCAS 2.19 NVI

La Biblia registra dos diferentes relatos de María
reflexionando sobre los acontecimientos que rodean a su
hijo Jesús. El primero fue en el nacimiento del Salvador
—tras la aparición de los ángeles a los pastores—, cuando
sopesaba cuidadosamente cada circunstancia que había visto y
experimentado.

La segunda vez fue cuando Jesús, con doce años de
edad, se separó de sus padres para sentarse a los pies de los
maestros en el templo. Cuando los angustiados padres de
Jesús lo encontraron en Jerusalén, regañaron a su hijo. ¿Su
respuesta?: «¿Por qué me buscaban? ¿No sabían que tengo
que estar en la casa de mi Padre?» (Lucas 2.49). Luego
obedeció y fue con ellos.

La Biblia retrata a la madre de Jesús como una tierna,
amorosa, paciente y humilde mujer. A pesar de todo, seguía
siendo humana. Por un lado, ella sabía que Jesús era el
Mesías; por otro lado, Jesús era su hijo: el niño que había
alimentado, enseñado y cuidado. Así, María guardó en su
memoria lo que ya había ocurrido, para intentar comprender
la naturaleza y la misión divina de su amado hijo.

No ha quedado registrado que María expresase
preguntas, pensamientos y quizás, en algunos momentos,
preocupaciones. Pero sabemos que ella reflexionó (y sin duda
oró) como hacen todos los buenos padres cristianos.

Día 29

Y Jehová dijo: ¿Qué es eso que tienes en tu mano?
Éxodo 4.2 rvr1960

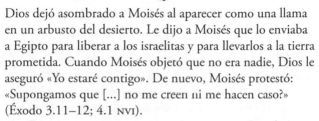

Dios dejó asombrado a Moisés al aparecer como una llama en un arbusto del desierto. Le dijo a Moisés que lo enviaba a Egipto para liberar a los israelitas y para llevarlos a la tierra prometida. Cuando Moisés objetó que no era nadie, Dios le aseguró «Yo estaré contigo». De nuevo, Moisés protestó: «Supongamos que [...] no me creen ni me hacen caso?» (Éxodo 3.11–12; 4.1 nvi).

Dios no necesita «suponer» ninguna cosa. Simplemente dijo: «Yo *ciertamente* estaré contigo». Sin embargo, Dios estaba dispuesto a dar una señal extra para fortalecer la fe de Moisés, y le preguntó: «¿Qué es eso que tienes en tu mano?» (Éxodo 4.2 rvr1960).

Bien, ¿qué *era*? Era una vara de pastor, tomada de un almendro. Dios le dijo que la arrojara al suelo, y cuando lo hizo se convirtió en una serpiente. Cuando Moisés agarró su cola, volvió a ser una vara de madera.

Este versículo se usa frecuentemente para enseñar: «Ayúdate a ti mismo con lo que tienes en tus manos», pero eso está fuera de lugar aquí. La enseñanza real es que, incluso después de que tengamos un encuentro con Dios tan espectacular como el de la zarza ardiente, incluso después de que Dios nos asegure que está con nosotros para ayudarnos… *seguimos* dudando. Y entonces Dios hace otro milagro para *re*afirmarnos.

Día 30

*Más bien, honren en su corazón a Cristo como Señor.
Estén siempre preparados para responder a todo
el que les pida razón de la esperanza que hay en
ustedes. Pero háganlo con gentileza y respeto.*
1 Pedro 3.15-16 nvi

¿No es sorprendente la importancia de la Palabra de Dios?
Este versículo es parte de una carta, escrita por el apóstol
Pedro, para cristianos que viven en una sociedad no cristiana.
Su carta está llena de ánimo y consejo. Pedro da tres consejos
con palabras clave.

Primero Pedro aconseja poner a Dios aparte de todo lo
demás que hay en tu corazón; en otras palabras, «santifica», o
reconoce la santidad de Dios, y trátalo con la reverencia que
merece.

Segundo, mantente preparado para explicar tu fe en
Cristo y la vida eterna, teniendo una comprensión completa
de qué y en quién crees.

Finalmente, recuerda que *cómo* dices algo es igual de
importante que *lo que* dices. Pedro instruye a los cristianos a
explicar a Cristo «con gentileza y respeto».

En otras palabras, debemos predicar con el ejemplo antes
de revelar la esperanza que tenemos en Jesucristo. Y cuando
Dios esté listo para que hablemos en su nombre, sabremos a
quién representamos y lo haremos con el mayor respeto y
amabilidad.

Día 31

*La sabiduría del hombre ilumina su rostro
y cambia la tosquedad de su semblante.*
ECLESIASTÉS 8.1 RVR1995

¿Recuerdas este corito de la escuela dominical?

Puedes sonreír cuando no puedes decir ni una palabra.
Puedes sonreír cuando no te pueden escuchar.
Puedes sonreír cuando está nublado o soleado.
Puedes sonreír en cualquier momento, en cualquier parte.
A. H. ACKLEY

Partiendo del fascinante versículo de hoy, es obvio que la visión de Salomón sobre la sabiduría no está necesariamente dirigida a los doctores o a los cerebritos. Obviamente está apuntando a aquellos que necesitan entender la correlación entre la sabiduría y nuestra visión de la vida.

Ni siquiera en las clases de esteticismo de la universidad popular puedes aprender cómo cambiar tu punto de vista o disposición. Tal ajuste permanente no tiene que ver con el tinte de pelo o el color del lápiz de labios; se trata de algo más permanente: es un cambio de imagen interior.

El poeta que nos dio la canción de hoy entiende esto. En muchos sentidos, una sonrisa es la reacción directa a lo que se siente dentro. Como dijo un niño de un campamento bíblico: «Cuando sonrío, siento burbujas por dentro». A falta de burbujas, un rostro duro cambia grandemente con una sonrisa. En algún lugar todos hemos leído cuántos músculos faciales se necesitan para sonreír, frente a fruncir el ceño.

Un punto de vista positivo y feliz es el resultado de un cambio importante en la mente y el corazón.

Día 32

Jesús les contestó: —Están muy equivocados,
porque ustedes ni conocen las Escrituras
ni tienen idea del poder de Dios.
MATEO 22.29 BLPH

Los saduceos intentaban tenderle una trampa a Jesús.

Le hicieron pregunta tras pregunta intentando que se contradijera. Querían mostrar a la multitud la importancia de sus formas religiosas y su superioridad sobre Jesús. Les irritaba que Jesús atrajese a una gran multitud por todas partes donde iba con sus enseñanzas. Ellos querían ser la autoridad, pero parecía que la multitud prefería escuchar cada palabra que viniese de Jesús. ¡Imagina haber vivido en los tiempos en los que Jesús enseñaba y haber sido capaz de escuchar la voz del Hijo de Dios!

En esta ocasión, según lo registrado en Mateo 22, Jesús pudo ver de nuevo la motivación oculta detrás de las preguntas de los saduceos. Su respuesta a ellos aún nos asombra hoy. Estos saduceos religiosos y llenos de orgullo moral debían de tener muy buena opinión de sí mismos para tratar de acosar a Jesús como lo hicieron. ¿Qué mejor respuesta podría haber para personas así que «Están muy equivocados, porque ustedes ni conocen las Escrituras ni tienen idea del poder de Dios»?

El analfabetismo bíblico que mostraron estos hombres no le impresionó a Jesús. Esta es otra razón que confirma por qué solo ponemos nuestra fe en la Palabra de Dios.

Día 33

*Jesús le contestó: —Amarás al Señor tu Dios con todo
tu corazón, con toda tu alma y con toda tu inteligencia.*
MATEO 22.37 BLPH

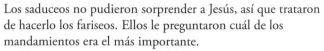

Los saduceos no pudieron sorprender a Jesús, así que trataron de hacerlo los fariseos. Ellos le preguntaron cuál de los mandamientos era el más importante.

Todo lo que hacía Jesús, lo hacía con amor. Incluso cuando estaba enojado con las personas, era porque sabía que sus acciones iban en contra de la voluntad de Dios. Nunca hubo una vez en la que Jesús le hablara a alguna persona, fuera a alguna parte o hiciera algo sin estar lleno de amor por las personas. Podemos casi imaginarnos que mientras Jesús seguía su rutina diaria, debía de estar absolutamente radiante del amor.

Cuando preguntaron sobre el mandamiento más importante, Jesús citó Deuteronomio 6.5, que dice que debemos estar completamente llenos de amor por Dios. Entonces mencionó que el segundo mandamiento más importante era similar, amar a los demás como a nosotros mismos. Todo lo que Jesús enseñó y vivió giraba alrededor de amor.

Así es como deberíamos vivir. Nuestro Señor es el Dios del amor y no hay nada más importante. Debemos centrarnos en lo que está bien en el mundo y las demás personas y no estar tan preocupados con lo que tienen de malo. Mucho antes de que John Lennon y Paul McCartney escribiesen su canción, Jesús ya lo estaba diciendo: «Todo lo que necesitas es amor».

Día 34

El Señor es mi porción —dice mi alma—
por eso en Él espero.
LAMENTACIONES 3.24 LBLA

Para los israelitas, la palabra «porción» tenía múltiples significados. Podría referirse a un pedazo de tierra o a una herencia. Las porciones también podrían significar las necesidades de la vida, como la comida diaria, agua y vestimenta. Los escritos del Antiguo Testamento a menudo designan el tipo de vida en la que uno nació y la familia en la que se crio como porción de nuestra vida.

En este versículo, el escritor declara que el Señor es su porción. Afirma claramente que heredó el derecho a adorar a Dios y que Dios provee lo esencial para sostener su vida. También se le da la bienvenida para formar parte de la familia de Dios.

El Señor es nuestra porción también. Pero, ¿cuándo recibiremos esta herencia y lo celebraremos con él? Sabemos que pronto vendrá, pero es difícil esperar.

La esperanza nos da fuerza mientras anhelamos nuestro regreso con Dios. Pertenecemos a Dios y sabemos que un día le alabaremos cara a cara en su presencia. Sabiendo que Dios mantendrá su promesa, podemos decir con confianza: «El Señor es mi porción […] por eso en Él espero».

Día 35

Por la mañana hazme saber de tu gran amor,
porque en ti he puesto mi confianza.
SALMOS 143.8 NVI

¿Cómo comenzó tu día hoy? ¿Te has levantado temprano y has disfrutado de la tranquilidad de la mañana después de una buena noche de descanso? O quizás has tenido una noche de insomnio atendiendo las necesidades de tu hijo enfermo, y has hecho frente al día corriendo sin energía.

No sabemos si David era de los que madrugan o de los que viven de noche, pero eligió empezar el día buscando recordatorios visibles del infalible amor de Dios. Podría haber sido fácil recordar el amor de Dios por él si había sido testigo de un glorioso amanecer, pero si la noche había sido tempestuosa y había bregado con ovejas espantadas en medio de un aguacero, el infalible amor de Dios podría haberse sentido un poco distante.

Sin importar las circunstancias, David decidió que la primera cosa que haría en la mañana sería confiar en Dios. Fueran favorables o no las condiciones para la fe, David creía en el infalible amor de Dios, incluso si no podía verlo en el mundo que le rodeaba.

Día 36

Al que salga vencedor lo haré columna del templo de mi Dios,
y ya no saldrá jamás de allí. Sobre él grabaré el nombre de
mi Dios y el nombre de la nueva Jerusalén, ciudad de
mi Dios, la que baja del cielo de parte de mi Dios;
y también grabaré sobre él mi nombre nuevo.

APOCALIPSIS 3.12 NVI

Un viejo himno de Austin Miles declara: «Hay un nuevo nombre escrito en la gloria, y es el mío». En Apocalipsis 2.17, Jesús promete dar al que vence «una piedrecita blanca en la que está escrito un nombre nuevo que solo conoce el que lo recibe». En el Antiguo Testamento, Dios promete un nuevo nombre para Sión cuando «las naciones verán tu justicia» (Isaías 62.2 NVI).

Pero el pueblo de Dios no serán las únicas personas que recibirán un nuevo nombre. En la carta a la iglesia de Filadelfia, Aquel que es «el Santo, el Verdadero, el que tiene la llave de David» (Apocalipsis 3.7 NVI) habla de su *nuevo* nombre (v. 12). Tanto Dios Padre como Dios Hijo marcarán a los suyos con sus nombres: sus nombres serán escritos en los 144.000 (Apocalipsis 14.1), y en aquellos a quienes se les permite entrar a la nueva Jerusalén (Apocalipsis 22.4).

Nuestro Salvador nos ha adoptado (Efesios 1.5) y ha puesto su nombre en nosotros.

Ese es un cambio de nombre al que todos podemos dar la bienvenida.

Día 37

¿Pero es realmente posible que Dios habite en la tierra?
Ni siquiera los cielos más altos pueden contenerte,
¡mucho menos este templo que he construido!
1 Reyes 8.27 ntv

Una obra maestra de piedra de cantería, paneles de madera
y tallas con revestimiento de oro, el templo de Salomón
requirió más de treinta mil hombres, trabajando siete años
para completarlo.

Durante el servicio de dedicación del templo, los
sacerdotes llevaron el arca de la alianza al lugar santísimo, y
«la gloriosa presencia del Señor llenaba el templo del Señor»
(1 Reyes 8.11 ntv).

Ofreciendo una oración de dedicación, Salomón
reconoció que Dios no está limitado a un lugar. Quizás
memorizó las palabras de su padre, escritas años antes:
«¡Jamás podría escaparme de tu Espíritu! ¡Jamás podría huir
de tu presencia! Si subo al cielo, allí estás tú [...] si habito
junto a los océanos más lejanos, aun allí me guiará tu mano y
me sostendrá tu fuerza» (Salmos 139.7–10 ntv).

Dios mismo dice: «¿Acaso no estoy en todas partes en los
cielos y en la tierra?» (Jeremías 23.24 ntv).

Por amor a los israelitas, Dios mostró su presencia en su
templo a través de una nube resplandeciente.

Nuestro Dios no es una fuerza impersonal que nos
considera meras motas de humanidad existiendo en la tierra.
Él nos ve y se preocupa por nosotros como individuos. Y
aún más reconfortante, él siempre conoce nuestro paradero y
está disponible para guiarnos a través de los buenos y malos
tiempos.

Día 38

Porque mi yugo es suave y mi carga es liviana.
MATEO 11.30 NVI

¿Alguna vez te has sentido como una bestia de carga? Con todas las presiones y expectativas de esta vida, a veces es difícil no hacerlo. Si tuvieras que ser una criatura así, ¿qué clase de amo elegirías?

Los caballos y los bueyes siguen arando campos por todo el mundo. Cargan sus yugos, y esas cargas no son ligeras. Nosotros, que nos sentimos cansados por el mundo, podemos identificarnos con ellos mientras arrastran arados a través de un duro suelo pedregoso. Ellos no eligen a sus dueños. Solo pueden caminar donde las riendas o el látigo los hacen ir. Y cuando terminan su vida laboral…

Así que, ¿por qué alguien elegiría usar un yugo? Porque el que Cristo ofrece es liviano. De hecho, tan ligero que ¡en realidad él lleva nuestras cargas!

No hay arnés, no hay látigo. ¡Podemos elegir a nuestro Dueño! Todo lo que pide para una vida en su compañía, seguida de una eternidad de felicidad, es que llevemos el yugo del amor de Dios. Con Jesús guiando nuestros pasos, arar un surco recto será nuestro placer. Y cuando nuestra vida de trabajo termine, encontraremos el surco que conduce hasta el cielo.

Día 39

Él realiza maravillas insondables,
portentos que no pueden contarse.
JOB 5.9 NVI

En Job 5, el amigo de Job, Eliú, intenta poner en palabras
llanas la razón del sufrimiento de Job. En su opinión,
Job debió de haber hecho algo pecaminoso para estar en
una situación tan terrible. Eliú le dice a Job lo que haría
si estuviera sufriendo por sus pecados. Él apelaría a Dios.
Confesaría sus pecados esperando la misericordia de Dios.
Después de todo, Dios «realiza maravillas insondables,
portentos que no pueden contarse».

En otras palabras, Eliú le dice a Job que debe buscar
la justicia de Dios, porque Dios es más grande de lo que
nadie puede imaginar. Él solo es el que perdona nuestra
pecaminosidad y cura nuestro sufrimiento.

Las aflicciones de Job no se debían a nada que él hubiera
hecho, pero las instrucciones de Eliú hacia él fueron buenas,
si él hubiese pecado. Las vemos de nuevo en 1 Juan 1.9 (NVI):
«Si confesamos nuestros pecados, Dios, que es fiel y justo, nos
los perdonará y nos limpiará de toda maldad».

¿Te estás sintiendo culpable por algún pecado en tu vida?
Recuerda la grandeza de Dios. Romanos 10.13 (NVI) dice:
«Todo el que invoque el nombre del Señor será salvo».

Día 40

Mas nuestra ciudadanía está en los cielos,
de donde también esperamos al Salvador,
al Señor Jesucristo.
FILIPENSES 3.20 RVR1960

En este pasaje, la traducción griega de la palabra «ciudadanía» es *politeum*. La palabra tiene una amplia posibilidad de su traducción, indica que nuestra ciudadanía, pensamientos y afectos están ya en el cielo.

Para todo cristiano, el cielo es nuestra casa. Desde el momento en que aceptamos a Cristo, somos adoptados en la familia de Dios con la promesa de pasar la eternidad con él y todos los santos que se fueron antes que nosotros. Ya no somos ciudadanos de esta tierra; hemos nacido arriba, y nuestros nombres están escritos en el registro celestial de Dios.

Como nuestra ciudadanía está en el cielo, ahí están nuestras esperanzas, pensamientos y afectos. Estamos *en* el mundo, pero ya no somos *de* él. En su carta a los hebreos, Pablo expuso cómo Abraham y sus descendientes estaban esperando «la ciudad de cimientos sólidos, de la cual Dios es arquitecto y constructor» (Hebreos 11.10 NVI). Ellos mismos se consideraban extranjeros en esta tierra porque «anhelaban una patria mejor, es decir, la celestial» (Hebreos 11.16 NVI).

Como ciudadanos del cielo, disfrutaremos de todos los derechos y privilegios de nuestro Padre celestial. Mientras tanto, miramos hacia Jesús y permanecemos firmes en su Palabra hasta que él nos lleve a casa.

Día 41

El Señor recorre con su mirada toda la tierra,
y está listo para ayudar a quienes le son fieles.
2 CRÓNICAS 16.9 NVI

Dios está realizando una búsqueda. Explora por todo
el mundo y busca en cada esquina. Él no se rinde en su
búsqueda por algo.

¿Cuál es el objeto de su exploración? Quiere a gente con
una particular condición de corazón: corazones totalmente
dedicados a él.

Dios busca una relación con aquellos que tienen
corazones abiertos y listos para recibir. Él no busca condenar
o juzgar, sino corazones comprometidos a conocerle y
aprender su camino. Quiere personas que deseen hablarle y
escucharle a él y que tengan una sed profunda de servirle.

Dios les da un regalo a los corazones leales: su fuerza. Él
derrama apaciblemente su espíritu en estos corazones abiertos
para acercarse y construir una relación íntima con ellos. Dios
nos busca, y el único requisito es que cada uno de nosotros
tenga un corazón completamente entregado. Abramos
nuestros corazones y nuestras manos para recibirle, y él nos
encontrará.

Día 42

*Cuando Jesús recibió la noticia, se retiró él solo en
una barca a un lugar solitario. Las multitudes se
enteraron y lo siguieron a pie desde los poblados.*
MATEO 14.13 NVI

Jesús salió al mar en busca de paz para guardar duelo por Juan
el Bautista. Debía de estar angustiado. Pero ¿podría haber
evitado un pensamiento también por sí mismo? Después de
todo, ambos habían sido enviados por Dios y anunciados por
ángeles. Ambos eran parte del mismo plan.

Juan preparó el camino, y ahora se había ido. Jesús nunca
antes debió de haberse sentido tan solo. Quizás se sentiría
como «ahora es mi turno». La perspectiva del camino hacia la
cruz le debió de parecer, de alguna manera, más real en este
momento.

¿Recobró su fuerza en esa barca?

Entonces volvió a la orilla. La multitud eliminó cualquier
posibilidad de autocompasión. Viéndolos a ellos y sus
necesidades, «tuvo compasión de ellos» (Mateo 14.14 NVI).
Entonces, en uno de sus milagros más recordados, procedió a
alimentar a cinco mil de ellos.

Cuando pisó la orilla, Jesús encapsuló uno de los
principios más importantes del cristianismo: esto no trata
sobre ti; esto trata sobre las cosas maravillosas que puedes
lograr por Dios, cuando dejas atrás tus propios temores y
tienes compasión por los demás.

Día 43

*Jesucristo [...] que fue declarado Hijo de Dios
con poder, según el Espíritu de santidad,
por su resurrección de entre los muertos.*
ROMANOS 1.3–4 RVR1995

Cuando Jesús fue bautizado y el Espíritu Santo descendió sobre él, Dios Padre declaró en voz alta: «Éste es mi Hijo amado, en quien tengo complacencia» (Mateo 3.16–17 RVR1995).

Jesús también declaró al pueblo judío: «Hijo de Dios soy», y dijo que, si no le creían cuando lo *decía*, por lo menos creyeran por los milagros (Juan 10.36–38). Los milagros de Jesús declaraban que él era el Hijo de Dios.

Pero, cuando el Espíritu Santo de Dios trajo de nuevo a la vida a Jesús después que permaneciese muerto en la tumba por tres días, esta fue la grandiosa prueba final de que Jesús era el esperado Mesías, el Hijo de Dios. Jesucristo «declarado Hijo de Dios con *poder*» (Romanos 1.4 RVR1995, cursivas añadidas).

Esta declaración final tiene una gran relevancia personal para nosotros, los que creemos en Jesús, porque si el Espíritu de Dios tenía el poder de resucitar a Jesús de los muertos, y ese mismo Espíritu habita en nuestros corazones, él nos resucitará a la vida eterna también (Romanos 8.11).

Día 44

*La conducta de ustedes será buena si cumplen la suprema ley
de la Escritura: Amarás a tu prójimo como a ti mismo.*
SANTIAGO 2.8 BLPH

A veces nos preguntamos si estamos haciendo suficiente por
Dios. Pensamos en los mandamientos y las enseñanzas de
Jesús y nos preguntamos si estamos viviendo una vida «como
Cristo».

Un joven y rico gobernante fue una vez a Jesús y le
preguntó lo que debía hacer para ser salvo. Pero la respuesta
que Jesús le dio reflejaba la idea que él siempre enseñaba:
no hay nada que podamos hacer para ganarnos el camino al
cielo. No es cuestión de ganar nuestra salvación, ciertamente,
Dios no está impresionado por nuestro trabajo. Nuestro
caminar con Jesús consiste en una relación real. Consiste en
amarlo a él y amar a los demás como a nosotros mismos. ¿No
es maravilloso que tengamos un Dios de amor?

Como vemos en Santiago 2.8, estamos viviendo como
debemos si obedecemos la ley de Dios para amarnos unos a
otros. Sabemos que no siempre es fácil. Parece que la forma
en que amamos a la persona que menos nos gusta es como
más amamos a Dios. A veces es bastante difícil mirar a otros
como Dios los ve. Si vemos a la gente a través de los ojos de
Jesús, en sus palabras lo estamos «haciendo» bien.

Día 45

Adán no fue creado en el jardín del Edén. Fue creado del polvo en alguna parte al oeste del jardín. Lo primero que hizo Dios, después de darle vida, fue dirigir al padre de la humanidad al paraíso.

Entonces Adán y Eva fueron soplados y arrojados afuera. Dios pudo haberlo dejado ir y dejar a la humanidad revolviéndose en el polvo, pero no lo hizo. Él sacrificó a su Hijo para darnos otro camino al paraíso. ¡Tanto nos quiere allí! ¡Porque allí está nuestro sitio!

Pero la humanidad ha fallado desde el principio y, como resultado, a menudo pensamos que no nos merecemos ese tipo de amor. Al polvo de este mundo es a todo lo que aspiran muchos. El cielo es para gente mejor, gente especial, santos quizás, gente que no sea débil, inconsciente y asustadiza como nosotros. Y cuando pensamos de esa manera le rompemos el corazón a Dios. Él no está esperando que demostremos que somos dignos. Él ha hecho una invitación y sigue siendo válida, solo tenemos que aceptar.

El jardín fue plantado para que andes por él *tú*. No alguien «mejor». Tienes otra oportunidad. Tómala. Hacia el este o el oeste. ¡Dios quiere que vengas a casa!

Día 46

*Se trataba de espíritus diabólicos que realizaban
prodigios y pretendían reunir a todos los poderosos
del mundo con vistas a la batalla del gran día de
Dios, el dueño de todo [...]. Y reunieron a los
reyes en el lugar llamado en hebreo Harmagedón.*
APOCALIPSIS 16.14, 16 BLPH

El valle de Harmagedón es la llanura costera y meseta
asociada llamada Meguido, a mitad de camino entre el
extremo sur del mar de Galilea y la costa mediterránea. Es
amplio y llano, ideal para los ejércitos, y domina la ruta
comercial costera entre Egipto y Mesopotamia.

La gente ha estado luchando desde que Caín mató a
Abel, pero la primera batalla registrada de la que tenemos
detalles reales se libró en Meguido, entre el faraón egipcio
Tutmosis III y una coalición de reyes cananeos dirigidos por
Durusha, rey de Kadesh, hacia el 16 de abril de 1457 a.c. Los
egipcios sorprendieron y derrotaron a los cananeos, que se
retiraron a la ciudad cercana de Meguido, donde murieron de
hambre. Los egipcios mataron a 83 y capturaron a 340.

¿No te alegra que cuando leemos el libro de Apocalipsis
sabemos el resultado de la última batalla que también se
librará en Meguido?

Día 47

*Te suplico que le muestres bondad a
mi hijo Onésimo. Me convertí en su padre
en la fe mientras yo estaba aquí, en la cárcel.*
FILEMÓN 1.10 NTV

Durante el encarcelamiento de Pablo en Roma, encontró
a Onésimo, un esclavo fugitivo de la ciudad de Colosas.
Curiosamente, Onésimo pertenecía a Filemón, un conocido
de Pablo y anfitrión de la iglesia casera de Colosas. Tal vez,
Pablo habría visto anteriormente al esclavo mientras visitaba
a Filemón. Onésimo aparentemente había robado a su amo
antes de huir, quizás para cubrir los gastos del viaje a Roma.
Ese tipo de acciones generalmente significaban la sentencia de
muerte para el esclavo, si lo atrapaban.

Mientras estuvo en Roma, con la influencia de Pablo,
Onésimo se convirtió en un seguidor de Cristo. Ahora se dio
cuenta de la necesidad que tenía de volver a Filemón y hacer
restitución del daño. Pero eso podía significar su muerte.

Determinado a hacer lo correcto, sin importar el coste,
Onésimo hizo los planes para volver otra vez con su amo.
Para suavizar el regreso del esclavo, Pablo escribió una carta
personal a Filemón, pidiendo a su amigo que perdonara a
Onésimo y lo considerara como un hermano en Cristo.

Incluso con la carta de Pablo, Onésimo mostró gran
coraje junto con su compromiso con Cristo volviendo a
Filemón. ¿Cuán valiente eres en tu caminar con Cristo? ¿Estás
dispuesto a ponerlo todo en juego por él?

Día 48

—¡De ninguno! —respondió—. Me presento
ante ti como comandante del ejército del Señor.
Entonces Josué se postró rostro en tierra y le preguntó:
—¿Qué órdenes trae usted, mi Señor, para este siervo suyo?
JOSUÉ 5.14 NVI

¡Oh, Josué hizo realmente lo correcto aquí! Quería saber si ese extraño hombre con la espada desenvainada estaba de su lado o del lado del enemigo. Pero el «varón» estaba muy por encima de tales conceptos.

Aunque los israelitas eran el pueblo elegido de Dios, él no estaba de su lado. Sus enemigos estaban siendo destruidos —y el hombre con la espada le diría a Josué cómo hacerlo— porque adoraban a dioses falsos. ¡A los israelitas les correspondía estar del lado de Dios!

A veces nos engañamos pensando que, puesto que Dios nos ama, debe de odiar a nuestros enemigos. Los ejércitos han marchado a menudo a la guerra bajo la misma premisa equivocada. Pero, si descuidamos nuestros deberes para con el Señor y nuestros enemigos son diligentes en los suyos, entonces nos convertimos en el enemigo, no importa cuánto nos haya bendecido en el pasado.

Hay dos bandos en los que deberíamos estar interesados, pero no son el nuestro y el de nuestros enemigos, sino el de Dios y el de sus enemigos.

Josué no era tan orgulloso como para pensar que todo giraba en torno a él y sus victorias. Tampoco nosotros deberíamos serlo.

Día 49

Y él dijo: —Ven. Y descendiendo Pedro de la barca,
andaba sobre las aguas para ir a Jesús.
MATEO 14.29 RVR1995

Quizá hayas visto la calcomanía para autos que dice: «Si
piensas que eres tan perfecto, intenta caminar sobre el agua».
Se refiere a aquellos tiempos bíblicos cuando Jesús, el perfecto
Hijo de Dios, rompió las reglas de la física andando sobre
las aguas. Pero hubo uno que estaba lejos de ser perfecto y
también caminó sobre el agua.

Anteriormente, Jesús les dijo a sus discípulos que
entrasen en una barca y que fuesen con él al otro lado del
lago. Él se quedó atrás para despedir a las multitudes, y luego
para orar. Más tarde esa noche, los discípulos, luchando en su
barca contra un viento contrario, vieron una figura fantasmal
acercándose. Jesús les aseguró que era él, y Pedro le pidió al
Señor que le mandase ir. Jesús lo hizo. Y Pedro, brevemente,
caminó sobre el agua.

¿Qué se necesita para que una persona normal camine
sobre el agua? Un mandato de Dios. Por el poder de Dios,
hombres y mujeres ordinarios, respondiendo al llamado de
Dios, han logrado con éxito tareas difíciles y casi imposibles.

No te rindas cuando las cosas parecen las peores. Ese es el
momento para encontrar la fuerza de Dios.

Día 50

*Más bien, sean ustedes santos en todo lo que hagan,
como también es santo quien los llamó; pues está escrito:
«Sean santos, porque yo soy santo».*
1 Pedro 1.15–16 NVI

Pedro reitera un mandamiento aparentemente imposible en
esta epístola: sean santos.

Dios primero había dado el mandamiento a la nación de
Israel. Lo enfatizó repitiendo «sean santos» tres veces solo en
el libro de Levítico (11.44, 19.2, 20.7).

La palabra «sean» también se puede traducir como
«lleguen a ser». Estamos en el proceso de convertirnos en
santos. «Perfeccionarnos» en santidad implica purificarnos
a nosotros mismos de contaminantes de cuerpo y espíritu
(2 Corintios 7.11), capacitados por el fuego purificador del
Espíritu Santo. Cuando Cristo vuelva, seremos como él. Esa
esperanza nos anima a purificarnos aquí y ahora (1 Juan 3.3).

Quizás el significado de la palabra «santo» se aclara
más cuando examinamos el mandamiento similar de
«santifíquense» (Levítico 11.44 NVI). Nos dedicamos a Dios,
cien por ciento puros. Sin impurezas (1 Tesalonicenses 4.7).
Sin distracciones. Solo cien por ciento comprometidos con
Dios.

¿Cien por ciento? No estamos ahí todavía. Pero lo
estaremos. «Dios nos escogió en él antes de la creación del
mundo, para que seamos santos y sin mancha delante de él»
(Efesios 1.4 NVI).

Día 51

*Pedro le dijo: «Yo no tengo plata ni oro para ti,
pero te daré lo que tengo. En el nombre
de Jesucristo de Nazaret, ¡levántate y camina!».*
HECHOS 3.6 NTV

Desde el punto de vista financiero, Pedro y Juan podrían
haberse sentido como en casa en nuestra economía en
descenso. Pero, a diferencia de muchos en el mundo de hoy,
tenían otras muchas riquezas que gastar: las riquezas que se
encuentran en Jesucristo.

Situación: la puerta del templo. Beneficiario de la
generosidad de los discípulos: un mendigo lisiado. Resultados:
un cojo sanado, la oportunidad de compartir a Jesús con la
multitud que se reunió… y una sentencia de cárcel.

Es la confianza de Pedro lo que fascina a la mayoría de
los lectores. Los líderes del templo le pedían que no hablase
sobre Jesús, pero el discípulo había experimentado demasiadas
cosas con Jesús como para mantenerse callado. Cuando los
líderes trataron de minimizar el milagro, Pedro señaló la
evidencia irrefutable: ¡el hombre ahora andaba! Finalmente, le
preguntaron a Pedro su secreto, lo que le permitió hablar sobre
el poder inagotable que se encuentra en Jesucristo (4.7–12).

Qué contraste: un círculo de sofisticados líderes del templo
que intentaban silenciar a dos pescadores campesinos que no
podían dejar de hablar sobre lo que habían visto y oído (4.20).

Amigo cristiano, no dejes que un talonario de cheques
dicte tu generosidad; comparte lo que tienes con los
impedidos espirituales y con los que tienen hambre y sed de
justicia.

Puedes hacerlo por medio del poder de Jesucristo.

Día 52

En aquel tiempo gobernaba a Israel una profetisa llamada Débora, que era esposa de Lapidot.
Jueces 4.4 nvi

¿Cómo terminó una mujer gobernando a Israel, una cultura impregnada de patriarcado? ¿Quién es esta profetisa Débora?

Débora es una líder de Israel de aproximadamente el año 1200 a.c., descrita como profetisa, jueza y líder militar que entregó la Palabra de Dios a Barac y lo inspiró para seguir a Dios. Debe de haber sido una mujer extraordinaria, aceptada por los hombres y con poder recibido en un momento de la historia en el que las mujeres rara vez se veían en roles de liderazgo. Una profetisa es llamada por Dios para hablar en su nombre.

Débora inspiró al pueblo a volver sus corazones hacia Dios. Ella se suma a solo algunas otras mujeres de la Biblia descritas como profetisas: Miriam, Hulda, la esposa de Isaías y Ana. Débora sirve como modelo para hombres y mujeres de hoy en nuestro testimonio por Dios. Nuestros simples actos diarios de bondad inspiran a otros. Podemos hablar la Palabra de Dios, compartiendo esperanza y ánimo con los demás en cartas, correos electrónicos y en una simple conversación en la fila del supermercado. Simplemente estar presente cuando un amigo está afligido sirve a menudo para mostrar a Cristo cuando las palabras parecen inadecuadas.

Quizás no nos veamos como profetisas o líderes, pero podemos acercar a otros a Dios a través de nuestras oraciones y servicio.

Día 53

*Y será predicado este evangelio del reino en todo el mundo,
para testimonio a todas las naciones; y entonces vendrá el fin.*
MATEO 24.14 RVR1960

Si le preguntas a muchas personas si estamos viviendo el fin
de los tiempos, responderán: «Sí, lo estamos, y Jesús puede
venir ya en cualquier día». Sin embargo, Jesús nos dice que
primero el evangelio «será predicado [...] en todo el mundo
para testimonio a todas las naciones», y solo entonces vendrá
el fin.

Tendemos a pensar que en esta era moderna el evangelio
ya se ha predicado en todas las naciones, gracias a la radio,
la televisión e Internet, incluso en naciones cerradas al
evangelio. Pero la palabra griega traducida como «naciones» es
ethnos y literalmente significa «grupos étnicos» o «grupos de
gente». Muchas naciones cerradas están formadas por docenas
de personas y tribus en valles montañosos remotos que no
tienen acceso a los medios modernos. Pero ellos también
necesitan escuchar el evangelio.

Deseamos que Jesús regrese, y cuando él declara:
«Ciertamente vengo en breve», nosotros oramos: «Amén;
sí, ven, Señor Jesús» (Apocalipsis 22.20 RVR1960). Pero
debemos hacer nuestra parte para apresurar ese día: debemos
ayudar a que el evangelio llegue a cada extremo de la tierra
(Hechos 1.8).

Día 54

Ya sea que te desvíes a la derecha o a la izquierda,
tus oídos percibirán a tus espaldas una voz que
te dirá: «Este es el camino; síguelo».
ISAÍAS 30.21 NVI

Muchas veces en la vida nos encontramos en una encrucijada frente a una elección fundamental sobre la dirección del futuro. Israel se encontraba en esta tesitura, retada por el profeta Isaías para regresar a un estilo de vida que abrazase al Dios de gracia y compasión. El rechazo de ese reto resultaría en desolación; el arrepentimiento traería las bendiciones de una relación restaurada.

Las decisiones de gran envergadura no son solo para la gente de fe, pero el versículo de Isaías ofrece ánimo y esperanza a aquellos que invocan el nombre del Señor mientras toman decisiones cruciales. Este versículo alude directamente al GPS de Dios disponible para cada uno de nosotros. En contraste con el GPS basado en satélites, popular hoy en día, los usuarios del GPS de Dios disfrutan de la voz de Dios que habla directamente a sus vidas.

Cuando andamos con Dios y usamos su sistema de navegación, podemos descansar seguros de que su mapa en nuestras vidas es digno de confianza. Nunca nos conducirá por callejones sin salida ni hacia calles inexistentes. En cambio, él promete oírnos cuando clamemos por ayuda (30.19). Y, desde esa petición, él nos da una dirección que ningún GPS terrenal puede igualar.

Día 55

*Si alguien afirma: «Yo amo a Dios», pero odia a su hermano,
es un mentiroso; pues el que no ama a su hermano, a quien
ha visto, no puede amar a Dios, a quien no ha visto.*
1 Juan 4.20 nvi

Este es el versículo que nos hace correr el riesgo de
considerarnos todos hipócritas. ¿Quién no conoce a alguien
por quien cruzaría el camino con tal de no encontrárselo?
Esa persona puede ser desagradable, mentirosa, podría haber
causado todo tipo de daño… pero sigue siendo un ser amado
por Dios, y él quiere que esa alma sea llevada a casa. ¿Qué
pasa con los que mendigan en la calle? Hay tantos hoy en
día, y muchos de ellos son estafadores, así que preservamos
nuestra dignidad pasando de largo. Bueno, algunos de ellos
están en verdadera necesidad, y Dios valora por encima
de tu dignidad la salvación incluso de un estafador. Que
no se aprovechen de ti, pero comprométete por esos hijos
extraviados del Señor.

Luego están los que nos hacen daño, personas en las
que hemos confiado y a las que nunca podremos perdonar
su traición. Ellos no nacieron siendo crueles y monstruosos.
Recibieron algún daño, así que infligen daño. Dios quiere que
tú rompas esa cadena, para reemplazar el daño por amor.

Es una gran tarea, a cuya altura tal vez nunca lleguemos,
¡pero estaremos más cerca de Dios por haberlo intentado!

Día 56

Si tu enemigo tiene hambre, dale de comer; si tiene sed,
dale de beber. Actuando así, harás que se avergüence
de su conducta, y el SEÑOR te lo recompensará.

PROVERBIOS 25.21—22 NVI

Este versículo desafía a la naturaleza humana. El estilo del
mundo es bendecir a los amigos y maldecir a los enemigos.
El perdón y la misericordia son conceptos extranjeros. Sin
embargo, las maneras y pensamientos de Dios son más altos
que los del hombre (Isaías 55.8), y este pasaje insta a los
cristianos a proveer a sus enemigos de subsistencia y cuidado.

Dios quiere que los creyentes nos resistamos al
pensamiento carnal y que abracemos el mensaje de la cruz.
Es decir: «Amad a vuestros enemigos [...] orad por los que os
ultrajan y os persiguen» (Mateo 5.44 RVR1960).

El resultado final de nuestro humanitarismo es que
amontonaremos carbones encendidos en la cabeza de nuestro
enemigo. No se trata de una benevolencia con intenciones
ocultas que produzca aflicción a nuestros enemigos; es una
metáfora.

En los tiempos de la Biblia, se ponían brasas ardientes
debajo y encima de los metales colocados en un horno.
Así, el metal se licuaba y la escoria caía al fondo. De la
misma manera, amando a nuestros enemigos los derretimos
en arrepentimiento y los conducimos a Dios, o bien
agravamos su condena, haciendo que su maldad sea aún más
inexcusable.

El versículo de arriba es una interesante paradoja: los
que se vengan son los *vencidos* y los que perdonan son los
vencedores.

Día 57

Su trono real se hallaba establecido en la ciudadela de Susa.
En el tercer año de su reinado ofreció un banquete a todos
sus oficiales y altos funcionarios. Los jefes del ejército de los
Persas y los Medos, los nobles y los gobernadores de las provincias
se dieron cita allí [...]. En copas de oro de las más diversas
formas se servía el vino real, el cual corría a raudales, como
cabía esperar de la generosidad de un rey. Todos los invitados
podían beber cuanto quisieran, pues los sirvientes habían
recibido la orden del rey de servir a cada cual lo que deseara.
ESTER 1.2–3, 7–8 BLPH

Asuero también se conoce como Jerjes I. La historia registra
que esta fiesta era la reunión de planificación para la
desastrosa invasión de Grecia en el 490 A.C. En la batalla
de las Termópilas, Asuero fue detenido y avergonzado por
la feroz resistencia espartana, y después en Salamina Atenas
aplastó su flota.

En la Biblia se condena la embriaguez (Proverbios 20.1,
23.29–35; 1 Corintios 6.10; Efesios 5.18) y se enseña la
moderación con la bebida (1 Timoteo 5.23). Asuero y sus
consejeros aprendieron lo que le ocurre a la gente cuando
bebe mucho. Quizás con menos fiesta lo hubiesen planeado
mejor.

¡Asegurémonos de aprender del mal ejemplo de Asuero!

Día 58

*—Para los hombres es imposible —aclaró Jesús,
mirándolos fijamente—, mas para Dios todo es posible.*
MATEO 19.26 NVI

La conversación del joven rico con Jesús no había ido como
se esperaba. En lugar de aprender que había cumplido todos
los requisitos de la ley —que él pensó que le darían entrada al
cielo— al joven se le dijo que vendiera sus posesiones y que se
las diera a los pobres. Deprimido, se rindió y fue a casa.

Este giro de los acontecimientos provocó mucha
discusión entre Jesús y sus discípulos, centrándose en
las dificultades de ser admitido en el cielo. Frustrados
con el imposible escenario que Jesús les estaba pintando,
culminando con camellos que pasaban por el ojo de una
aguja, los discípulos preguntaron finalmente: «En ese caso,
¿quién podrá salvarse?» (19.25 NVI).

Con la pregunta finalmente formulada, Jesús se
concentró en el corazón del asunto: ¡nadie puede ser salvo
por sus propios esfuerzos! El joven rico había intentado todo
lo humanamente posible y, sin embargo, se quedó corto. Los
mayores esfuerzos del hombre palidecen en comparación con
los requerimientos de un Dios santo.

Pero la gracia, ofrecida gratuitamente por Dios y
aceptada por los individuos, nos dará entrada en el cielo. Con
Dios, todas las cosas *son* posibles: especialmente permitiendo
que los pecadores sean perdonados y vivan eternamente.
Darnos cuenta de que no podemos hacer nada es la clave para
ganarlo todo.

Día 59

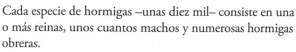

Cada especie de hormigas —unas diez mil— consiste en una o más reinas, unos cuantos machos y numerosas hormigas obreras.

Las reinas no lideran ni gobiernan. Simplemente pasan la vida poniendo huevos para poblar la colonia. Las obreras realizan sin ningún tipo de dirección la mayor parte del trabajo necesario para que la colonia sobreviva y realice diligentemente sus tareas.

En algunas especies, las hormigas obreras mantienen pulgones de la manera en que las personas mantienen a las vacas. Las hormigas cuidan a los pulgones durante el invierno y en primavera los colocan afuera en las plantas. Con el frotamiento, estos pulgones segregan un líquido dulce usado como bebida por la colonia de hormigas.

En las especies que cortan hojas, las obreras cortan hojas para cultivar hongos en el subsuelo mientras otras obreras cuidan los huertos subterráneos. Las obreras más grandes patrullan la colonia, vigilando los insectos enemigos.

Proverbios contrasta la hormiga trabajadora con un perezoso. El término «perezoso», como se usa en este versículo, implica la irresponsabilidad y la falta de ambición de éxito, mientras que se elogia la capacidad de la hormiga para realizar una tarea sin negligencia.

¿Procrastinas o te sientes abrumado por ciertas tareas? Divide la tarea en segmentos más pequeños y celebra cada parte que termines. Sé sabio y anticípate a las necesidades futuras y planifica. Estudia a la hormiga y aprende de ella.

Día 60

Jesús hizo también muchas otras cosas, tantas que,
si se escribiera cada una de ellas, pienso que los
libros escritos no cabrían en el mundo entero.
JUAN 21.25 NVI

La Biblia contiene cuatro evangelios, pero no tiene una única
biografía de Jesús.

¿No son los evangelios biografías?

No exactamente. Dos de ellos ignoran completamente
el nacimiento de Jesús, y solo Lucas menciona algo sobre los
años de su infancia.

Carl Sandberg necesitó seis volúmenes para escribir
la biografía de Abraham Lincoln. El apóstol Juan dijo que
escribir la biografía definitiva de Jesús requeriría más espacio
del que hay disponible en todo el mundo. Así que eligió los
detalles a incluir de la vida de Jesús, y con mucho cuidado.

Todos los escritores de los evangelios lo hicieron así.
Cada uno tenía un propósito particular al escribir sus relatos
de la vida de Jesús. Juan lo explica claramente: «para que
ustedes crean que Jesús es el Cristo, el Hijo de Dios, y para
que al creer en su nombre tengan vida» (20.31 NVI).

La historia de Jesús continúa escribiéndose… en
nosotros. Que nuestras vidas lleven a otros a la fe en él.

Día 61

Nunca dejen de orar.
1 Tesalonicenses 5.17 NTV

Varios pasajes de la Biblia nos dicen claramente que Dios nos escucha cuando oramos. Él escucha cada palabra y es compasivo.

A veces la respuesta a nuestra petición es «aún no». A veces la respuesta es incluso un claro «no». Pero cuando nos presentamos ante el Señor y ponemos a sus pies lo que hay en nuestros corazones, él siempre encuentra una manera de bendecirnos y hacer que todo funcione para mejor. Él hace esto incluso cuando no recibimos exactamente lo que queremos.

Dios es mucho más inteligente de lo que podríamos esperar. Él sabe lo que es mejor para nosotros y nos lo proporciona cada vez. Todo lo que tenemos que hacer es compartir nuestras preocupaciones con él y esperar fielmente que él proveerá.

Dios quiere involucrarse en nuestras rutinas diarias. Quiere oír de nosotros y nos espera. Dios nunca prometió una vida fácil para los cristianos. Sin embargo, si lo permitimos, Dios estará con nosotros en cada paso del camino. Todo lo que tenemos que hacer es venir a él en oración. Con esas simples tres palabras de 1 Tesalonicenses 5.17, nuestras vidas pueden ser satisfactorias mientras vivimos para comunicarnos con nuestro Señor.

Día 62

Grábense estas palabras en el corazón y en la mente;
átenlas en sus manos como un signo, y llévenlas en su frente.
DEUTERONOMIO 11.18–20 NVI

¿Has visto alguna vez a una persona de fe judía con una cajita
atada a su frente? Las filacterias son diminutas cajas de cuero
que llevan los judíos ortodoxos atadas a la frente y al brazo
izquierdo, y las usan en los momentos de oración.

Cada cajita contiene rollos de pergamino con versículos
clave del Antiguo Testamento. Las filacterias proporcionan
un método para llevar la Palabra de Dios consigo todo el
tiempo. Cuando cruzan los brazos, acercan las Escrituras a sus
corazones. Ellos creen que esa práctica les ayuda a cumplir el
mandamiento de Deuteronomio.

Como cristianos, ¿cómo podemos llevar la Palabra de
Dios con nosotros todo el tiempo? Este versículo nos da la
respuesta: fijándolos en nuestros corazones y mentes.

Memorizar versículos bíblicos no está de moda hoy en
día, pero aprender versículos clave planta la Palabra de Dios
profundamente en nuestros corazones.

Algo que nos da fuerza y nos nutre en los tiempos
oscuros es recordar lo que Dios nos dice en la Biblia. En
tiempos de crisis recordamos las promesas de esperanza y
consuelo de Dios. En nuestros momentos del día a día,
repetir versículos bien conocidos nos recuerda que Dios
siempre está con nosotros, ya sea que lo sintamos o no.

Día 63

—¿Dónde está la fe de ustedes? —les dijo a sus discípulos.
Con temor y asombro ellos se decían unos a otros: «¿Quién es
este, que manda aun a los vientos y al agua, y le obedecen?».
LUCAS 8.25 NVI

El lago estaba tranquilo ese día en que los discípulos y Jesús entraron en la barca para cruzar al otro lado. Fue un paseo tan tranquilo que Jesús se durmió. Entonces sucedió.

La calma fue reemplazada por una tormenta. Estaba entrando tanta agua en la barca, que comenzó a hundirse. Los discípulos despertaron a Jesús y le rogaron que hiciera algo porque se iban a ahogar.

Jesús se levantó y habló al viento y a las poderosas aguas. La tormenta cesó y se restauró la calma. Después de que Jesús calmara la tormenta, les preguntó a sus seguidores dónde estaba su fe. Atónitos ante este nuevo aspecto de Cristo que habían visto, solo podían maravillarse por su capacidad de controlar la naturaleza.

Jesús usó el aterrador paseo en barca aquel día no solo para mostrar su poder sobre toda la creación, sino para proporcionar una oportunidad para que los discípulos miraran al fondo de su fe.

Sería sabio hacer lo mismo, porque la pregunta «¿dónde está tu fe?» es una pregunta que Jesús hace todavía hoy.

Día 64

Nunca respondas al necio de acuerdo con su necedad, para que no seas tú también como él; responde al necio como merece su necedad, para que no se tenga por sabio en su propia opinión.
PROVERBIOS 26.4–5 RVR1995

A los escépticos les encanta señalar lo que creen que son contradicciones en la Biblia. Bien, aquí hay una, si es que alguna vez hubo una. El único problema es, por supuesto, que no hay contradicción. Salomón dio estos dos consejos enfrentados, poniendo deliberadamente uno después otro, para dejar claro que debemos responder de manera diferente en diferentes circunstancias. Salomón señaló más tarde: «Todo tiene su momento oportuno» y «El corazón sabio sabe cuándo y cómo acatarlas» (Eclesiastés 3.1; 8.5 NVI).

El tipo de respuesta que das a un necio (la palabra aquí significa una «persona segura de sí misma») depende de cuán atrapados estén en sus opiniones de autoconfianza, las circunstancias y quién está alrededor escuchando. Dios puede guiarte a darle una respuesta seria (en contraste con su orgulloso parloteo) o una respuesta con humor, necia (para mostrarle lo neciamente que está hablando).

Con un completo necio, lo mejor es que te muerdas la lengua y te abstengas de decir nada en absoluto (Proverbios 23.9). No importa lo que digas, no lo persuadirá.

Día 65

Jesús lloró.
JUAN 11.35 RVR1960

Si has asistido a la iglesia por algún de tiempo, probablemente reconocerás Juan 11.35 como «el versículo más corto de la Biblia».

Para ser exactos, debemos decir que Juan 11.35 es el versículo más corto en muchas traducciones de la Biblia, incluyendo la venerable versión Reina Valera. Pero algunas traducciones, como la Nueva Versión Internacional, tienen un versículo aún más corto, Job 3.2: «Dijo así».

Dondequiera que se encuentre estadísticamente, Juan 11.35 es un versículo memorable y poderoso. Jesús, el Hijo de Dios, Creador del universo (Juan 1.1–3), realmente *lloró* cuando vio el dolor causado por la muerte de su amigo Lázaro.

Juan 11 continúa diciendo que Jesús resucitó a Lázaro de entre los muertos, devolviéndoselo a sus afligidas hermanas María y Marta. Eso demostró el poder de Jesús como Dios, pero antes de eso, en un momento de pura humanidad, lloró por la pérdida de un amigo.

Hoy, todos los que obedecen los mandamientos de Jesús son sus amigos (Juan 15.14), y él todavía siente nuestro dolor, angustia y tentaciones (Hebreos 4.15). ¡Este Dios al que servimos no es un Dios frío, distante y enojado!

¿Cómo puede Juan 11.35 cambiar tu perspectiva hoy?

Día 66

«Así sabrán por dónde ir, pues nunca antes han pasado por ese camino. Deberán, sin embargo, mantener como un kilómetro de distancia entre ustedes y el arca; no se acerquen a ella».
JOSUÉ 3.4 NVI

Tenemos numerosos dispositivos hoy en día para ayudarnos a navegar por un lugar que no conocemos. Mapas, sistemas GPS y teléfonos inteligentes que nos dan la confianza de que no nos vamos a perder. Los israelitas no tenían tales herramientas; en lugar de eso tenían algo mejor para guiarse: el arca del pacto.

Había llegado el momento de que Josué guiara a los israelitas al otro lado del río Jordán hacia una nueva tierra. El pueblo no había viajado en esta dirección, por lo que el plan para ellos era seguir el arca que los sacerdotes estaban llevando. Cuando vieran la dirección hacia la que iba el arca, sabrían hacia dónde ir.

Los israelitas solo podían viajar sin peligro hacia lo desconocido creyendo en lo que se sabía: que Dios los estaba guiando. Anteriormente en las Escrituras, fue su antepasado Abraham quien dio un paso de fe hacia territorio desconocido bajo la guía de Dios (Génesis 12).

Muchas veces en nuestras vidas nos vamos a encontrar dirigiéndonos a una dirección con la que no estamos familiarizados. Cuando Dios es el que nos ha llevado a ese territorio desconocido, podemos estar seguros de que él nos guiará.

Día 67

*Pero yo les digo: No resistan al que les haga mal.
Si alguien te da una bofetada en la mejilla
derecha, vuélvele también la otra.*
MATEO 5.39 NVI

Había una palabra de cuatro letras que Jesús siempre quiso que tuviéramos en la punta de la lengua: *amor*.

El Señor tenía mucho que decir sobre el amor, más que cualquier otro tema. Su consejo fue directo: dijo que debemos amar a Dios (Mateo 22.36–37), amar a nuestro prójimo (Mateo 22.39) y amar a nuestros enemigos (Mateos 5.44).

¿Nuestros enemigos? Bueno, esto es lo que se llama «ampliar la definición».

En teoría, suena maravilloso. Pero en la realidad puede parecer imposible. Tomemos como ejemplo al discípulo Pedro. Durante años, había escuchado las enseñanzas de Jesús sobre el amor, pero, cuando los sumos sacerdotes vinieron a arrestar a Jesús (Juan 18.10), Pedro cerró la puerta al amor y le cortó la oreja al enemigo. Jesús le corrigió diciendo: «¡Vuelve esa espada a su funda!» (v. 11). A continuación le sanó la oreja al hombre.

Dios sabe que vivimos en un mundo donde hacerse a un lado se juzga a menudo como debilidad. Por eso envió a Jesús para que realmente «ampliara la definición» y se convirtiera él mismo en la definición de amor. Debido a que Dios nos ha extendido su gracia, nosotros también podemos aceptar la bofetada del enemigo y poner la «otra mejilla».

Día 68

🦋

Pollyanna es una historia clásica infantil sobre un joven huérfano cuyas alegres perspectivas sobre la vida le alimentaban un optimismo imparable. Independientemente de las dificultades que se encontraba, Pollyanna enfrentaba cada circunstancia con el compromiso de buscar el lado bueno. Su «Juego del lado bueno» llegó a otros y alentó a su comunidad.

El apóstol Pablo sabía de dificultades y desafíos mucho antes de que el personaje de Pollyanna apareciera en una novela. Habiendo soportado naufragios y encarcelamientos, las circunstancias de la vida de Pablo estaban lejos de ser una existencia tranquila. Seguramente hubo momentos en lo que quiso discutir y quejarse por las duras circunstancias que estaba experimentando. Y, sin embargo, después de hacer las preguntas difíciles, su respuesta fue aferrarse a su fe en Dios, que lo conocía por su nombre y que lo había llamado a llevar el evangelio a los gentiles.

Prueba este experimento hoy: cada vez que notes que te estás quejando o discutiendo, cambia tu reloj de una muñeca a otra. Cuando termine el día, reflexiona sobre cuántas veces hiciste el cambio. ¿Cuán a menudo se apodera de ti un patrón negativo?

Las instrucciones de Pablo para hacer todo sin quejarse o discutir son un componente central en el «Juego del lado bueno» de Pollyanna. Quizá todos haríamos bien en jugarlo diariamente.

Día 69

*Mientras Pablo los esperaba en Atenas,
se indignó profundamente al ver la gran cantidad
de ídolos que había por toda la ciudad.*
HECHOS 17.16 NTV

Mientras exploraba Atenas, Pablo descubrió la terrible verdad de un dicho común romano: «Es más fácil encontrar un dios en Atenas que un hombre».

Con carga por los atenienses, Pablo comenzó a proclamar a Cristo en la sinagoga judía y cada día en el ágora (mercado). Como resultado, los filósofos epicúreos y estoicos conocieron a Pablo y lo trajeron al Areópago para escuchar sus enseñanzas.

Anteriormente, Pablo había visto un altar ateniense a *agnostos theos* «el dios desconocido». En su discurso en el Areópago, Pablo usó a este dios desconocido como puente desde los ídolos atenienses a Dios y su Hijo, Jesús. También citó a Epiménides y Arato, poetas familiares para los atenienses.

En lugar de condenar al pueblo y lanzar advertencias terribles, Pablo buscó un terreno común y argumentó su defensa de Cristo desde allí. Como resultado, varios hombres y mujeres creyeron su mensaje.

¿Estás rodeado de personas cuyas creencias difieren mucho de las tuyas? ¿Te sientes a veces perdido en cuanto a cómo llevar una conversación hacia Cristo? Copia el enfoque de Pablo. Busca un punto de vista compartido o una verdad que resulte familiar y construye poco a poco desde ahí.

Día 70

*Aparta mis ojos de cosas inútiles
y dame vida mediante tu palabra.*
SALMOS 119.37 NTV

¿Cómo está tu visión espiritual? ¿Están las cosas enfocadas, o tu vida está un poco borrosa? ¿Hay cosas inútiles impidiendo tu visión?

El salmista reconoció que en la vida hay muchas cosas luchando por nuestra atención. Algunas tienen poco valor y nos alejan del poder transformador de Dios, de ahí la designación «inútiles». Las distracciones miopes pueden fomentar un enfoque egoísta y de vista muy corta. Un enfoque de visión muy larga nos puede mantener tan distraídos con los demás que no tenemos tiempo para reflexionar y crecer en nuestras propias vidas. El astigmatismo refleja la lucha por el equilibrio entre los dos extremos.

Pero algunas cosas nos acercan a Dios, y preservan nuestra vida (vida que viene a través de la Palabra de Dios). Para apartarnos de las cosas sin valor, ponemos nuestros ojos en Jesús, «el iniciador y perfeccionador de nuestra fe» (Hebreos 12.2 NVI). Dejemos que nuestras vidas sean cambiadas por el poder de su Palabra al encontrarnos con él cada día.

¿Cuáles son las cosas en tu vida que necesitas enfocar para restaurar la visión espiritual óptima?

Día 71

No se emborrachen con vino [...]
Al contrario, sean llenos del Espíritu.
EFESIOS 5.18 NVI

En el día de Pentecostés, cuando los reunidos vieron
y sintieron la presencia del Espíritu Santo de Dios, se
pusieron muy alegres. Hubo una respuesta no alcohólica a la
emocionante tercera Persona de la Trinidad. La única resaca
que se experimentó fue un gozo persistente.

Hubo un día en que los creyentes llenos del Espíritu
expresaron su alegría en Cristo. Era imposible ignorar la obra
transformadora de Dios. ¡Todavía está haciendo «todas las
cosas nuevas»! Hoy no es diferente: cuando se experimenta un
comienzo completamente nuevo en la vida, bueno, ¡eso hay
que celebrarlo!

Cuando Jesús regresó al Padre, Dios le dio el Espíritu
Santo al mundo (Hechos 2), con la responsabilidad de
consolar, guiar, dirigir y capacitar a los creyentes. ¡Celébralo!

Unos cristianos los celebraron cantando.

¡El Consolador ha llegado!, ¡El Consolador ha llegado!
¡El Espíritu Santo del cielo, la promesa del Padre!
Difundan la gran noticia, donde el hombre se encuentre;
¡El Consolador ha llegado!
FRANK BOTTOME

Día 72

Porque por tus palabras se te absolverá,
y por tus palabras se te condenará.
MATEO 12.37 NVI

¿Recuerdas cuando te diste cuenta de que la expresión «Palos y piedras pueden romper mis huesos, pero las palabras nunca me harán daño» era mentira?

Las palabras pueden actuar como una suave lluvia de primavera o como una tormenta. Las palabras pueden agitar o arreglar las cosas. Nuestras palabras son tan importantes que Santiago pasó la mayor parte de un capítulo de su libro detallando la naturaleza de la lengua y su poder. El libro de Proverbios nos advierte repetidamente de que debemos pensar cuidadosamente en nuestra manera de hablar.

Antes de decir a una multitud que sus palabras demostrarían su culpabilidad o inocencia, Jesús dijo que la gente algún día se daría cuenta de todas las palabras ociosas que habían soltado. (Mateo 12.36).

Según Jesús, nuestras palabras son un reflejo de lo que hemos almacenado en nuestros corazones. El bien saca lo bueno, el mal saca lo malo. Otras personas, que no pueden ver nuestros corazones, claramente ven lo que hay por cómo hablamos.

¿Qué dice hoy tu corazón?

Día 73

No robarás.
Éxodo 20.15 BLPH

El concepto de la ley de derechos de autor le era desconocido a Moisés, y de hecho a la mayor parte de la historia escrita. El gravamen de derechos por la expresión concreta de ideas no se dio hasta el estatuto inglés de derechos de autor, el Estatuto de Anne de 1709. Incluso hoy en día, es una cuestión civil, no criminal. Pero usar partes considerables del trabajo de un escritor moderno sin permiso es robo. Por lo tanto, algunas traducciones bíblicas de dominio público son fáciles de encontrar y usar en la red, pero las traducciones más modernas están disponibles solo en un puñado de sitios.

La ley moderna aún no otorga a un autor derechos ilimitados. «Quien me roba mi manzana me priva de una comida», pero una idea por sí sola no puede someterse a derechos de autor. Como tan elocuentemente escribió Thomas Jefferson a Isaac McPherson: «El que recibe una idea de mí, recibe instrucción sin disminuir la mía; como el que enciende su vela con la mía, recibe la luz sin que la mía se oscurezca».

Jesús dijo: «el que trabaja tiene derecho a su salario» (Lucas 10.7 BLPH), y los creadores ciertamente merecen la remuneración: nadie debería robarles. Pero nada en la Biblia garantiza ninguna ley específica que no sea la ley de Dios, que durará para siempre. Antes de los derechos de autor se escribieron un montón de buenos libros y música, y seguirá escribiéndose mucho aun después de que los derechos de autor se queden obsoletos. ¡Incluso los derechos de autor modernos tienen un final!

Día 74

Pablo se quedó mirando fijamente al Consejo y dijo:
—Hermanos, hasta hoy yo he actuado delante
de Dios con toda buena conciencia.
HECHOS 23.1 NVI

Después de su arresto, Pablo, un ciudadano judío y romano, se puso de pie ante el sanedrín y los principales sacerdotes para defender su caso. El apóstol declara —con una conciencia clara y buena— su compromiso con Dios, su ferviente determinación de servirle y complacerlo, y su impecable vida incluso antes de su conversión a Cristo.

Antes de Cristo, Pablo vivía de acuerdo con la ley y las ordenanzas judías y permaneció fiel a esas enseñanzas. No tenía ninguna hipocresía o deshonestidad y actuaba conforme a su conciencia. Después de su conversión, Pablo fue un guerrero de la fe decidido a servir al Señor con toda su santidad y celo, siempre consciente de su llamado por Dios y su servicio a los demás.

La traducción de la palabra latina *conscientia* es «lo que uno conoce de sí mismo». La conciencia es la facultad interior que decide la calidad moral de nuestros pensamientos, palabras y acciones. Nuestras conciencias se atormentan con remordimientos cuando hacemos algo mal, y disfrutan de paz y satisfacción cuando elegimos bien. Todos nosotros debemos vivir con nuestra propia conciencia, buena o mala.

En otro pasaje, Pablo dijo: «En todo esto procuro conservar siempre limpia mi conciencia delante de Dios y de los hombres» (Hechos 24.16 NVI). ¡Hagamos lo mismo!

Día 75

Hay caminos que al hombre le parecen rectos,
pero que acaban por ser caminos de muerte.
PROVERBIOS 14.12 NVI

❧

¿Por qué nos encanta una gloriosa pose final? La derrota
definitiva del general Custer es una parte reverenciada de la
historia americana. El poeta Tennyson glorificó a la Brigada
Ligera por cargar contra filas de cañones rusos. Butch
Casssidy y el Sundance Kid siempre serán recordados en
una imagen congelada de justo antes de que los soldados
bolivianos los derribasen.

Cada vez que ves la película, ¿no te gustaría que Butch
y Sundance pudieran encontrar otra salida? ¿No sigues
conteniendo la respiración para ver si Steve McQueen superará
el alambre de púas hacia la libertad en *La gran evasión*? ¡Y si los
refuerzos hubieran llegado a Little Bighorn a tiempo!

¿Por qué los desenlaces finales nos atraen tanto? Porque
sabemos que nuestra terquedad nos podría poner fácilmente
en la misma posición. Nuestra insistencia en ir por los
«caminos que al hombre le parecen rectos» podría satisfacer
nuestras almas rebeldes, pero no fuimos hechos para ser
rebeldes.

A pesar de nuestra insistencia en seguir nuestro propio
camino, seguimos deseando un rescate de última hora.
No importa cuánto nos hayamos adentrado en el valle de
la Muerte, ¡hay alguien con quien podemos contar para
salvarnos! ¡Jesús realiza más rescates de los que la Caballería
de los Estados Unidos ha tenido jamás, y su camino conduce
a la vida!

Día 76

*Hermanos míos, considérense muy dichosos cuando
tengan que enfrentarse con diversas pruebas,
pues ya saben que la prueba de su fe produce constancia.*
SANTIAGO 1.2–3 NVI

Este versículo procede de una carta escrita por Santiago, el
hermano menor de Jesús. Si recuerdas, Santiago no siempre
creyó que Jesús era el Mesías (Juan 7.5). Tal vez estaba
hablando por experiencia al escribir estas palabras.

Dios habló a través de Santiago para alentar a los
cristianos judíos que estaban agotados debido a la persecución
por su fe. Igual que con estas palabras, Dios nos anima
cuando estamos cansados y agobiados con los desafíos de
la vida.

Inicialmente, la sugerencia de que nos consideremos
«muy dichosos» por las pruebas no es alentadora. Sufrir
dificultades parece inútil para lograr una fe más fuerte. Pero
el apóstol Pedro dice: «han tenido que sufrir diversas pruebas
[...]. Así también la fe de ustedes, que vale mucho más que el
oro, al ser acrisolada por las pruebas demostrará que es digna
de aprobación, gloria y honor cuando Jesucristo se revele»
(1 Pedro 1.6–7 NVI).

Dios prometió que nunca nos abandonaría, y no nos
abandonará (Hebreos 13.5). Así que, cuando sintamos el
calor, podemos invocar el poder de Dios para ayudarnos
a perseverar. Y consideremos pura bendición tener una fe
refinada, genuina y honorable para Jesucristo nuestro Señor.

Día 77

Volveos a mí, y yo me volveré a vosotros,
ha dicho Jehová de los ejércitos.
MALAQUÍAS 3.7 RVR1960

Después de hablar a través de su profeta Malaquías, el Señor guardó silencio durante cuatro siglos. Entonces apareció Juan el Bautista, preparando el camino para la expresión definitiva de la verdad de Dios: su Hijo Jesucristo.

Entonces, ¿qué fue lo que dijo el último portavoz del Señor en el Antiguo Testamento? ¿Qué mensaje tenía «Mi mensajero» (significado del nombre de Malaquías) para el pueblo de Dios?

Como todos los profetas, Malaquías advirtió al pueblo de Israel acerca de su pecado. Pero también recordó a los elegidos el amor de su Padre celestial. Se habían alejado de Dios, habían sido castigados por invasores asirios y babilonios, y habían sido devueltos a su patria. Desgraciadamente, sus corazones seguían desviados de la verdadera adoración.

Así que Malaquías apareció con la última Palabra de Dios antes de que el «Verbo» finalmente apareciera: «Volveos a mí, y yo me volveré a vosotros» dijo el Señor.

Era una promesa para la gente del antiguo Israel, pero también un vislumbre del corazón de un amoroso Padre celestial. Es una promesa con la que todavía podemos contar.

Día 78

*Por eso, de la manera que recibieron a Cristo Jesús como Señor,
vivan ahora en él, arraigados y edificados en él, confirmados
en la fe como se les enseñó, y llenos de gratitud.*
COLOSENSES 2.6–7 NVI

¿Cómo vivimos como discípulos de Cristo? Este versículo nos
da cuatro pautas simples a seguir.

En primer lugar, nos acercamos a Jesús en la oración
diaria, pues ahora vive en nuestros corazones. Vivir con
alguien significa pasar tiempo juntos para aprender cómo es.

En segundo lugar, alimentamos nuestras raíces para que
profundicen y tengamos un fundamento fuerte. Los árboles
poderosos tienen raíces profundas que los mantengan ante
vientos turbulentos y terribles tormentas. Nuestras raíces se
nutren con las aguas de la oración y el alimento de estudiar la
Biblia. Esto nos da estabilidad para afrontar las tormentas de
la vida.

Además, sacamos fuerzas recordando lo que hemos
aprendido en el pasado y lo que nos han enseñado otros. Sus
palabras o el ejemplo de cómo vivieron fortalecen nuestra fe.

Finalmente, damos las gracias en todas las circunstancias.
La gratitud fluye fácilmente en los buenos tiempos. Pero,
incluso en circunstancias difíciles, la expresión de aprecio
renueva nuestros espíritus.

¿Cómo vivimos para Dios? Él guía nuestras vidas a través
de la oración y el estudio, la comunión con otros y la práctica
diaria de la gratitud.

Día 79

Qué alegría para los que no siguen el consejo de malos,
ni andan con pecadores, ni se juntan con burlones.
SALMOS 1.1 NTV

No hay gozo mayor que el de haber hecho lo correcto, incluso si los que nos rodean no lo han hecho.

Dios sabe lo que hay en nuestros corazones y mentes. Él nos ama y se preocupa tanto por nosotros que toma un interés íntimo en todo lo que hacemos. Puede que nunca nos vea tomando malas decisiones o siguiendo a aquellos que obviamente están tomándolas.

Desafortunadamente, es exactamente lo que de vez en cuando ve. El cristianismo es para personas inteligentes. Está al alcance de todos. Es una fiesta a la que todos están invitados. Pero no todo el mundo elige tomar decisiones inteligentes. A veces es mucho más fácil simplemente ir con la multitud. Esto parece que alivia la presión y nos hace sentir mejor en ese momento. Más tarde, sin embargo, nos damos cuenta de lo que hemos hecho y cómo nos hemos alejado de Dios.

La próxima vez que estemos tentados a seguir a la multitud, sería prudente recordar el primer versículo de Salmos. ¡Qué gozo da hacer lo correcto!

Día 80

Jesús se volvió y le dijo a Pedro:
—¡Aléjate de mí, Satanás! Quieres hacerme tropezar;
no piensas en las cosas de Dios, sino en las de los hombres.
MATEO 16.23 NVI

Eso fue un poco duro, ¿no? ¡El pobre Pedro tenía buenas intenciones!

Pero, por supuesto, Jesús tenía razón. Sabía que la muerte le esperaba. También sabía que era una parte importante del plan de su Padre.

Pedro estaba actuando por amor, pero era el amor humano con una buena proporción de interés propio. No quería perder a su amigo.

A veces nos olvidamos de cuán por encima está Dios de nosotros. Nuestra versión del amor no es nada comparada con la suya, y mientras nosotros vemos la muerte de alguien cercano a nosotros como una tragedia, para Dios sin duda es un glorioso regreso a casa de uno de los suyos.

Este es un mundo hermoso y nosotros, comprensible-mente, odiamos la idea de perder algunas de las personas que lo habitan. Satanás se aprovecha de eso. Él toma nuestros apegos y debilidades y los usa como obstáculos entre nosotros y el cielo.

Pero, de una manera maravillosa, Jesús convierte las piedras de tropiezo en escalones. Cuando, gracias a él, lleguemos arriba, esperamos encontrar, como Pablo, que realmente no hemos perdido a nadie después de todo.

Día 81

*Y dijo Jehová á Satán: He aquí, todo lo que
tiene está en tu mano: solamente no pongas tu
mano sobre él. Y salióse Satán de delante de Jehová.*

JOB 1.12 RVA

Muchas personas imaginan a Dios y a Satanás como fuerzas
opuestas atrapadas en un combate eterno. Cuando vivimos
buenos tiempos es que Dios debe de estar ganando. Cuando
las cosas van mal es que Satanás lleva ventaja.

Este fascinante versículo abre una ventana al funcionamiento interno de la gestión cotidiana de Dios. En Job 1,
Satanás primero dio cuenta a Dios de sus viajes por la tierra.
Entonces Dios informó a Satanás de la rectitud de Job.
Satanás respondió que Job estaba al lado de Dios porque el
Señor lo había bendecido mucho: «Solo quítale sus bienes y
observa lo que sucederá entonces». En ese momento, Dios
permitió que Satanás probara a Job, pero emitió una estricta
obligación de no tocar su persona.

Claramente, Satanás está bajo la completa autoridad
de Dios. El diablo no puede obrar sin el permiso de Dios.
No importa lo mal que se puedan poner las cosas, nunca
están fuera de control. Y llegará el día en que Dios librará al
universo de Satanás, arrojándolo al fuego eterno.

Un último pensamiento: Job fue más bendecido al final
de su vida que al principio (Job 42.12).

Día 82

¿Quién es el que condenará? Cristo es el que murió;
más aun, el que también resucitó, el que además está
a la diestra de Dios, el que también intercede por nosotros.
ROMANOS 8.34 RVR1995

Cuando Jesucristo murió en la cruz pagó el precio de nuestros pecados, y cuando resucitó de los muertos rompió el poder de la muerte en nuestras vidas. Por si eso no fuera suficiente, ahora que está en el cielo, sentado a la diestra de Dios, intercede constantemente ante Dios por nosotros.

Entonces, ¿quién es el que nos condena? El diablo lo hace, por supuesto. Se le llama «el acusador de nuestros hermanos», y día y noche acusa a los cristianos ante Dios. Pero podemos vencerlo con la sangre de Jesucristo, la misma sangre que pagó el precio de nuestros pecados (Apocalipsis 12.10–11).

La gente a veces nos condena, pero Pablo dijo que no debemos prestarles atención (1 Corintios 4.3). Y nosotros, por nuestra parte, recibimos el mandamiento de no juzgar a otros (Mateo 7.1). A menudo nos condenamos a nosotros mismos, pero incluso «si nuestro corazón nos reprende, mayor que nuestro corazón es Dios, y él sabe todas las cosas» (1 Juan 3.20 RVR1995).

¿Cómo puede *alguien* condenarnos cuando Cristo mismo quitó nuestro pecado y nunca deja de interceder ante Dios, su Padre, por nosotros?

Día 83

Y, si alguien les dice: «¿Por qué hacen eso?»,
díganle: «El Señor lo necesita, y en seguida lo devolverá».
MARCOS 11.3 NVI

El Señor Jesús sabía que la entrada triunfal le esperaba cuando pidió prestado un burro.

David adoró a este mismo Jesús, Dios hijo en la carne, diciendo: «Tuyo es el cielo, y tuya la tierra» (Salmos 89.11 NVI). Como Dios le dijo a Job: «¡Mío es todo cuanto hay bajo los cielos!» (Job 41.11 NVI). Sin embargo, el dueño del mundo les dijo a sus discípulos que pidieran prestado un pollino y, cuando pidiese explicaciones, le dijeran al dueño: «El Señor lo *necesita*».

La palabra griega *chreia*, traducida en otras partes como «negocio», aparece cuarenta y nueve veces en el Nuevo Testamento. Su uso primario se refiere a cosas que los seres humanos necesitan: los enfermos necesitan un médico (Mateo 9.12); Juan necesitaba ser bautizado por Jesús (Mateo 3.14); Dios provee todas nuestras necesidades (Filipenses 4.19). En dos ocasiones, Juan usa la palabra para describir la omnisciencia de Jesús (Juan 2.25; 16.30).

Los pasajes sobre la entrada triunfal son los únicos donde leemos que Jesús necesitase algo de nosotros: algo tan simple como una montura hasta la ciudad, prestada, para ser devuelta en breve.

Todo pertenece a Dios por derecho. Pero él nos concede el privilegio de compartir de nuestra pobreza para unirnos a él para conducir su negocio.

Día 84

En la ciudadela de Susa vivía un judío llamado Mardoqueo,
hijo de Jaír y descendiente de Simeí y de Quis, de la
tribu de Benjamín. Era uno de los muchos que el rey
Nabucodonosor de Babilonia había llevado cautivos
de Jerusalén junto con Jeconías, rey de Judá.
ESTER 2.5–6 BLPH

No debemos olvidar que la Biblia cuenta relatos de personas reales, ambientados en la historia real.

El libro de Ester tiene lugar en el 460 A.C., en el contexto de la agresión militar persa contra Grecia. Las tablillas antiguas encontradas por los arqueólogos confirman que Mardoqueo era un escriba o ministro en la corte real del rey Jerjes en Susa, donde Nehemías también sirvió y Daniel profetizó. Una y otra vez, la Biblia se revela como verdadera y digna de confianza.

«Vivía un judío…». ¿No es asombroso cómo funciona la providencia de Dios, incluso en lugares seculares donde él no es bien recibido? El libro de Ester nunca menciona a Dios directamente, sin embargo, su mano está claramente en acción a lo largo de la historia.

De la misma manera, debemos ser una luz en nuestro mundo, incluso donde no podemos hablar de Dios abiertamente.

Día 85

*—Les aseguro que a menos que ustedes cambien
y se vuelvan como niños, no entrarán
en el reino de los cielos.*
MATEO 18.3 NVI

En el camino a Capernaum, los discípulos de Cristo discutían entre ellos sobre cuál de ellos era el más grande. Cuando Jesús les preguntó por qué habían estado discutiendo, se callaron (Marcos 9.33–34). Tal vez tenían vergüenza de decirlo.

Mateo 18 provee más información sobre esta historia. Dice que los discípulos le preguntaron a Jesús: «¿Quién es el más importante en el reino de los cielos?» (Mateo 18.1 NVI). En otras palabras: «¿Qué tenemos que hacer para alcanzar la grandeza cuando lleguemos allí?».

En Mateo 18.3, Jesús responde a su pregunta poniendo los niños pequeños como ejemplo. Él les dice a sus discípulos que necesitan cambiar sus actitudes y pensar con el corazón justo de un niño.

Los niños pequeños se acercan al mundo con inocencia. Están libres de ambiciones egoístas, son humildes y dependientes de sus padres. Este espíritu sencillo y manso es lo que Dios requiere de nosotros. En lugar de preocuparnos por ser grandes aquí en la tierra o cuando lleguemos al cielo, Mateo 18.3 indica que debemos preocuparnos por si entramos en su reino.

Día 86

Al cruzar, Elías le preguntó a Eliseo:
—¿Qué quieres que haga por ti antes de que me
separen de tu lado? —Te pido que sea yo el heredero
de tu espíritu por partida doble —respondió Eliseo.
2 REYES 2.9 NVI

Qué petición tan audaz.

Elías ofreció una bendición a Eliseo. Eliseo respondió: «Te pido que sea yo el heredero de tu espíritu por partida doble».

Elías ocupó el papel de líder, profeta y obrador de milagros. ¿Por qué querría Eliseo las pesadas responsabilidades y dificultades involucradas en este tipo de trabajo?

Eliseo podría haber pedido riqueza, poder ilimitado o una vida sin problemas. Incluso la capacidad de vivir cada día en paz estaba a su alcance.

Sin embargo, Eliseo pidió el espíritu de Elías. No pidió tener un ministerio más grande que el de Elías, solo estaba pidiendo heredar lo que Elías dejaba y ser capaz de sobrellevarlo. ¿Qué podría darnos Dios si le preguntamos con valentía lo imposible? Dios desea bendecirnos profundamente. Si nuestros corazones se alinean con su voluntad y permanecemos abiertos a su llamado, él nos sorprenderá. Dios toma lo ordinario y, por medio de su poder, transforma nuestras oraciones en peticiones extraordinarias… incluso en solicitudes de doble porción.

Día 87

Ni te avergüences de mí.
2 Timoteo 1.8 ntv

🦋

¿Quién podría avergonzarse del apóstol Pablo, sobre todo tratándose de su casi hijo Timoteo?

Entre las especulaciones sobre el trasfondo del joven encontramos una infancia enfermiza, una madre y abuela judías y un padre griego ausente. Tal vez, como hijo único de una familia adinerada, estaba protegido de muchas de las vicisitudes de la vida; era tímido e indisciplinado. Sin embargo, Pablo vio en Timoteo el potencial para el servicio.

En esta «carta de despedida», el apóstol es introspectivo, recordando al muchacho que Timoteo solía ser. Le recuerda a Timoteo que «Dios no nos ha dado un espíritu de timidez, sino de poder, de amor y de dominio propio» (2 Timoteo 1.7 nvi). *No permitas que mi condición actual te impida proclamar a Jesús.* Esto llevaba implícito: no te avergüences de nuestro Señor.

Las personas mayores pueden ser una gran influencia en la generación más joven, pero, como lo ilustra el apóstol Pablo, sigue siendo tarea del hijo «avivar» las llamas encendidas por otros (1.6).

Todos estamos a la altura de nuestras responsabilidades espirituales, ya sea si estamos encendiendo la llama en nosotros mismos o prendiéndola en otros.

Día 88

Todo lo hizo hermoso en su tiempo; y ha puesto eternidad
en el corazón de ellos, sin que alcance el hombre a entender
la obra que ha hecho Dios desde el principio hasta el fin.
ECLESIASTÉS 3.11 RVR1960

Nuestras almas saben que hay un Dios. Las almas de los
incrédulos también lo saben. Al poner «eternidad en el
corazón» del hombre, Dios nos dio un anhelo por él. Ese
deseo profundo se cumple en aquellos que aceptan a Jesús,
pero quienes lo rechazan tienen que encontrar alguna otra
cosa para calmar la picazón. Este anhelo insatisfecho es la
mejor explicación de los abusos de alcohol, drogas y poder.

Por supuesto, los deseos terrenales son trampas, pero a
veces incluso pueden servir a los creyentes para reforzar una fe
debilitada por la falta de entendimiento.

Nuestra naturaleza humana necesita entender las cosas.
Es un problema que tienen muchos creyentes y no creyentes.
Nadie puede «comprender lo que Dios ha hecho». Eso es lo
que lo hace Dios. Y aun así seguimos intentándolo.

Afortunadamente, nuestros corazones no necesitan
entenderlo todo; tampoco necesitan «arreglos» terrenales.
Solo necesitan ser liberados, encontrar a Dios y deleitarse con
la belleza de su creación interminable. Creyentes, dejen de
permitir que las preguntas sin respuesta les impidan amarlo
más plenamente. Y, amigos no creyentes, pregúntense, si
tuviesen todas las cosas materiales que quisieran, ¿no estaría
aún su corazón buscando la eternidad?

Día 89

*Él ya existía antes de todas las cosas
y mantiene unida toda la creación.*
COLOSENSES 1.17 NTV

Jesús mantiene nuestro mundo unido, tanto en lo espiritual como en lo físico. No es que él envuelva con sus brazos nuestro universo para evitar que se desmorone. Más bien, Jesús ajustó nuestro planeta para la vida, y preserva de manera continuada esas condiciones.

La distancia exacta entre la Tierra y el Sol es esencial para la vida. Si la Tierra estuviera un cinco por ciento más cerca, los ríos y los océanos se evaporarían en un fuerte efecto invernadero. Mover un cinco por ciento más lejos la Tierra provocaría que el agua y el dióxido de carbono se congelasen. Demasiado frío o demasiado calor significa que no hay vida.

Incluso nuestra estéril Luna hace posible la vida estabilizando la inclinación del eje de la Tierra. Sin la atracción constante de la luna, la inclinación de la Tierra podría oscilar al azar en un amplio margen, dando por resultado temperaturas demasiado cálidas y demasiado frías para la vida y provocando estaciones erráticas.

Los astrónomos también están descubriendo cómo otros planetas de nuestro sistema solar ayudan a la Tierra. Por ejemplo, el enorme planeta Júpiter desvía a muchos cometas de entrar en la sección interna del sistema solar, donde podrían golpear fácilmente la Tierra, con resultados devastadores.

A través de la ciencia descubrimos las leyes físicas que Jesús diseñó para nuestro universo. A través del estudio de la Biblia desenterramos las leyes espirituales que Jesús diseñó para nosotros. Mira a Jesús para mantener tu vida junta.

Día 90

Cuando estaban desanimados, yo les sonreía;
mi mirada de aprobación era preciosa para ellos.
JOB 29.24 NTV

Este versículo plantea una pregunta: si, sin el lujo de las palabras, nos comunicásemos únicamente mediante nuestras acciones o nuestra mera presencia, ¿qué mensaje transmitirían nuestras vidas?

Se dice que la sonrisa es la luz del rostro. Job era un hombre justo y respetado por Dios. Sus amigos y paisanos lo elogiaban por su sabiduría, y todos los hombres le escuchaban, atendiendo a su instrucción. Antes de sufrir sus aflicciones, la gente procuraba su favor. En consecuencia, su sonrisa era suficiente para animarlos y aligerar sus cargas (versículos 21–24).

Nuestra preocupación por las palabras a menudo oscurece una simple verdad: *lo que decimos no es tan importante como quiénes somos*. La sonrisa de Job marcaba una diferencia debido a la vida que llevaba. Nuestras formas más auténticas de comunicación se producen sin palabras. Más bien fluyen de una sonrisa comprensiva, un toque de compasión, un gesto de amor, una presencia suave o una oración callada.

Dios usó a Job, un hombre ordinario con una extraordinaria cantidad de amor y sabiduría, un hombre cuyo único adorno era una vida justa y una cálida sonrisa. Y él quiere usarnos también. Así que sigue sonriendo. Alguien puede necesitarlo.

Día 91

*Mis ovejas oyen mi voz; yo las conozco
y ellas me siguen.*
Juan 10.27 NVI

Las ovejas pastan en grandes rebaños. A menudo se extienden para encontrar el mejor lugar donde haya ciertos buenos pastos o agua fresca para beber. Vagan por los barrancos, ajenas a peligros como los fosos o los animales salvajes.

Las ovejas no son animales muy inteligentes. Necesitan a alguien para que las vigile y para que las lleve a los mejores lugares.

Pero las ovejas conocen bien una cosa: el sonido de la voz del pastor. Oyen la llamada, incluso desde grandes distancias. Su voz las dirige de nuevo a la seguridad. Saben que va en su rescate cuando se meten en problemas.

Los humanos tampoco somos inteligentes. Nos perdemos buscando las brillantes atracciones del mundo. Nos alejamos de nuestro camino espiritual, distraídos por nuestros propios deseos e ignorando los peligros.

También tenemos un Buen Pastor que nos cuida y nos llama amablemente para ponernos a salvo. Si escuchamos, podemos oír su voz incluso cuando nos alejamos.

Jesús quiere que le oigamos y sigamos su camino. ¿Qué escogeremos escuchar? ¿El ruidoso mundo o el suave susurro para unirnos a él?

Día 92

—¡Pero SEÑOR! —contestó Moisés—, si mi propio pueblo
ya no quiere escucharme, ¿cómo puedo esperar que me escuche
el faraón? ¡Soy tan torpe para hablar!
ÉXODO 6.12 NTV

La historia del Éxodo nos resulta familiar a muchos de
nosotros. Llamado del desierto, Moisés fue enviado por
Dios para rescatar a los israelitas de los opresores egipcios.
Volviendo al país al que había huido como fugitivo, Moisés
sin duda suponía que entraría, haría lo que Dios le decía y
saldría lo antes posible.

En cambio, Moisés se enfrentó al faraón en múltiples
ocasiones, teniendo como resultado de las negociaciones un
aumento de la carga de trabajo opresiva sobre los israelitas.
En lugar de un avance tranquilo, Moisés vio que las
circunstancias empeoraban, aun siguiendo las instrucciones
de Dios al pie de la letra. La hora oscura en la historia de
Israel… ¡se volvió aún más oscura!

El desánimo de Moisés es evidente. Fue enviado
para librar a Israel y no le escucharon. El faraón no estaba
escuchando. Las condiciones empeoraban en lugar de
mejorar. Habría sido fácil para él decir: «Obviamente esto
no está funcionando, Dios. Busca a alguien que pueda tener
éxito con esto».

Atrapado en el medio, Moisés no se dio por vencido. En
vez de eso, mantuvo las líneas de comunicación abiertas entre
él y Dios. Moisés decidió perseverar a través de los problemas
de tratar con personas difíciles.

¿Quiénes son las personas difíciles en tu vida? ¿En qué
situación imposible te llama Dios a perseverar?

Día 93

*Hay algunos que se hacen bautizar
por los que han muerto; si es cierto que los muertos
no han de resucitar, ¿qué sentido puede tener ese bautismo?*
1 CORINTIOS 15.29 BLPH

¿Qué significa este versículo?

Hay más de doscientas opiniones teológicas diferentes sobre lo que significa este versículo. En resumen, no tenemos ni idea de lo que Pablo quería decir con esto. Los que dependemos de nuestras habilidades y educación especializadas odiamos estas dos palabras: «no sé». Pero, en realidad, no lo sabemos.

No hay nada más en toda la Escritura que sugiera algo relacionado con el «bautismo por los muertos». La iglesia no ha establecido ninguna gran doctrina sobre el tema. En el contexto, Pablo se refiere a ello indirectamente para ilustrar la seguridad de la resurrección de Cristo. No está presentando nada importante para la salvación.

Muchos de nosotros nos enorgullecemos de nuestra pureza doctrinal. Este versículo sirve como un recordatorio para todos de que, independientemente de cuán correcta sea nuestra teología, Dios es más grande que cualquiera de nosotros, y nunca podremos tenerlo todo resuelto. No podemos meter a Dios en una caja. ¡Tal vez Pablo está tratando de hacer que no dejemos de ser humildes!

Día 94

*Sin embargo, Daniel estaba decidido a no contaminarse
con la comida y el vino dados por el rey. Le pidió permiso al jefe
del Estado Mayor para no comer esos alimentos inaceptables.*
DANIEL 1.8 NTV

De descendencia noble o real, Daniel estaba entre los cautivos
de Judá llevados a Babilonia por los ejércitos de Nabucodonosor.
Elegidos para una formación elitista, Daniel y otros cautivos
selectos fueron tratados con todo lujo y se les dio a comer de la
cocina real, que incluía comida y bebida consideradas impuras
por la ley de Moisés. Decidido a no contaminarse, Daniel le
pidió a su asistente: «pruébanos durante diez días con una dieta
de vegetales y agua» (Daniel 1.12 NTV).

Al hacer su petición, Daniel ilustró una manera efectiva
de presentar una apelación a otros. Como señala el Institute
of Basic Young Conflicts:

En primer lugar, Daniel buscó una solución al dilema en
lugar de propagar un descontento.

En segundo lugar, mostró preocupación por los objetivos
de su asistente, ofreciendo un límite de tiempo junto con el
menú no convencional.

Por último, mostró una actitud humilde, acercándose a
él con respeto, más que con arrogancia o rebelión.

Antes de presentar una reclamación, examina tus
motivos, comprueba tu actitud e intenta encontrar una
solución que también se ajuste a las metas de la otra persona.

Sin embargo, seguir estas directrices no garantiza el éxito.
Si tu solicitud es denegada, responde amablemente. Esto
mantiene abierta la comunicación y puede proporcionar una
oportunidad para presentar a alguien a nuestro Dios.

Día 95

*Ninguno que haya nacido de Dios practica el pecado,
porque la semilla de Dios permanece en él; no puede
practicar el pecado, porque ha nacido de Dios.*

1 JUAN 3.9 NVI

La palabra griega «semilla» en este versículo no es otra que
sperma. Uno que ha nacido de Dios tiene su «semilla» en
él, un ADN espiritual que nos marca como pertenecientes
a él. Uno de estos marcadores de ADN cambia nuestra
percepción del pecado. Juan repite dos veces más en esta
epístola su afirmación de que el hijo de Dios no seguirá
pecando (3.6 y 5.18).

Pablo habló de la constante tensión entre saber qué
es lo correcto y hacer lo que está mal (Romanos 7.7–25).
Solo cuando vivimos por el Espíritu podemos matar nuestra
naturaleza pecaminosa (Romanos 8). Juan también reconoció
esta tensión, y la victoria final, cuando dijo que «todo el que
ha nacido de Dios vence al mundo» (1 Juan 5.4 NVI).

La gente siempre ha estado tentada a afirmar que conoce a
Dios mientras practica el mal. En los días de Jeremías, la gente
llamaba al Señor Padre y amigo. Jeremías dijo: «Y mientras
hablabas, hacías todo el mal posible» (Jeremías 3.5 NVI).

En Cristo y por el Espíritu, hemos vencido al mundo.
Que nuestras vidas reflejen esta verdad cada vez más.

Día 96

Cuando veo tus cielos, obra de tus dedos,
la luna y las estrellas que tú formaste...
SALMOS 8.3 RVR1995

Hace casi tres mil años, el salmista David miró con asombro el claro cielo nocturno. Contempló la luna y las centelleantes estrellas y se maravilló ante la grandeza de Dios. ¿Cómo alguien tan inmensamente creativo podía preocuparse por nosotros, unos simples humanos?

En el verano de 1969, otro hombre se preguntó lo mismo. El astronauta estadounidense Edwin «Buzz» Aldrin contempló el cielo nocturno con una nueva perspectiva, desde la superficie de la luna. Aldrin y Neil Amstrong fueron los primeros seres humanos en caminar sobre la luna. Uno solo puede imaginar qué pensamientos ocuparían sus mentes.

Para Aldrin fue una experiencia profundamente religiosa. Cuando se paró en la superficie de la luna y miró hacia el cielo, recordó las palabras del salmista David, escritas en la Biblia. Citó esas palabras en una entrevista desde el espacio para la televisión. Aldrin dijo: «Cuando veo tus cielos, obra de tus dedos, la luna y las estrellas que tú formaste, digo: ¿Qué es el hombre, para que tengas de él memoria, y el hijo del hombre, para que lo visites?» (Salmos 8.3–4 RVR1960).

Con tres mil años de distancia, dos hombres diferentes miraron hacia el cielo y vieron al mismo Dios.

Día 97

Para que sepas cómo debe conducirse uno en la casa de Dios.
1 Timoteo 3.15 lbla

Jilian y Robert eran gemelos (obviamente no idénticos). Habían estado en hogares de acogida desde que sus padres murieron en un accidente automovilístico en una autopista de California.

Los niños fueron criados por tres familias adoptivas: «Nadie nos quería a los dos —contó Robert—. Jilian y yo no nos vimos por más de diez años».

Robert mantuvo un diario durante sus años de escuela secundaria. En una nota del jueves 15 de enero del 2000, escribió: «Cuando era niño, iba a una escuela dominical y oía hablar de la familia de Dios. Nadie llegó a saber cuánto deseaba ser un hijo en esa familia. Jilian también (bueno, en su caso, una hija)».

Según un programa de noticias por cable, el diario de Robert fue descubierto junto a sus pertenencias en una zona de guerra en Irak. Fue enviado a casa junto a su cuerpo. Un tío lejano comentó: «Nunca fuimos una familia unida».

Dada la oportunidad, Robert podría haber sido un hijo en la familia de Dios.

Habría podido aprender las cosas que enseña la vida en familia. Cosas como el gozo (Salmos 67.4), el valor (Deuteronomio 31.6), la satisfacción (Salmos 103.5), el perdón (Efesios 4.32), la amistad (Proverbios 27.6) y el amor (1 Pedro 4.8–9).

Oremos por las oportunidades para dar entrada a los huérfanos espirituales a Dios y a su familia.

Día 98

Tengan compasión de los que dudan.
JUDAS 1.22 NVI

Judas *quería* debatir sobre los gozos de la salvación, pero primero tuvo que advertir a sus lectores de los peligros que representan aquellos que siguen un camino más mundano.

Advirtió a los fieles para que fueran cautelosos, pero no dijo: «¡Apártense de esos paganos!».

En su lugar, recomendó que nos edificáramos en «su santísima fe» porque hay trabajo por hacer. Dios no quiere perder a nadie, y con su ayuda podemos arrebatarlos «del fuego» (v. 23 NVI).

No toda esa gente sin fe es intencionadamente malvada. Muchos han sido engañados pensando que Dios es para otros. Algunos tienen dudas y preguntas, y podrían llegar a la fe si solo pudieran ver cómo la fe se aplica a una vida como la suya. El mundo ciertamente no les va a mostrar eso; y si nosotros seguimos pasando de largo, nunca lo sabrán.

Como Judas, es posible que queramos celebrar nuestra salvación. Pero, tal y como él descubrió, hay algo más importante en lo que centrarse. Codearse con algunas personas mundanas podría ser un riesgo que vale la pena correr si, en el proceso, algunos que dudan pueden ser salvados.

Después de todo, si el cristianismo consistiera solo en aquellos que nunca dudaron, muy pocos irían al cielo… y muchos más sentirían el calor.

Día 99

Amarás a tu prójimo como a ti mismo.
LEVÍTICO 19.18 RVR1995

❦

La mayoría de los cristianos no ha leído nunca el libro de Levítico. Por lo que se puede ver al hojearlo, contiene una infinidad de listas de leyes y reglamentos, instrucciones aburridas y obsoletas sobre cómo sacrificar animales y mantenerse ritualmente puro. Esa mayoría tiene la sensación de que el libro de Deuteronomio es casi irrelevante para la vida moderna.

Sin embargo, los dos mandamientos más importantes del Antiguo Testamento se encuentran en Levítico y Deuteronomio. Cuando un fariseo preguntó a Jesús: «¿Cuál es el gran mandamiento en la Ley?». Jesús no citó ninguno de los diez mandamientos que la mayoría de nosotros habríamos repetido. En cambio, citó Deuteronomio 6.5 (NVI). «Ama al Señor tu Dios con todo tu corazón». Entonces Jesús declaró enfáticamente: «Éste es el primero y grande mandamiento. Y el segundo es semejante». Luego citó Levítico 19.18: «Amarás a tu prójimo como a ti mismo» (Mateo 22.35–40 RVR1995).

Si los dos mandamientos más importantes de la ley se encuentran en estos libros «secos y aburridos», ¿qué otras cosas pueden encontrarse en ellos para guiarnos e inspirarnos? Sal del camino trillado de tu lectura de las Escrituras y explora los rincones más recónditos de tu Biblia. Hay joyas maravillosas escondidas ahí.

Día 100

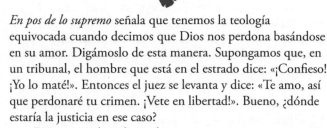

En pos de lo supremo señala que tenemos la teología
equivocada cuando decimos que Dios nos perdona basándose
en su amor. Digámoslo de esta manera. Supongamos que, en
un tribunal, el hombre que está en el estrado dice: «¡Confieso!
¡Yo lo maté!». Entonces el juez se levanta y dice: «Te amo, así
que perdonaré tu crimen. ¡Vete en libertad!». Bueno, ¿dónde
estaría la justicia en ese caso?

Dios no perdona basándose en su amor, porque entonces
su justicia sería injusta. Así que Dios envió a Jesús a morir
por nuestros pecados. Ahora Dios perdona sobre la base de
la cruz. Nuestros pecados fueron castigados cuando Jesús fue
crucificado. Ahora, cuando Dios perdona, la justicia queda
satisfecha.

Quizás estamos juzgando el amor de Dios basándonos en
cuánto nos ha bendecido en esta vida. Nos olvidamos de que
venimos ante él como pecadores que necesitan un Salvador.
Dios, en su amor, ha provisto un Salvador, pagando un
altísimo precio. Tratemos el pecado con la repugnancia que se
merece y a Dios con el amor debido.

Día 101

Como son más altos los cielos que la tierra,
así son mis caminos más altos que vuestros caminos
y mis pensamientos, más que vuestros pensamientos.
ISAÍAS 55.9 RVR1995

Dios nos dice: «mis pensamientos no son vuestros pensamientos ni vuestros caminos mis caminos» (v. 8, RVR1995), y luego continúa describiendo la gran diferencia entre la forma en la que él piensa y la manera en la que los mortales piensan, y entre la forma en la que él hace las cosas y la manera en la que la gente trata de resolver las cosas. Dios razona y trabaja en un nivel tan elevado que lo compara con los cielos, que son inconmensurablemente más altos que la Tierra.

Dios nos ha dado la inteligencia y el sentido común, y nos propone usar nuestros cerebros para pensar en los problemas cotidianos y buscar soluciones. No somos infinitamente inteligentes, sin embargo, a veces la solución a nuestros problemas puede ser totalmente diferente a lo que nuestras mentes puedan imaginar. Un buen ejemplo es el mandamiento de Jesús de amar a nuestros enemigos (Mateo 5.44). Eso va en contra de la lógica humana normal.

Dios sabe mejor, y aunque pueda parecernos claro que el camino de Dios no funciona o incluso parece netamente una locura, nos conviene recordar que «lo insensato de Dios es más sabio que los hombres» y que, comparados con Dios, «conoce los pensamientos de los sabios, y sabe que son vanos» (1 Corintios 1.25, 3.20 RVR1995).

Día 102

*Pero yo les digo que en el día del juicio todos
tendrán que dar cuenta de toda palabra ociosa
que hayan pronunciado.*
MATEO 12.36 NVI

En el siglo primero, los fariseos emplearon el método de
comunicación de «pensar en voz alta» y atribuyeron el
milagro de Jesús a una alianza impía con Beelzebú, el príncipe
de los demonios (Mateo 12.24). Jesús respondió con, entre
otras cosas, una advertencia del juicio inminente por las
palabras pronunciadas irreflexivamente.

Dos mil años más tarde, vivimos en un mundo de
habla descuidada. La charla de un entrenador en la NFL a
su equipo es trasmitida por las ondas, llena de profanidades.
El presidente considera necesario pedir disculpas por los
comentarios hechos cuando pensó que su micrófono estaba
apagado. Los discos y los archivos MP3 se venden con
advertencias a los padres sobre su contenido.

¡Qué fácil es hablar sin pensar! Sin embargo, Jesús nos
recuerda que nuestras palabras son poderosas y que se nos
responsabilizará de cómo las usamos. Si tenemos un foro
público o estamos hablando a oídos de un niño, Dios no solo
oye las palabras de nuestra boca, sino la actitud silenciosa
de nuestro corazón que alimenta nuestro lenguaje (Mateo
12.34).

¿Cómo sería nuestro mundo si pesáramos nuestras
palabras en la escala de Dios y hablásemos en consecuencia?

Día 103

¡Hasta vimos anaquitas!
Comparados con ellos, parecíamos langostas,
y así nos veían ellos a nosotros.
Números 13.33 NVI

Moisés envió espías para explorar la tierra de Canaán. Al volver, dijeron: «Fuimos al país al que nos enviaste, ¡y por cierto que allí abundan la leche y la miel! [...] Pero el pueblo que allí habita es poderoso, y sus ciudades son enormes y están fortificadas» (vv. 27–28 NVI).

En comparación con los habitantes de Canaán —especialmente los anaquitas, que eran conocidos por su estatura alta y robusta— los israelitas eran como saltamontes. Y eso sacudió su fe hasta lo más hondo. Pero en medio del clamor Caleb silenció a la multitud, diciendo: «Subamos a conquistar esa tierra. Estoy seguro de que podremos hacerlo» (v. 30 NVI). Y Josué estuvo de acuerdo.

Los diez espías creían solo en lo que veían, mientras que Josué y Caleb creían en Dios. Se atrevieron a oponerse a la mayoría con un firme compromiso con Dios y una inquebrantable confianza en las promesas de él para ellos.

¿Tus pruebas y problemas son demasiado abrumadores para afrontarlos? Como los diez espías, ¿te sientes como si no hubiese manera de conquistarlos? Levántate en la Palabra de Dios y él te llevará a la tierra prometida. ¡En el proceso, tu fe te transformará de un saltamontes a un gigante espiritual!

Día 104

Cuando cruces las aguas, yo estaré contigo;
cuando cruces los ríos, no te cubrirán sus aguas;
cuando camines por el fuego, no te quemarás
ni te abrasarán las llamas.
ISAÍAS 43.2 NVI

Este es uno de los versículos más reconfortantes de la Biblia.
Es la promesa de Dios de que, cuando enfrentamos pruebas
en nuestras vidas, él no nos abandona.

La Biblia presenta ejemplos literales de esto. Cuando
Moisés y los israelitas se acercaron al mar Rojo, con el ejército
egipcio persiguiéndolos, Dios separó el agua literalmente y
permitió que los israelitas escaparan de sus enemigos (Éxodo
14.10–31). Cuando Sadrac, Mesac y Abed-nego fueron
echados a un horno de fuego por negarse a inclinarse ante un
ídolo de oro, Dios los sacó del fuego sin un rasguño. Él estaba
literalmente allí con los tres jóvenes en el fuego, lo vieron
como una cuarta persona (Daniel 3).

Isaías 43.2 no dice: «*Si* cruzas las aguas». Dice «cuando».
Cuando nos enfrentamos a problemas en nuestras vidas, Dios
está con nosotros. Jesús repite esta promesa en Juan 16.33
(NVI): «En este mundo afrontarán aflicciones, pero ¡anímense!
Yo he vencido al mundo».

Día 105

Despreciado y rechazado por los hombres, varón de dolores,
hecho para el sufrimiento. Todos evitaban mirarlo;
fue despreciado, y no lo estimamos.
ISAÍAS 53.3 NVI

Ochocientos años antes de Cristo, el profeta Isaías estaba prediciendo que él llevaría los pecados del mundo para nuestra salvación.

Su descripción de un hombre al que preferiríamos no mirar, un hombre encorvado bajo la carga del pecado, podría aplicarse a muchas personas en el mundo de hoy. Probablemente todos conocemos a alguien con quien preferiríamos no hablar: gente desagradable, gente mala o simplemente gente irritante. ¡Pero no estaban destinados a ser así! El pecado, el suyo y el de otros, ha retorcido sus vidas.

Ellos no tomaron esa carga por nosotros, y desde luego no lo hicieron para nuestra salvación. Pero eso no significa que debamos apartar la vista o pasar de largo. Tendemos a tratarlos así porque son peligrosos. Si les extendemos nuestra mano, bien podrían dejarnos abatidos. La gente ciertamente sintió lo mismo acerca de Jesús.

Pero, sabiendo que ahí hay un alma a la que Dios ama, sabiendo que en la menor de ellas debemos encontrar al Señor, nuestro gesto de ayuda hacia ellas en su nombre podría ser todo un rescate para nosotros, tanto si nos abaten como si no.

Día 106

¿No es este el hijo del carpintero? ¿No es María su madre,
y sus hermanos Santiago, José, Simón y Judas? Y sus hermanas,
¿no viven todas ellas entre nosotros? ¿De dónde ha sacado todo eso?
MATEO 13.55–56 BLPH

¿Te imaginas crecer en la misma casa que la Perfección? Mi madre solo piensa que soy perfecto; María *sabía* que su hijo mayor lo era. Pero sus hermanos y hermanas no lo eran. La rivalidad entre hermanos debió de haber sido intensa.

Marcos 3.20–21 (BLPH) dice: «Jesús llegó a casa y otra vez se juntó tanta gente, que ni siquiera les dejaban comer. Cuando algunos de sus parientes se enteraron, vinieron con la intención de llevárselo a la fuerza, porque decían que estaba loco». La familia de Jesús lo rechazó. Santiago ni siquiera llegó a la crucifixión; Jesús le pidió a su primo Juan que cuidara de María.

Solo después de la resurrección creyeron. Jesús se le apareció a Santiago (1 Corintios 15.7). No sabemos nada acerca del encuentro, pero Santiago rápidamente se convirtió en un líder de la iglesia primitiva. Los otros hermanos de Jesús también sirvieron en la iglesia (1 Corintios 9.5).

Muchos de nosotros hemos estado orando por la salvación de nuestros familiares. Jesús sabe lo que es eso y se preocupa tanto como nosotros.

Día 107

Pacientemente esperé a Jehová, y se inclinó a mí,
y oyó mi clamor. Y me hizo sacar del pozo de
la desesperación, del lodo cenagoso.
Salmos 40.1–2 rvr1960

Los héroes bíblicos a menudo pasaron por tiempos de grandes pruebas. Tendrías tendencia a pensar que, porque estaban cerca de Dios, se podrían haber ahorrado la mayoría de las adversidades de la vida. No fue así. O podrías asumir que, por tener una gran fe, hubieran sido liberados rápidamente de las trampas en las que caían. Pues no.

David se encontró atrapado en un «pozo de la desesperación» sin salida aparente, y clamó en alta voz al Señor para que lo rescatara. Luego esperó. Hizo falta tiempo para que Dios le respondiera. David, sin duda, aprendió más paciencia en el proceso y probablemente tuvo que soportar las dudas, preguntándose si Dios se preocupaba por el dilema en el que estaba.

Incluso Jeremías no siempre obtuvo respuestas inmediatas a la oración. Una vez él y algunos refugiados judíos estaban en una situación terrible y estaban desesperados por saber qué hacer. Sin embargo, después de que Jeremías oró, el Señor se tomó diez días para responder (Jeremías 42.7). Pero la respuesta *llegó*… a tiempo.

Hoy en día a veces también nos encontramos en un «pozo de la desesperación», y oramos desesperadamente para que Dios nos saque. A menudo solo necesitamos ser pacientes.

Día 108

Pues la palabra de Dios es viva y poderosa.
HEBREOS 4.12 NTV

La Biblia es muchas cosas. Que nunca pasemos por alto el hecho de que, de todas las cosas que se pueden decir al respecto, la Palabra de Dios es una increíble obra de arte.

La medida de una buena obra de arte es si es fresca y relevante cada vez que se presencia. ¿La obra es poderosa y tiene movimiento? ¡La verdad es que sí! Cada vez que la leemos, podemos descubrir nuevas cosas relevantes para nuestra posición actual en la vida. Es nueva y diferente cada vez que la leemos. ¡Está viva!

¿Cuántos libros pueden presumir de tal cosa? Dios no cambia, pero todo lo demás, sí. Las personas cambian, la tecnología, las escuelas de filosofía cambian… Pero la Palabra del Señor no cambia. ¡Será tan relevante dentro de dos mil años como lo fue hace dos mil años!

La Palabra de Dios dice varias cosas sobre sí misma a lo largo de la Biblia. Cuando se nos recuerda en Hebreos 4.12 que la Palabra de Dios es viva y poderosa, podemos meditar en lo relevante que sigue siendo. Incluso ahora, todavía podemos comunicarnos con nuestro Señor a través de la oración, leyendo y llenando nuestras mentes con sus palabras. ¡Acordémonos de alabar a Dios por esta oportunidad que nos ha dado para escuchar de él!

Día 109

... mas no así vosotros, sino sea el mayor entre vosotros
como el más joven, y el que dirige, como el que sirve.
Lucas 22.26 rvr1960

A veces, cuando estamos equivocados, estamos *realmente* equivocados. Miramos el mapa y giramos hacia la derecha, pensando que nos dirigimos hacia el oeste. Después de conducir varios kilómetros, nos damos cuenta de que vamos en la dirección opuesta. Es lo mismo cuando se trata de ser alguien importante. Creemos que ser importante implica mandar a cientos de personas, estar en un lugar de autoridad.

¡Sorpresa! Si deseamos ser importantes o grandes en el reino de Dios, podemos tener que dar un giro en U. La grandeza se encuentra en ser un siervo. El líder no es una persona que dice a los demás lo que deben hacer; el líder dirige y enseña con el ejemplo. Él no señala el camino a seguir, simplemente hace lo que hay que hacer.

Jesús no se limitó a decir a sus discípulos cómo vivir. Se humilló a sí mismo para servir, y nunca se levantó por encima de ese puesto. Puesto que él nos dejó un ejemplo de humilde servicio, ¿debemos exaltarnos? Tenemos la promesa de que, como Cristo sirvió hasta la muerte y Dios lo exaltó, los que servimos fielmente reinaremos con él.

Día 110

*Si alguien te obliga a llevarle la carga
un kilómetro, llévasela dos.*
MATEO 5.41 NVI

Andar la otra milla. Los romanos adoptaron la antigua costumbre persa de obligar a alguien a llevar su equipaje mientras viajaban. Contra su voluntad, la gente se veía obligada a arrastrar las pertenencias de estos conquistadores a lo largo de una milla, o mil pasos.

En el libro de Mateo, Jesús dijo en el Sermón del Monte, para sorpresa de sus enemigos, que no fueran la distancia mínima, que estuviesen dispuestos a un esfuerzo doble y caminar dos millas.

El amor de Dios excede nuestra imaginación más descontrolada. Él derrama sus bendiciones, perdón y fuerza sobre todos nosotros incluso en las circunstancias más difíciles. Él va a la milla extra.

Dios nos llama a hacer lo mismo y vivir con un estándar más alto. Escogemos no devolver diente por diente cuando nos hacen daño. Nos ofrecemos a hacer turno doble cuando los otros se van temprano y no han terminado su parte del trabajo. Ayudamos a alguien sin pensar en que nos pague de ninguna manera. Oramos por personas que otros ignoran. Nos esforzamos por amar a los difíciles de amar.

Dios espera que superemos todas las expectativas y andemos la milla extra.

Día 111

*Si alguno viene a mí, y no aborrece a su padre y madre,
a su mujer e hijos, a sus hermanos y hermanas, y aun hasta
su propia vida, no puede ser mi discípulo.*
LUCAS 14.26 LBLA

Jesús debió de haber deseado seriamente desalentar a la gente que quería seguirlo. Les dijo a las multitudes que le seguían: «Si no aborreces a tu familia no puedes ser mi discípulo».

Ouch.

Pero Jesús estaba usando una hipérbole para dejar algo claro: ámame tan profundamente que tu amor por tu familia parezca odio al compararlo. Cuando dio instrucciones a los doce discípulos antes de enviarlos, repitió el punto en términos menos estridentes: «El que quiere a su padre o a su madre más que a mí no es digno de mí; el que quiere a su hijo o a su hija más que a mí no es digno de mí» (Mateo 10.37 NVI).

Jesús aplicó la misma hipérbole a las consecuencias de amarlo. Les dijo a las multitudes: *A menos que hagan esto, no serán mis discípulos.* Les dijo a los doce: *Ustedes son mis discípulos; ahora actúen de una manera digna de su vocación.*

El amor por Cristo y el amor por los demás fluye en un círculo. Cuanto más amamos a Cristo, más amamos a los demás… y cuanto más amamos a los demás, más mostramos nuestro amor por Cristo.

Día 112

El Señor tu Dios está en medio de ti
como guerrero victorioso.
Se deleitará en ti con gozo,
te renovará con su amor,
se alegrará por ti con cantos.
SOFONÍAS 3.17 NVI

La pasión de Dios por su pueblo se manifiesta de muchas maneras.

Su enorme poder nos salva. Él se deleita en nosotros. Su amor trae paz y tranquilidad a nuestros corazones. Y su agrado se pone de manifiesto cuando se regocija sobre nosotros cantando.

Los ángeles cantaron la noche en que Jesús nació (Lucas 2.13–14). Los salmos están llenos de versos que la gente ha utilizado para alabar a Dios a lo largo de los siglos. Y Apocalipsis 5.11–12 pinta un cuadro glorioso del cielo, con canciones de alabanza continuas.

Pero hay una canción que ha sido escrita solo para ti. Tiene tu nombre como título. Y el compositor, Dios mismo, canta tu canción sobre ti mientras vas por la vida aquí en la tierra.

Cierra tus ojos. Escucha con atención. ¿Escuchas la melodiosa voz de Dios? Está cantando tu canción. ¡Alza tu voz y únete a él en la música celestial!

Día 113

—*Ahora no entiendes lo que estoy haciendo*
—*le respondió Jesús*—, *pero lo entenderás más tarde.*
JUAN 13.7 NVI

Fue un momento emotivo para los discípulos, ya que Jesús estaba hablando frecuentemente de su muerte próxima. Qué difícil debió de ser para estos hombres creer que Jesús pronto sería asesinado, cuando el pueblo lo había saludado recientemente con gritos de «Hosanna».

Y ahora otra sacudida. Durante la cena, Jesús se levantó de la mesa, se ciñó una toalla a la cintura y comenzó a lavar los pies de sus discípulos. Pedro no respondió con humildad ni con alabanza, sino con cuestionamiento y negatividad. Pedro tenía una visión de sí mismo, y no incluía a Jesús lavándole los pies.

Jesús le dijo a Pedro que no entendería lo que estaba haciendo hasta más tarde. Esta es una respuesta que Jesús fácilmente podría darnos cuando estamos atravesando tiempos duros o desagradables en nuestra vida o viéndolos en la vida de otros. Porque, quién de nosotros no ha levantado al menos una vez la mirada al cielo y ha preguntado: «¿Por qué, Dios?»

Pedro dejó que le lavara los pies y con el tiempo llegó a entender por qué Jesús hizo lo que hizo. Hasta que llegó ese tiempo de comprensión, Pedro tuvo que elegir confiar y obedecer.

¿Elegiremos lo mismo que él?

Día 114

Pero Moisés les dijo: —No tengan miedo. Solo quédense quietos
y observen cómo el SEÑOR los rescatará hoy. Esos egipcios
que ahora ven, jamás volverán a verlos.
ÉXODO 14.13 NTV

En la noche de la décima plaga, Dios sacó a los israelitas de
Egipto. Bajo la dirección de Moisés, Dios los llevó a través
de la península de Sinaí hasta el borde del desierto. De allí
marcharon hacia Pi-hahirot para acampar junto al mar.

Mientras tanto, de vuelta al palacio, el faraón lamentó
haber liberado a los israelitas y ordenó a todo su ejército
que fuera tras ellos. Los guerreros alcanzaron a los israelitas
cuando se acercaban al mar Rojo.

Según el historiador Josefo, el ejército egipcio encerró a
los israelitas entre el mar Rojo y una cordillera de montañas
imposible de atravesar. El pueblo entró en pánico, pero
Moisés, no. Dios había prometido liberar a los israelitas de los
egipcios, y él lo creyó.

Dios le dio instrucciones a Moisés para que mantuviera
su vara sobre el agua. En una exhibición impresionante de
poder, Dios dividió el mar. Los israelitas caminaron hacia la
otra orilla en tierra seca. Cuando los guerreros del faraón los
siguieron, las paredes de agua se derrumbaron, ahogando a
todo el ejército.

Moisés actuó valientemente porque creyó a Dios.
Nosotros también podemos ser atrevidos cuando nos
aferramos a sus promesas.

Día 115

*Hermanos, quiero que sepan que, en realidad, lo que me
ha pasado ha contribuido al avance del evangelio.*
FILIPENSES 1.12 NVI

Los primeros cristianos fueron maltratados, incluso
torturados y asesinados, debido a su fe en Jesucristo. El
apóstol Pablo, autor del libro de Filipenses, no fue una
excepción. Fue apedreado, encarcelado y víctima de
naufragios durante sus viajes misioneros. Pero todo ese
sufrimiento tenía un propósito: el avance del evangelio que
predicaba.

Pablo podría haber escapado de su sufrimiento
alejándose de su fe, pero no lo hizo. Soportó la persecución,
compartió audazmente el evangelio y creció aún más en sus
convicciones cristianas. Más que preservar su propia vida,
Pablo deseaba llevar a otros a la salvación por medio de
Jesucristo (Romanos 1.16).

Después de resucitar de entre los muertos, Jesús les dijo a
sus discípulos: «Id por todo el mundo y predicad el evangelio
a toda criatura» (Marcos 16.15 RVR1960). Es nuestro deber
como seguidores de Cristo compartir el evangelio con orgullo
y sin reservas.

¿Compartirás el evangelio con alguien hoy?

Día 116

Mejor es un plato de legumbres donde hay amor,
que buey engordado y odio con él.
PROVERBIOS 15.17 LBLA

¡Arriba los vegetarianos! Amantes de los nabos y el brócoli, aquí tienen su apoyo bíblico, pero que no teman los carnívoros, ánimo: Salomón, el autor de estos proverbios está argumentando su tesis de que hasta el plato más humilde del menú se vuelve una exquisitez cuando incluyes cierto ingrediente imprescindible.

La mayoría de las recetas omiten ese componente. Tal vez las librerías cristianas necesiten presentar libros de cocina que incluyan este ingrediente que falta. Aunque nunca habrá un cupón de descuento en el periódico dominical para ello, es el secreto de todo lo que es bueno y sano. Siempre tiene su recompensa.

¿El ingrediente? ¡Es el amor!

El rey Salomón, autor de este proverbio según la tradición, fue considerado el más sabio de todos los hombres. El tema del fascinante versículo de hoy es de lo más atinado. El rey sin duda conocía el amor romántico: su colección de poesía y el Cantar de Salomón lo confirman. Entre todos los hombres, Salomón comprendió muy bien la necesidad humana del amor y la amistad.

Echa un vistazo a los datos nutricionales de una lata de amor: Tamaño de la porción: «todo tu corazón [...] tu ser y [...] tu mente» (Mateo 22.37 NVI). Porciones para: «todo el que cree» (Juan 3.16 NVI). Calorías: que Dios les conceda «las grosuras de la tierra» (Génesis 27.28 RVR1960).

«Pero la más excelente de ellas es el amor» (1 Corintios 13.13 NVI).

Día 117

Pero él habló enseguida con ellos y les dijo: «¡Cálmense!
Soy yo. No tengan miedo». Subió entonces a la barca con ellos,
y el viento se calmó. Estaban sumamente asombrados.
MARCOS 6.50–51 NVI

Imagínate estar en un gran lago durante una tormenta. Las olas y el viento parecen estar compitiendo sobre quién puede volcar la barca primero. Los pescadores en el bote se aferran tan fuerte como pueden. Cuando ya están seguros de que será su último viaje de pesca, el mismo Hijo de Dios aparece ¡de pie sobre el agua! Se presenta y tranquiliza a los hombres. En esto, sube a la barca y todo se calma. La tormenta ya no está, el peligro se ha ido. ¡Imagina cómo debieron de sentirse los pescadores!

Esto es lo que realmente sucedió según se describe en Marcos 6, pero Jesús sigue obrando de la misma manera con nosotros. En ocasiones tenemos demasiados problemas y no vemos la salida. Jesús camina directamente a través de nuestra tormenta personal y nos recuerda que él sigue ahí. Entonces, cuando sube a bordo del «barco», nos llena de su presencia y nos muestra que no hay nada que temer si solamente confiamos en él. Tal como leemos en Marcos 6.50–51, no tenemos otra opción que estar completamente asombrados.

Día 118

*El maná cesó al día siguiente, desde que comenzaron
a comer de los frutos de la tierra, y los hijos de Israel
nunca más tuvieron maná.*

JOSUÉ 5.12 RVR1995

Por cuarenta años, mientras los hijos de Israel vagaban por
los desiertos de Sinaí, Dios proveyó milagrosamente el maná,
el «pan del cielo» para que comieran (Éxodo 16.1–16). Este
asombroso pan continuó apareciendo a su alrededor mientras
avanzaban hacia el sur alrededor de Edom y a través de los
desiertos al este de Moab. El maná continuó cubriendo el
suelo cuando acamparon en la tierra fértil cerca de Jericó.

Durante cuarenta años, unos 14.600 días, día tras día,
el maná había seguido apareciendo (Deuteronomio 8.2–3).
Pero el día después de que los israelitas comieran la comida de
la Pascua en la tierra prometida, este milagro continuado de
cuarenta años cesó. Antes de que el maná dejara de aparecer,
Dios ya había empezado a proveer alimentos que crecían por
medios naturales.

Lo mismo ocurrió en la vida de Elías: cuando el agua
del arroyo de Querit se secó, Dios le dijo que era hora de
mudarse a Sarepta, donde ahora una viuda le proveería
alimento (1 Reyes 17.5–9).

Este mismo principio a menudo se aplica a nosotros hoy
en día. Dios provee para nosotros de diferentes maneras en
diferentes etapas de nuestras vidas y, cuando un medio de
provisión se seca, él tiene otros medios preparados.

Día 119

Bienaventurados los que lloran,
porque recibirán consolación.
MATEO 5.4 RVR1960

Jesús comenzó su Sermón del Monte con nueve bendiciones o «bienaventuranzas». Bienaventurado significa «envidiablemente feliz [con felicidad producida por la experiencia del favor de Dios y especialmente condicionada por la revelación de su incomparable gracia]».

Aparentemente, la interpretación de Jesús de la felicidad no coincide con la nuestra. ¿Felices los pobres? ¿Los hambrientos y sedientos? ¿Los perseguidos?

¿Bienaventurados los que *lloran*?

Sí, porque ellos serán consolados.

¿Se levantaron los líderes religiosos para protestar? Con esas palabras, Jesús apuntalaba su afirmación de ser el Mesías esperado. Él vino «a consolar a todos los que están de duelo [...] a darles [...] aceite de alegría en vez de luto» (Isaías 61.2–3 NVI).

El salmista alababa a Dios como fuente de compasión (71.21; 23.4; 86.17). Isaías ordenó a las montañas que prorrumpieran en cántico debido al consuelo del Señor (49.13). Incluso Jeremías, el profeta llorón, decía que Dios era quien podía remediar su aflicción (8.18). En Jesús, los cristianos recibimos consuelo «en todas nuestras tribulaciones» (2 Corintios 1.3–4 NVI).

La tierra experimentará el cumplimiento final de esa promesa en el cielo, cuando «enjugará toda lágrima de los ojos de ellos» (Apocalipsis 7.17 RVR1960).

En esta vida vendrán lágrimas, pero también vendrá el consuelo de Dios.

Somos bienaventurados.

Día 120

Y le preguntó: —¿Quién eres tú? Ella respondió: —Soy Rut,
tu servidora. Cúbreme con tu manto, pues eres mi rescatador legal.
Boaz le dijo: —¡El Señor te bendiga, hija! Esta muestra de fidelidad
supera aún a la anterior, pues no has pretendido a ningún joven,
sea rico o pobre. Bien, hija, no te preocupes, que haré por ti lo que
me pides, pues en el pueblo todos saben que eres una gran mujer.
RUT 3.9–11 BLPH

En la mayoría de épocas y lugares de la historia, la mayoría
de la gente se casaba. Pero el cuarenta y dos por ciento de
los adultos estadounidenses son solteros. Puede ser una vida
difícil. Dios lo entiende y cuida también de nosotros. Él nos
ama lo suficiente como para dedicarnos todo un libro de la
Biblia.

Cada uno de los párrafos del libro de Rut está lleno de
ejemplos y sabiduría para los solteros mayores. Es una bella
historia de amor entre Boaz y Rut, un hombre y una mujer
que no encajaban en la estructura familiar tradicional de su
sociedad. Ambos estaban solteros con una edad en la que la
mayoría de sus vecinos ya llevaban muchos años casados.

¡Dios nos ama y no nos ha olvidado!

Día 121

Ahora, pues, permanecen estas tres virtudes:
la fe, la esperanza y el amor.
Pero la más excelente de ellas es el amor.
1 CORINTIOS 13.13 NVI

En 1 Corintios 13 —conocido como el «capítulo del amor»—
Pablo subraya el papel del amor en la vida del cristiano. En
este capítulo, Dios exalta el carácter de semejanza a Cristo
más que la fe, los dones espirituales o incluso el martirio
(vv. 1–3). Sin embargo, la iglesia con frecuencia destaca los
atributos de la fe, a pesar del mandato del apóstol de procurar
el amor por encima de aquellas otras virtudes.

Durante el periodo final de la lucha del senador Edward
Kennedy con el cáncer cerebral, su familia notó que siempre
tenía esperanza. Sin duda, la esperanza es una característica
necesaria y admirable. La esperanza alimenta la fe y nos lanza
un salvavidas en tiempos de adversidad. La esperanza posee la
promesa de un día más resplandeciente.

¿Y quién puede negar el poder de la fe? A lo largo de la
historia, la fe ha cerrado bocas de leones, abierto ojos ciegos y
salvado innumerables almas perdidas. Y la Biblia dice que sin
fe no podemos agradar a Dios (Hebreos 11.6).

Aunque todas estas cualidades son maravillosas, Dios
considera que la más grande es el amor. El amor perdura
y nunca falla. Es paciente, benigno, altruista y sincero; no
guarda un registro de ofensas ni se deleita en el mal. En una
palabra, el amor es Dios. Y no hay *nadie* más grande.

Día 122

Estad quietos y conoced que yo soy Dios.
SALMOS 46.10 RVR1995

David sufrió grandes tribulaciones, y la única manera de sobrevivir fue confiando en el Señor. Tuvo que creer que Dios era realmente Dios, el Creador de los cielos y la tierra, suficientemente poderoso como para darle salida de sus adversidades. Para conseguir esa confianza, David tenía que apartar la mirada de sus problemas, dejar de preocuparse, acallar su corazón y poner la mirada en Dios. Solo estando perfectamente tranquilo y confiado podía conocer, de una manera muy real, que Dios era Dios.

David escribió también: «Meditad en vuestro corazón estando en vuestra cama, y callad» (Salmos 4.4 RVR1995). Muchos de nosotros hemos perdido la capacidad de meditar en Dios. O bien nos decimos que la meditación es algo que solo hacen los monjes budistas, o bien clamamos con oraciones frenéticas, preocupados por la escorada montaña rusa de la vida. Cuando nos vamos por la noche a la cama, en lugar de meditar tranquilamente y confiar en Dios, nos preocupamos y damos vueltas en la cama.

Cuando aprendemos a confiar en que Dios puede protegernos y resolver nuestros problemas, podemos acostarnos en paz y dormir (Salmos 4.8). Esta misma verdad nos da la fuerza para afrontar nuestros días con confianza.

Día 123

Yo les daré un corazón íntegro, y pondré en ellos un
espíritu renovado. Les arrancaré el corazón de piedra
que ahora tienen, y pondré en ellos un corazón de carne.
EZEQUIEL 11.19 NVI

Cuando alguien sufre un ataque cardiaco, una parte del músculo del corazón muere, y hace que el órgano pierda eficiencia en el bombeo de la sangre vivificadora por el cuerpo.

Un corazón de piedra, frío, duro e inconmovible no puede tampoco bombear vida en nuestro interior. Nacemos necesitados de un trasplante de corazón. Nuestros corazones divididos por naturaleza persiguen el brillo de los deseos del mundo, con envidia por el éxito de otros, albergando profundos resentimientos, amargura e ira en sus rincones oscuros. Creemos que el mundo satisfará el vacío que sentimos dentro.

Dios está dispuesto a darnos un corazón no dividido, un corazón abierto y listo para ver, oír y amar a Dios. Este corazón tiene una sola cosa en su foco: amar a Dios y a los demás con una ternura que sabemos que viene de Alguien más allá de nosotros.

La buena noticia es que ya nos han operado con éxito y el corazón de nuestro donante está en nuestro interior. Recibimos nuestro trasplante de corazón cuando Jesús murió por nosotros, creando un espíritu nuevo en nuestro interior.

El corazón de Dios lo cambia todo y nos crea como un nuevo pueblo con corazones vivos.

Día 124

Todos los que te vieren se apartarán de ti, y dirán:
Nínive es asolada; ¿quién se compadecerá de ella?
¿Dónde te buscaré consoladores?

NAHUM 3.7 RVR1960

Si los libros proféticos del Antiguo Testamento fueran
películas, Nahum sería la secuela de Jonás.

¿Te acuerdas de *Jonás*, la película de acción y
aventura con un final anticlímax? El protagonista desafía,
reticentemente, a Nínive, el centro mundial del mal, con
un mensaje de parte de Dios: «Apártense del pecado o serán
historia». Sorprendentemente, la capital del brutal Imperio
asirio se arrepiente y Dios detiene el castigo. En el final de la
película, Jonás observa decepcionado cómo Nínive sigue viva
para ver un día más.

En realidad, vivirá aproximadamente un siglo más. Pero
en *Jonás II*, Nahum advierte a Nínive de que vuelve a estar en
la lista de Dios por, entre otras cosas, su sangrienta violencia
sobre otras naciones. Aunque esta película no muestra la
destrucción actual, la historia cuenta que los babilonios
arrasaron Nínive en el 612 A.C.

La advertencia de Nahum se cumplió... y el antiguo
deseo de Jonás también.

Fin.

Día 125

*Por eso les digo: No se preocupen por su vida, qué comerán
o beberán; ni por su cuerpo, cómo se vestirán.
¿No tiene la vida más valor que la comida,
y el cuerpo más que la ropa?*
MATEO 6.25 NVI

Este versículo es parte del Sermón del Monte de Jesús,
donde aborda las expectativas morales que él tiene para sus
seguidores. El discurso de Jesús consistió en cinco grandes
disertaciones que, si las seguimos, nos darían paz interior.

Imagínate a los reunidos en la ladera de la montaña,
ataviados con sus ropas y sandalias, asintiendo al identificarse
con las palabras de Jesús unos dos mil años antes. Resulta
fascinante la relevancia de este versículo para nuestra sociedad
obsesionada por la «alfombra roja». ¿Y si elimináramos
nuestra hambre de posesiones y nuestro deseo de tener una
determinada apariencia, y pusiéramos el foco en Dios? ¿Con
qué nos quedaríamos?

Jesús dijo que nos quedaríamos con un tesoro, ¡uno que
nunca pasa de moda! Un tesoro que la polilla y el orín no
corrompen y que los ladrones no minan ni hurtan (Mateo
6.20). Y lo mejor de todo es que... es gratis.

Día 126

*El Señor está cerca de los quebrantados
de corazón, y salva a los de espíritu abatido.*
Salmos 34.18 nvi

Algunas versiones de la Biblia aportan un indicio acerca de cuándo se escribió este salmo. Comienzan con una introducción. «Salmo de David cuando se fingió loco delante de Abimelec, quien lo echó, y él se fue» (lbla). Puedes leer más acerca de este momento de la vida de David en 1 Samuel 21.

Salmos 34 es un poema acróstico. En su escritura en hebreo, los versículos comienzan con las letras sucesivas del alfabeto hebreo. Es un cántico de alabanza y acción de gracias de David por la redención de Dios. En algunos aspectos, es como el libro de Proverbios, porque enseña al lector acerca del carácter de Dios.

«El Señor está cerca de los quebrantados de corazón, y salva a los de espíritu abatido» (v.18 nvi). Este versículo de reafirmación garantiza que Dios está cerca de nosotros incluso cuando estamos tristes. Promete salvarnos de la desesperación.

Jesús expuso de otra manera estas palabras en su Sermón del Monte: «Bienaventurados los pobres en espíritu, porque de ellos es el reino de los cielos. Bienaventurados los que lloran, porque ellos recibirán consolación» (Mateo 5.3–4 rvr1960).

¿Sientes hoy esa desolación? ¿Está tu espíritu envuelto en desolación? Entonces medita en Salmos 34.18. Pídele ayuda a Dios. ¡Él cuida de ti! (1 Pedro 5.7).

Día 127

*Nada me produce más alegría que oír
que mis hijos practican la verdad.*
3 JUAN 1.4 NVI

La gente habla de lo que ve hacer y oye decir a otros. Juan había recibido información de que su amigo Gayo estaba viviendo en la práctica su fe. Juan estaba tan contento con esto que le escribió una carta de elogio a Gayo.

Primero, Juan estaba contento porque Gayo no solo caminaba en la verdad, sino que era fiel a ella. En segundo lugar, Juan apreciaba mucho que Gayo mostrara su hospitalidad con los que estaban haciendo la obra de la iglesia. Juan animó a Gayo a seguir viviendo de esa manera.

Pero había algo que no alegraba a Juan, algo sobre lo que había estado oyendo. Un hombre llamado Diótrefes estaba haciendo daño a la iglesia con su mal comportamiento. Se dedicaba a murmurar y no recibía a la gente. Juan condenó a Diótrefes por sus acciones y escribió que le pediría cuentas.

Aunque Juan dedicó algunas líneas de su correspondencia a abordar la situación de Diótrefes, su carta se centra realmente en Gayo y en el ánimo que otros estaban recibiendo gracias a su fidelidad.

¿Estamos viviendo nuestra fe de tal manera que los demás reciban ánimo y aliento? ¿Nuestras elecciones alegran a Dios? Son cuestiones dignas de consideración.

Día 128

Carguen con mi yugo y aprendan de mí.
MATEO 11.29 NVI

❦

El contexto es Galilea, donde Jesús se encuentra con los discípulos de Juan el Bautista. Su líder, encerrado en la prisión de Herodes, quiere la confirmación de que Jesús es el Cristo de quien él había predicado. Además de los seguidores de Juan, hay muchos que vienen por curiosidad, así como por necesidad.

Parado frente a la multitud congregada, Jesús se conmueve por sus espíritus cargados. «Porque mi yugo es suave y mi carga es liviana», añade, tras animarlos a llevar su yugo (v. 30). Un imaginativo escritor describió un cartel comercial que se balanceaba al viento, recordando a Jesús y el cartel en la puerta de la carpintería de José con la frase: «Mis yugos son suaves».

Un yugo no se le pone a un solo animal, lo cargan entre dos, para realizar una labor. Por miles de años, el yugo fue un símbolo de trabajo y vida dura; Jesús convirtió el conocido apero en una metáfora para unirse uno mismo con su Padre celestial. Esta unión es una carga liviana.

En el versículo 28, Jesús le dice a la multitud que se accede a ese vínculo acudiendo a Cristo y aceptando su camino. En una relación de equipo con Jesús, uno descubre su amabilidad, su humildad y su descanso.

Día 129

Como quería satisfacer a la multitud,
Pilato les soltó a Barrabás; a Jesús lo mandó azotar,
y lo entregó para que lo crucificaran.
MARCOS 15.15 NVI

Pilato no quería tener nada que ver con ese tal Jesús. Incluso su esposa le había avisado de que no se involucrara. Así que estaba en un aprieto. Entonces liberó a un asesino y mató a un inocente.

¿Por qué? ¿Porque era un tipo perverso? No, para agradar a la multitud.

La gente de la muchedumbre, dominada por un frenesí egoísta, escogió lo que conocía —un pecador como ellos— en lugar de procurar algo mejor. Eso es lo que hacen las masas. Con pocas excepciones, suelen apelar a nuestros instintos más bajos.

Tratamos todo el tiempo con multitudes como esa, incluso cuando no están gritando en la calle. La «muchedumbre» pueden ser los amigos de la escuela que quieren marginar a alguien, los compañeros de fiesta que quieren que te emborraches con ellos, incluso los asistentes a tu misma iglesia que ponen la mira en las tradiciones terrenales por encima del amor del cielo.

Como seres sociables, solemos disfrutar de estar en grupos. Normalmente es divertido e inofensivo y, por eso, a menudo resulta tentador dejarse llevar por la corriente. Pero cuando la masa te sugiere entre risas que hagas algo que hace dudar a tu alma, pregúntate esto: «¿Estoy eligiendo a Barrabás o a Jesús?».

Día 130

En el centro, donde estaba el trono, y a su alrededor,
había cuatro seres vivientes llenos de ojos
por delante y por detrás.
APOCALIPSIS 4.6 DHH

Cuando Juan tuvo su visión del cielo, vio cuatro increíbles
«seres vivientes» alrededor del trono de Dios, muy parecidos
a los majestuosos leones que algunos reyes solían tener
encadenados cerca de sus tronos (solo que estas extrañas
criaturas no estaban encadenadas y eran mucho más
majestuosas). Uno de los seres era como un león, otro como
un buey, otro como un hombre y otro como un águila. Cada
bestia tenía seis alas y estaba cubierta de ojos por todo su
cuerpo, ¡incluso bajo las alas!

Estas criaturas se describen también en el libro de
Ezequiel, donde son llamadas *querubines* y se las describe con
cuerpos humanos (Ezequiel 1.5, 10.1). También allí están
cubierta de ojos, incluso en manos, alas y espaldas. En las
visiones de Ezequiel, en lugar de tener seis alas tienen cuatro,
y *cada* criatura tiene las cuatro caras: de hombre, de águila, de
buey y de león (Ezequiel 1.5–10; 10.8–14).

Pese a las sorprendentes similitudes, hay diferencias.
Estas se deben o bien a que las descripciones son simbólicas
(bastante probable) o a que las criaturas, como otros seres
angélicos, tienen la capacidad de cambiar de forma (*también*
bastante probable).

Estos increíbles seres celestiales son una declaración de la
creatividad e imaginación inigualables de Dios.

Día 131

Pues aunque el ejercicio físico trae algún provecho,
la piedad es útil para todo, ya que incluye una promesa
no solo para la vida presente, sino también para la venidera.
1 Timoteo 4.8 nvi

Sin un padre que le aconsejara, es lógico que Timoteo
acudiese a su mentor, Pablo, en busca de dirección conforme
se iba haciendo adulto. A diferencia de hoy, entonces no se
veía enfrentado a la necesidad de lucir un cuerpo a tono y
unos abdominales de culturista, ni de seguir a los gurús de
las dietas.

Para Pablo, la disciplina del atleta, básicamente
corredores, era sencilla y directa (ver Hebreos 12.1–2). Sus
ejercicios se convierten a menudo en metáforas para la vida
cristiana. Correr con paciencia, desechar todo lo que estorbe,
nadie recibe el premio «si no compite según el reglamento»
(2 Timoteo 2.5 nvi).

Cierto gimnasio del noroeste tiene el eslogan: «¡Para
ahora y para el futuro!». Seguramente quiere decir que
comienzas cuando eres joven y seguirás cuidándote en la
vejez. El consejo de Pablo a Timoteo mira más allá de hoy y
mañana: a la eternidad.

En una carta a la iglesia doméstica de Timoteo en
Éfeso, Pablo escribió: «Fortaleceos en el Señor y en su fuerza
poderosa» (Efesios 6.10 rvr1995). Cuando le escribe a
su ahijado, el apóstol es más específico: entrenarse para el
fortalecimiento espiritual tiene resultados duraderos. Toma en
cuenta la «vida venidera».

Día 132

Pero el Consolador, el Espíritu Santo,
a quien el Padre enviará en mi nombre,
les enseñará todas las cosas y les hará recordar
todo lo que les he dicho.
Juan 14.26 nvi

El viaje misionero de Jesús en la tierra estaba a punto de terminar y en este pasaje, el Maestro preparó a sus discípulos para su partida.

Los discípulos estaban confusos y temerosos, así que Jesús los consoló con palabras de seguridad, consuelo y esperanza: «No se turbe vuestro corazón ni tenga miedo» (14.27 rvr1995).

Al principio, los seguidores de Jesús pensaron que se quedarían solos. Pero Jesús les aseguró que les enviaría a un Embajador del Padre para que les enseñara, dirigiera, guiara y les recordara todas las palabras que les había dicho.

Jesús llamó al Espíritu Santo «el Consolador», que traduce el término griego *parakletos*: «uno llamado al lado para ayudar». También se puede entender como Fortalecedor, Abogado, Ayudador, Consejero, Intercesor, Aliado y Amigo.

El Espíritu Santo camina a nuestro lado para ayudarnos, instruirnos, consolarnos y llevar a cabo la obra de Dios en la tierra. Por medio de su presencia en nuestro interior, conocemos al Padre. En nuestro tiempo de necesidad más intensa, él está ahí. Nos consuela y nos revela la verdad de la Palabra de Dios.

Jesús está siempre con nosotros, porque su Espíritu vive en nuestros corazones. Ningún cristiano camina jamás solo.

Día 133

Aunque ande en valle de sombra de muerte,
No temeré mal alguno, porque tú estarás conmigo;
Tu vara y tu cayado me infundirán aliento.
SALMOS 23.4 RVR1960

¿Te parecen reconfortantes una vara y un cayado de pastor? Estos famosos versículos traen esperanza a muchas personas, pero poco se habla de las herramientas del pastor: la vara y el cayado.

Las ovejas recorrían los valles en busca de comida y agua, pero en el valle también hay peligros. Las rocas altas eran lugares perfectos para que los leones y los coyotes aguardasen hasta arrebatar un inocente cordero.

Deseosas de hierba fresca, las ovejas se extraviaban a menudo, se alejaban y caían en los pantanos o se precipitaban por acantilados. Y tenían las orejas llenas de molestas moscas.

Pero el pastor estaba preparado. Vigilaba constantemente su rebaño ante cualquier señal de peligro. Con su alto cayado acabado en curva podía sacar una oveja de un barrizal o dirigirla en aguas rápidas.

Con la vara, un palo corto con tiras de cuero en el extremo, espantaba las moscas y mosquitos. También podía servir para limpiarlas y acondicionarlas.

Como criaturas tozudas y algo tontas que somos (al igual que las ovejas), nos metemos en situaciones peligrosas en los valles de la vida. Pero el Señor está con nosotros, protegiéndonos contra los inconvenientes, limpiándonos de nuestros pecados y rescatándonos cuando caemos.

Día 134

*Los ciegos ven, los cojos andan, los que tienen lepra son sanados,
los sordos oyen, los muertos resucitan y a los pobres
se les anuncian las buenas nuevas.*
MATEO 11.5 NVI

¿Qué dijo Jesús cuando los fariseos y Pilato le preguntaron si era el Hijo de Dios? Bueno, digamos simplemente que no les dio respuestas que pudieran entender. Esos grandes cuestionadores se quedaron totalmente frustrados.

Pero, cuando Juan el Bautista envió mensajeros a preguntar: «¿Eres tú el que había de venir?», Jesús les contó específicamente sobre la obra que estaba haciendo. ¿Por qué esta diferencia?

Pues bien, los fariseos y Pilato preguntaban por razones de poder terrenal. Realmente no querían conocer al Señor, mientras que Juan, encadenado y desamparado en una celda, no quería ninguna otra cosa. En esos días mortales en los que las dudas le roían el alma, Juan pedía palabras de consuelo. La respuesta de Jesús debió de haber hecho cantar al alma atribulada del Bautista. ¡Era a esto a lo que había dedicado su vida! ¡Su Señor estaba caminando en este mundo!

Los que se gobiernan por las pasiones terrenales nunca entenderán cuando habla Jesús. Pero los siervos de Dios, sin importar sus desesperantes carencias o cuán necias puedan parecer sus preguntas, pueden llamarle y recibir respuesta. Esta puede ser reconfortante; y puede ser desafiante. Simplemente debes estar preparado para escuchar.

Día 135

Grábate en el corazón estas palabras que hoy te mando.
Incúlcaselas continuamente a tus hijos. Háblales de ellas
cuando estés en tu casa y cuando vayas por el camino,
cuando te acuestes y cuando te levantes.
DEUTERONOMIO 6.6–7 NVI

Las palabras de Dios en Deuteronomio le fueron entregadas
originalmente al pueblo de Dios de manos de Moisés. Estos
versículos (Deuteronomio 6.3–9) se conocieron más tarde
como el «shemá», que significa «oír» en hebreo.

El shemá es uno de los puntos centrales de los servicios
de oración judaicos matutinos y vespertinos. Tanto para
judíos como para cristianos, sirve como compromiso
espiritual de lealtad.

En los versículos 6 y 7, Dios nos da los detalles de sus
mandamientos en lo referente a nuestras familias. Fíjate en el
tiempo que Dios desea que se le dedique. ¡No es algo a lo que
no le prestas atención! Estos versículos de Deuteronomio nos
recuerdan que, al igual que el respirar, nuestro compromiso
con Dios no es algo que dejemos a nuestro capricho; ¡es una
relación vital de cada instante!

Hoy, al acostarnos y al levantarnos, recordemos también
nuestro compromiso con esta declaración de lealtad como
una nación sometida a Dios.

Día 136

*—¿Quién es mi madre, y quiénes son
mis hermanos? —replicó Jesús.*
MATEO 12.48 NVI

Eso suena un poco fuerte. Incluso irrespetuoso.

Los familiares de Jesús habían oído de las multitudes que buscaban curaciones. Estaban muy preocupados. Cuando alguien anunció su llegada, Jesús respondió con esta pregunta que parecía rechazar a su familia.

Parte de la importancia que le damos a la familia procede del temor a los extraños, pero Dios ama a cada «extraño». Jesús no estaba excluyendo a su madre y sus hermanos, estaba ampliando la definición de familia. Prosigue diciendo: «mi hermana y mi madre son los que hacen la voluntad de mi Padre que está en el cielo» (v. 50 NVI). Eso la amplía bastante, pero va más allá: incluso los que no han hecho la voluntad del Padre pueden unirse a la familia, si se arrepienten.

La idea de una familia universal suena mucho a utopía sentimentaloide. La generación del «flower power» captó el concepto de amar a la humanidad, pero a veces ponían más fe en el sexo y las drogas que en Dios.

La idea de una familia en la que todos somos hijos de Dios es como la descripción que G. K. Chesterton hace del cristianismo: «No se ha probado y se ha encontrado deseable; se ha encontrado difícil y no se ha probado». Sigue siendo posible una verdadera familia de Cristo. Comienza cuando dejamos a un lado el temor y extendemos la mano.

Día 137

Aconteció después de estas cosas, que probó Dios a Abraham,
y le dijo: Abraham. Y él respondió: Heme aquí.
GÉNESIS 22.1 RVR1960

El mandato que sigue a este versículo resulta perturbador.
Dios le dice a Abraham que ofrezca a su hijo Isaac como
sacrificio.

Dios le había prometido a Abraham que, por medio de
Isaac, su descendencia sería tan numerosa como las estrellas.
Pero, atendiendo a las palabras de Dios, Abraham se preparó
para obedecer, confiando en que el Señor resucitaría a su hijo
(Hebreos 11.17–19). ¿Por qué le pidió Dios a Abraham algo
que más tarde condenó (Jeremías 19.5)?

Quizás la respuesta está en la prueba por la que Dios
estaba haciendo pasar a Abraham.

La palabra «probar» aparece unas treinta veces en la Biblia.
Job esperaba ser vindicado después de que Dios lo probara
(Job 23.10). Salomón decía que los elogios ponen a prueba al
hombre (Proverbios 27.21). Pablo le dijo a Timoteo que hay
que someter a prueba a los diáconos (1 Timoteo 3.10).

Nuestra confusión puede deberse al uso de la palabra
«tentar» en algunas versiones de la Biblia. En el uso
contemporáneo, una tentación nos invita a pecar; una prueba
examina un conocimiento que se supone que poseemos.
Dios conocía la calidad de la fe de Abraham, pero la puso de
manifiesto para las generaciones futuras.

Podemos afrontar las pruebas de la vida con la confianza
de que Dios espera que las superemos. Lo único que quiere
es que, nosotros y otros, podamos medir nuestra fe mediante
nuestras experiencias.

Día 138

*Toda la Escritura es inspirada por Dios y es útil
para enseñarnos lo que es verdad y para hacernos ver
lo que está mal en nuestra vida. Nos corrige cuando estamos
equivocados y nos enseña a hacer lo correcto.*
2 TIMOTEO 3.16 NTV

Muchas versiones de la Biblia en otros idiomas usan la expresión «con el aliento de Dios» para referirse a la inspiración de la Escritura. Es difícil oír esas palabras y pensar que signifiquen otra cosa. Es como si Dios pusiese su aliento en la Escritura y entonces esta apareciera. Cuando consideramos la Palabra de Dios con más profundidad, podemos también recordar que Hebreos se refiere a la Palabra como «viva».

¡La Palabra de Dios sigue siendo inspirada por él! ¡Es tan relevante hoy como siempre! La Escritura nos habla en nuestras situaciones actuales como lo hizo a las personas de hace dos mil años... como lo hará por la eternidad. Dios nos habla hoy por medio de su Palabra y nos ayuda a distinguir lo bueno y lo malo, Es una gran maestra.

A lo largo de la historia han cambiado las situaciones, las culturas, los idiomas y las tecnologías, pero Dios ha podido hablar a las personas exactamente donde se encontraban por medio de su Palabra viva. Ciertamente, no existe otro libro, colección de libros o cualquier otra cosa en el mundo que pueda hacer eso. Solo la Palabra viva, que sigue teniendo el hálito de Dios.

Día 139

*Estimada es a los ojos de Jehová
la muerte de sus santos.*
SALMOS 116.15 RVR1995

Benjamin Franklin dijo: «Hay dos cosas seguras en la vida: la muerte y los impuestos».

A veces podemos librarnos de pagar un impuesto, pero no podemos escapar de la muerte. Todos moriremos algún día.

En Salmos 116, el salmista nos habla de sus súplicas a Dios por misericordia. Clamó a Dios porque tenía miedo. «Los lazos de la muerte me enredaron; me sorprendió la angustia del sepulcro, y caí en la ansiedad y la aflicción» (v. 3 NVI). Luego pasa a alabar a Dios por salvarle. No podemos saber si el salmista fue literalmente salvado de la muerte, o si está hablando metafóricamente. Pero sí sabemos, por la lectura del salmo 116, que Dios salva nuestras almas de la muerte (v. 8).

En el salmo 23 encontramos las famosas palabras: «Aunque ande en valle de sombra de muerte, no temeré mal alguno, porque tú estarás conmigo» (vs. 4 RVR1960). Por medio de nuestra fe en Cristo, sabemos que somos salvos; nos hemos convertido en «santos» de Dios.

Salmos 116.15 nos asegura que nuestro paso de este mundo al cielo es algo valioso a los ojos de Dios. Él pagó el precio de nuestra vida eterna mediante el sacrificio de su Hijo unigénito. En la muerte, no tenemos nada que temer.

Día 140

En esos días no había rey en Israel; cada uno hacía
lo que le parecía bien ante sus ojos.
JUECES 21.25 LBLA

La lectura del libro de Jueces evoca escenas que rivalizan con algunas películas de terror producidas por Hollywood.

En la época de Jueces, los israelitas pasaban de un desastre a otro mientras ignoraban la ley de Dios, para luego ser llevados de nuevo al arrepentimiento cuando los oprimía un enemigo. Oyendo sus súplicas por ayuda, Dios levantaba un héroe que los rescatase.

Este héroe, o juez, gobernaba al pueblo y lo mantenía a raya hasta que moría. En ese momento de nuevo «cada uno hacía lo que le parecía bien ante sus ojos» y el ciclo volvía a empezar.

Esta situación no es muy diferente a la de nuestra cultura. En lugar de usar el patrón de Dios en cuanto a lo bueno y lo malo, la sociedad actual nos dice que nosotros determinemos nuestra propia moralidad. ¿Por qué? Porque afirma que no hay más legislador que nosotros mismos, como individuos.

Cuando cada israelita establecía su propio criterio para lo que está bien y lo que está mal, venían las tragedias y angustias.

Ignorar los principios de Dios no les funcionó a los israelitas, ni nos funcionará a nosotros. Es sabio examinar periódicamente nuestro criterio personal sobre lo bueno y lo malo para estar alineados con los estándares de Dios que tenemos en la Biblia. Pregúntate: «¿De quién son los estándares que estoy siguiendo?».

Día 141

Dedícate a la lectura pública de las Escrituras.
1 Timoteo 4.13 nvi

Esto se oye a menudo en algunos púlpitos: «Debido a la falta de tiempo esta mañana, voy a prescindir de la lectura del texto bíblico y pasaré directamente al sermón».

Imagina cómo se le erizaría la piel a Pablo al escuchar algo así. Él estaba convencido de que la lectura pública de la Escritura tenía un valor espiritual. A diferencia de las obras de Shakespeare, el poder de la Palabra no reside en la declamación o talento de los actores, sino en el espíritu de las palabras mismas.

No hay nada de «abracadabra» en la Biblia. Su poder procede de la inspiración divina (2 Timoteo 3.16). Sus palabras, dentro del corazón de un creyente, son una armadura contra el pecado y una fuente de consuelo.

Estas mismas características se aplican a la lectura personal de la Escritura, pero, cuando las palabras inspiradas se pronuncian en voz alta con autoridad y unción en el culto, el Espíritu Santo las usa para la gloria de Dios.

Escucha una lectura del salmo 23. Fíjate en cómo te afectan esas palabras tan conocidas. Observa cómo tus compañeros de adoración son conmovidos por el pasaje. Cierra los ojos y abre tu mente y corazón a los verdes pastos y aguas de reposo. Permitan que la Palabra hablada eleve sus espíritus e influya en sus perspectivas.

El autor agnóstico Pearl S. Buck comentó: «Mis libros no durarán muchas generaciones, pero la Escritura seguirá marcando una diferencia siempre».

Día 142

Pido también que les sean iluminados los ojos del corazón para que
sepan a qué esperanza él los ha llamado, cuál es la riqueza
de su gloriosa herencia entre los santos, y cuán incomparable es
la grandeza de su poder a favor de los que creemos.

EFESIOS 1.18–19 NVI

Este versículo es parte de una carta que el apóstol Pablo
escribió a la iglesia en Éfeso. Su epístola habla del misterio del
poder de Dios, de su presciencia y propósito.

Aquí, Pablo ora para que los ojos de nuestros corazones
sean iluminados. ¿Estaría Pablo hablando desde una
experiencia de primera mano cuando usó las palabras «ojos» y
«corazón» al mismo tiempo? Dios le había practicado a Pablo
una cirugía espiritual cuando iba de camino a Damasco. No
solo recibió un trasplante de corazón, sino que sus ojos se
abrieron literalmente a Jesús (Hechos 9.1–19).

Nuestro corazón es clave en lo que respecta a Dios.
No es vital solo para nuestra vida física, sino también para
la espiritual. Es el órgano pensante de nuestra alma, el que
contiene nuestros pensamientos, pasiones y deseos. ¿Por qué
ponía Pablo tanta insistencia en que los cristianos tuvieran un
profundo progreso espiritual? ¿Por la recompensa? Dios nos
ofrece gratuitamente su incomparable poder junto con una
abundante y gloriosa herencia. Simplemente tenemos que ver
nuestra necesidad de algo de cirugía.

Día 143

*¿Qué pensáis vosotros, los que en la tierra
de Israel usáis este refrán, que dice:
«Los padres comieron las uvas agrias,
y a los hijos les dio dentera»?*
Ezequiel 18.2 rvr1995

Los judíos de los tiempos de Ezequiel básicamente estaban diciendo: «Nuestros padres pecaron y nosotros estamos sufriendo por sus pecados». Se equivocaban. No eran simplemente sus *padres* los que estaban siendo castigados por Dios por su idolatría, sus pecados y su desobediencia. ¡Eran *ellos*! Estaban sufriendo por sus *propios* pecados justo igual que sus padres (ver también Mateo 23.29–32).

La gente de Judá se lamentaba de que ellos eran inocentes pero estaban sufriendo los pecados de sus antepasados de aborrecer a Dios, cumpliéndose así Éxodo 20.5. No llegaron a ver que, por no amar ni obedecer a Dios ellos tampoco, formaban parte de la generación de aborrecedores de Dios y estaban siendo castigados por ello.

Dios les dijo que dejasen de usar ese refrán y declaró que cada persona sería castigada por su desobediencia o bendecida por su obediencia. No importaba lo malo que hubiese sido el padre de un hombre, si ese hombre rompía los malos hábitos que le habían enseñado, amaba a Dios y hacía lo correcto, recibiría bendición (Ezequiel 18.3–18).

También nosotros somos productos de nuestra educación, pero podemos liberarnos de la herencia negativa y amar y servir a Dios. Podemos tomar las decisiones correctas.

Día 144

Con esta pregunta le estaban tendiendo una trampa,
para tener de qué acusarlo. Pero Jesús se inclinó
y con el dedo comenzó a escribir en el suelo.
JUAN 8.6 NVI

El enfrentamiento entre la mujer sorprendida en adulterio y sus acusadores nos resulta fascinante. Por un lado, el pasaje (Juan 7.53–8.11) no se encuentra en los manuscritos más antiguos. Otro aspecto es la respuesta de los fariseos a lo que Jesús escribió en el suelo y se fueron marchando uno a uno.

¿Fueron redargüidos por las palabras que escribió? ¿Les recordó los mandamientos que habían infringido?

¿O es que reconocieron de quién era la letra?

Dios mismo escribió la ley en dos tablas de piedra; no una vez, sino dos (Éxodo 34.1). Posteriormente los profetas prometieron que Dios escribiría su ley en sus corazones (Jeremías 31.33) y en sus mentes (Hebreos 10.16).

La Biblia habla de un registro donde «todos mis días se estaban diseñando» (Salmos 139.16 NVI). Solo aquellos que se encuentren en el libro de la vida (Daniel 12.1; Apocalipsis 20.15, 21.27) entrarán en la Nueva Jerusalén.

Y lo más maravilloso: Dios graba su nombre en aquellos que le pertenecen (Apocalipsis 3.12, 14.1).

Gloria a Dios. Él ha escrito nuestros nombres en su libro.

Día 145

*Y el Señor dijo a Abram: Vete de tu tierra, de entre tus parientes
y de la casa de tu padre, a la tierra que yo te mostraré.
Haré de ti una nación grande, y te bendeciré, y engrandeceré
tu nombre, y serás bendición. Bendeciré a los que te bendigan,
y al que te maldiga, maldeciré. Y en ti serán benditas
todas las familias de la tierra.*
GÉNESIS 12.1–3 LBLA

En ocasiones se dice que el mundo de las misiones es un tema
del Nuevo Testamento, que no está anunciado en el Antiguo.

Todo lo que está en la Biblia debe ser tomado en serio.
Cuando algo se repite, merece una atención especial. Solo
hay un puñado de versículos que se repiten tres veces. Pero,
solo en el libro de Génesis, Dios dice *cinco* veces que todas las
naciones de la tierra serán benditas por medio de Abraham
(Génesis 12.3, 18.18, 22.18, 26.4, 28.14).

En realidad, la predicción de las buenas nuevas a los
gentiles está esparcida a lo largo del Antiguo Testamento.
El libro de Salmos está lleno de referencias a todas las
naciones cantando su gloria. Jonás llama al arrepentimiento
a un pueblo no judío, mientras que Rut es un maravilloso
testimonio de la salvación de los gentiles.

Día 146

Pedro se acercó a Jesús y le preguntó: —Señor,
¿cuántas veces tengo que perdonar a mi hermano
que peca contra mí? ¿Hasta siete veces?
MATEO 18.21 NVI

Pedro hace un cálculo muy a la baja en este versículo. La respuesta del Señor es setenta veces siete (v. 22). De cualquier manera, parece que Pedro está buscando una salida fácil para el tema del perdón. ¿No es lo que hacemos todos?

Quizás en lugar de «¿cuántas veces debo perdonar?», sería mejor preguntar «¿cuántas veces me gustaría perdonar?».

Si vivimos la media bíblica de sesenta años y diez más, eso apenas son 25.550 días. Tal vez no sufrimos mucha presión para pecar cuando éramos niños, pero seguro que la mayoría lo compensamos al llegar a los veinte. Y muchos de nosotros viviremos más de setenta años. Si pecamos o tenemos un pensamiento pecaminoso aunque solo sea una vez al día (y muchos estarían contentos de quedarse en esa cifra), acumulamos una gran cantidad de cosas de las que ser perdonados (bastante más de siete, Pedro).

Entonces, ¿cuántas veces deberíamos perdonar a otros pecadores como nosotros? El mismo número de veces que esperamos ser perdonados más uno.

Después de todo, es lo justo.

Día 147

Aun así, yo me regocijaré en el Señor,
¡me alegraré en Dios, mi libertador!
Habacuc 3.18 nvi

Habacuc estaba ya cansado de los tiempos duros que le había tocado vivir. Quería saber hasta cuándo continuaría siendo así. Así que le llevó sus quejas al Señor. ¿Cuándo se detendría la injusticia? ¿Por qué no había respondido Dios a sus súplicas de ayuda?

Dios respondió a la queja de Habacuc. Sí, estaba al tanto de lo que pasaba, y sí, habría justicia, y vendría en el tiempo *de Dios.* Los lamentos de Habacuc se convirtieron en palabras de alabanza, lo cual nos sorprende porque nada había cambiado. Seguía sin haber comida en los campos, ni ganado ni brotes en las higueras.

Habacuc no fue la primera persona en la Biblia que se enfrentó a condiciones extremas. José fue arrojado injustamente a la prisión (Génesis 39.20); Daniel fue llevado a una tierra extranjera (Daniel 1.1–6); y David tuvo que darse a la fuga porque Saúl lo quería muerto (1 Samuel 23.7–14). ¿Cómo es posible que estos hombres pudieran alabar a Dios en medio de tales tribulaciones?

Seguramente entendieron, como terminó comprendiendo Habacuc, que ese gozo se encuentra solo en Jesucristo. Las situaciones cambian y las personas entran y salen en nuestras vidas, pero Jesús está siempre con nosotros, todo el tiempo, todo el camino.

Parece una muy buena razón para alegrarse, ¿no es así?

Día 148

*Por lo cual te aconsejo que avives el fuego
del don de Dios que está en ti.*
2 TIMOTEO 1.6 RVR1960

En su carta a Timoteo, Pablo exhortó a su hijo espiritual a avivar «el fuego del don de Dios» en su interior. Literalmente, esta instrucción significaba soplar las ascuas de carbón hasta sacar la llama mientras se removían los rescoldos de debajo del fuego. Existe una metáfora parecida en latín, *excitare igniculos ingenii*, que significa «atizar las chispas del ingenio».

Este pasaje es un recordatorio para todo creyente. Pone de manifiesto que los dones que Dios nos ha dado solo mantienen su vigor por medio del uso y el estímulo activos. Los dones que se quedan desatendidos o no se usan se acaban estancando y, como un fuego desatendido, se apagan. Pero, si seguimos ejercitando los dones que Dios nos da, como en la parábola de los talentos, aumentarán, se fortalecerán y hasta se multiplicarán.

Igual que la leña o el carbón alimentan un fuego, la fe, la oración y la obediencia son el combustible de la gracia de Dios que mantiene ardiendo nuestro fuego. Pero esto requiere acción de nuestra parte.

¿Estás usando los dones que Dios te ha dado? ¿Puede él confiarte más?

Quizás sea hoy el día de reunir la leña necesaria para avivar el fuego de Dios en tu interior.

Día 149

*Hermanos, yo mismo no considero haberlo ya alcanzado; pero
una cosa hago: olvidando lo que queda atrás y extendiéndome
a lo que está delante, prosigo hacia la meta para obtener el
premio del supremo llamamiento de Dios en Cristo Jesús.*
FILIPENSES 3.13–14 LBLA

El apóstol Pablo poseía un currículum extraordinario. Era un
«hebreo de hebreos» (Filipenses 3.5 LBLA), y podía trazar su
árbol genealógico hasta Abraham, Isaac y Jacob, por línea de
ambos padres.

Altamente preparado, Pablo perteneció a la prestigiosa
facción judía de los fariseos. Preocupado por guardar la ley, se
negó a adoptar costumbres paganas de la cultura griega de su
entorno.

Con una pasión errónea por su fe, Pablo persiguió sin
descanso a los cristianos, «respirando todavía amenazas y
muerte contra los discípulos del Señor» (Hechos 9.1 LBLA).
Cuando se encontró con el Cristo resucitado, Pablo redirigió
su celo religioso hacia la extensión del evangelio.

Aunque llevaba la carga de su maltrato a los cristianos,
Pablo no permitió que sus acciones pasadas impidieran su
servicio para Cristo. Tampoco puso su confianza en su linaje
o en su forma de vida para obtener favores especiales de Dios.

No podemos permitir que nuestros errores pasados nos
impidan avanzar en las tareas que Dios nos ha dado. Tampoco
podemos dejarnos llevar, apoyándonos en victorias y logros
pasado o en las medallas de los emprendimientos de la familia.

Vivimos en el ahora. El pasado se fue, el futuro aún
no ha llegado. «Prosigo hacia la meta para obtener el premio
del supremo llamamiento de Dios en Cristo Jesús» (Filipenses
3.14 LBLA).

Día 150

Por segunda vez se retiró y oró:
«Padre mío, si no es posible evitar que yo beba
este trago amargo, hágase tu voluntad».
MATEO 26.42 NVI

Si tienes una Biblia con letras en rojo y en negro, probablemente sabes que las palabras en rojo son las que dijo Jesús. En este versículo, Jesús estaba en el jardín de Getsemaní, solo unas horas antes de su arresto y crucifixión. Oró, preguntándole a Dios si había una forma distinta de llevar a cabo la redención. De hecho, no se lo preguntó una sola vez: en Mateo 26 se menciona la petición tres veces. Estas oraciones en rojo ponen de manifiesto el lado cien por ciento humano de Jesús.

En una de sus horas más negras, Jesús estaba abrumado por la angustia y la tristeza. Le pidió a Dios algo que Dios no iba a darle. Pero Jesús, perfecto y obediente, terminó sus oraciones diciendo: «hágase *tu* voluntad».

Cuando nos enfrentamos a nuestras horas más oscuras, ¿seguiremos el ejemplo de Jesús? ¿Podemos someternos a la perfecta voluntad de Dios, poniendo nuestra mirada en cuánto nos ama, aun cuando su voluntad no coincide con la nuestra?

Día 151

*Recuerden que es pecado saber
lo que se debe hacer y luego no hacerlo.*
SANTIAGO 4.17 NTV

«El camino al infierno está pavimentado con buenas intenciones». ¿No sería interesante conocer el contexto en que se escribió este proverbio? Suena como a una versión de Santiago 4.17.

Todos hemos oído anécdotas sobre cómo mucha gente no hacía nada e ignoraba los gritos de auxilio de alguien que estaba siendo víctima de un crimen atroz. Abundan las historias sobre la increíble insolidaridad de la naturaleza humana, justo cuando más importa. Cuando nos las cuentan, pensamos: *Yo nunca me quedaría de brazos cruzados sin hacer nada en tales circunstancias.*

Sin embargo, ¿cuántas pequeñas oportunidades se nos escapan cuando no establecemos un contacto? ¿Cuántas veces pensamos: *Hubiera sido genial hacer algo por esa persona,* y entonces entablamos una conversación interior: *Lo habrían considerado una bobada;* o: *Ni se habrían dado cuenta;* o incluso: *No tengo tiempo?*

Santiago nos advierte que pongamos nuestra atención en hacer lo que es bueno. No importa cuáles sean nuestros planes, no sabemos lo que nos depara el futuro. No sabemos cuándo necesitaremos desesperadamente la intervención de una buena obra de parte de otra persona.

Día 152

El más importante entre ustedes
será siervo de los demás.
MATEO 23.11 NVI

Cierto muchacho dijo: «Si gano la lotería, contrataré un mayordomo, alguien que lo haga todo por mí».

Pasando por alto el detalle de que no tenía edad para comprar lotería, su padre fue directo al problema principal del egoísmo de su hijo.

«¡Ah —respondió el chico, tratando de que su sueño sonara más generoso—, todo el mundo tendría uno!». Pensó un instante y llevó más allá su fantasía: «¿No sería genial que todo el mundo tuviera un sirviente que cuidara de él?».

«¿Y tú de quién serías sirviente?». El niño lo miró confundido y el padre le explicó que, si *todo el mundo* tuviese un mayordomo o una criada, ¡también los tendrían los mayordomos y criadas! ¡La única manera de que todo el mundo pudiese darse ese lujo sería que todas las personas *con* sirvientes *fuesen* también sirvientes!

Todos cuidando de todos... ¿no suena a paraíso cristiano? Solo se viene abajo cuando las personas piensan que son demasiado importantes para servir. Pero Jesús nos sirvió hasta su muerte y más allá. Y Dios ya lo ha hecho todo por nosotros al darnos este mundo, esta vida, y la siguiente.

Ya hemos sido servidos por el más grande. Ninguno de nosotros es más importante.

Así que ¿a quién vas a servir tú?

Día 153

«Tú eres mi hijo; hoy mismo te he engendrado».
Hebreos 5.5 nvi

🦋

Nadie sabe quién escribió la epístola a los Hebreos. Pero una cosa es segura: su autor entendía la supremacía de Jesús el Hijo de Dios.

Los destinatarios de la carta eran cristianos judíos que aceptaban a Jesús como más que humano, pero menos que divino. Muchos se estaban replanteando un regreso al judaísmo, por eso los describe como «los ignorantes y extraviados» (Hebreos 5.2 nvi).

Como demostración de que Cristo es el Hijo de Dios, Hebreos se esfuerza mucho por señalar que Jesús no estaba arrogándose esa posición; él estaba en el corazón de Dios desde el principio. Él era el cumplimiento de la profecía registrada en los Salmos (2.7), reiterada en Hebreos 5.5.

Algunos testigos bienintencionados tal vez te digan que Jesús maduró hasta esa cualidad de Hijo. Otros creen que fue un niño de Nazaret que hizo el bien. Otros incluso lo ignorarán completamente, no les importa lo más mínimo. ¡Ninguna de estas enseñanzas es bíblica!

Algunos de los pasajes más intensos de la Biblia son aquellos en los que Jesús habla con su Padre (Lucas 22.42, 23.34, 46).

Un centurión romano que estuvo allí en el Calvario aquel día no dudó en absoluto, el hombre que estaba en la cruz de en medio «era el Hijo de Dios» (Mateo 27.54 nvi).

En el corazón de todo creyente está la imperturbable verdad de que Jesús es el «Hijo unigénito» de Dios (Juan 3.16 rvr1960).

Día 154

*No fueron ustedes quienes, con sus espadas y arcos, derrotaron
a los dos reyes amorreos; fui yo quien por causa de ustedes
envié tábanos, para que expulsaran de la tierra a sus enemigos.*
Josué 24.12 nvi

A lo largo del libro de Josué, los ejércitos de Israel
combatieron en una batalla tras otra. Uno podría llevarse
la impresión de que sus espadas y arcos tenían mucho que
ver con la conquista de Canaán. ¡Pero espera! Casi todas
las batallas vinieron acompañadas de un milagro: murallas
derribadas, granizadas divinas, ampliación de la duración
del día, incluso vemos a Dios inspirándolos a hacer marchas
nocturnas y lanzar un ataque sorpresa al amanecer.

Además, justo antes de que se presentaran los israelitas,
Dios volvió locos a los cananeos e hizo que muchos de ellos
huyeran de Canaán, expulsados por plagas masivas de avispas.
No es ninguna sorpresa. Dios había avisado a Moisés *dos
veces*, cuarenta años antes, de que haría eso (Éxodo 23.28;
Deuteronomio 7.20). Por tanto, cuando Israel entró en la
tierra prometida, los ejércitos de Canaán ya estaban agotados
y debilitados.

¿Por qué hizo Dios estos milagros? Quería que Israel
entendiese muy claramente que solo él les daría la victoria, y
que, por tanto, debían temerle y servirle a él (Josué 24.8–14;
2 Crónicas 20.12, 15). Dios todavía hace milagros para
ayudarnos a llevar a cabo nuestras metas hoy, y sus razones
son las mismas.

Día 155

*Al dar comienzo a su ministerio, Jesús tenía unos treinta años,
y todos creían que era hijo de José, cuyos ascendientes eran:
Helí, Matat, Leví, Melquí, Janay, José, Matatías [...]
Cainán, Arfaxad, Sem, Noé, Lámec, Matusalén, Enoc,
Jarad, Maleleel, Cainán, Enós, Set, Adán y Dios.*
LUCAS 3.23–25, 36–38 BLPH

❦

¿Nunca te has preguntado por qué Dios incluyó genealogías
tan largas y aburridas entrelazadas con el emocionante relato
del nacimiento de Jesús? Para nuestros oídos occidentales
suenan secas e inertes. Pero la Biblia no es solo para los
estadounidenses de hoy. Es un libro para toda la humanidad.

En muchas culturas en vías de desarrollo del mundo,
no se consideraba que una persona había sido debidamente
presentada hasta que se conocía su linaje familiar. Este coloca
a la persona en el contexto de su familia y de su pueblo. A
ellos no les aburren las genealogías. Más bien, Jesús, María
y José se revelan en su apropiado contexto familiar. ¿No es
genial que Jesús sea presentado adecuadamente?

Día 156

El cielo y la tierra pasarán,
pero mis palabras jamás pasarán.
MATEO 24.35 NVI

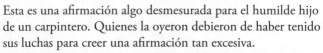

Esta es una afirmación algo desmesurada para el humilde hijo de un carpintero. Quienes la oyeron debieron de haber tenido sus luchas para creer una afirmación tan excesiva.

Desde entonces, el mundo ha cambiado a una velocidad de vértigo. Vivimos en una época en la que las palabras recorren el planeta en segundos, y las opiniones expresadas por gente corriente pueden llegar a millones por Internet y televisión.

Entonces, ¿cómo resisten a todo esto las palabras de un «sanador de fe» de siglos antes de la imprenta?

Podemos asumir sin temor a equivocarnos que, si todas las Biblias impresas estuviesen aún disponibles, habría una para cada persona viva hoy, y sobrarían muchas. El Nuevo Testamento se ha traducido a la mitad de los idiomas del mundo, pero el noventa por ciento de la población mundial puede leer en ellos. La Biblia está disponible en Braille, se puede descargar de Internet, oír en audiolibros y llevar en el celular. Cada año se venden cien millones de copias, y se estima que en el hogar estadounidense promedio hay cuatro Biblias.

El cielo y la tierra siguen ahí, pero con muchos temerosos de que «pasen». Mientras tanto, las palabras de Jesús adquieren cada vez más fuerza. Es hora de aceptar que Jesús no estaba alardeando. Es hora de comprometerse.

Día 157

Al hacerte estas peticiones, no apelamos a nuestra rectitud,
sino a tu gran misericordia.
DANIEL 9.18 NVI

Muchos saben que Daniel tuvo visiones de los tiempos del fin, escribiendo profecías impresionantes en un libro de la Biblia que lleva su nombre. Probablemente, pocos son conscientes de que Daniel leyó los escritos anteriores de otro profeta, tratando de entender exactamente lo que le estaba pasando a su país.

Daniel vivió la mayor parte de su vida en Babilonia, tras haber sido llevado cautivo en su juventud desde una Jerusalén saqueada. Pero él sirvió fielmente al Dios de Israel en un país pagano, por lo que en una ocasión fue arrojado a un foso de leones (por supuesto, Dios protegió a Daniel de cualquier daño).

Cuando Daniel logró «entender ese pasaje de las Escrituras donde el Señor le comunicó al profeta Jeremías que la desolación de Jerusalén duraría setenta años» (Daniel 9.2 NVI), elevó una extensa oración de confesión por su pueblo, que había pecado tanto y tan persistentemente contra Dios que él había permitido que cayese sobre ellos un duro castigo. Y, en medio de esa oración, Daniel pronunció una de las grandes verdades de la Escritura, el versículo que ahora conocemos como Daniel 9.18.

Comprendamos, junto con Daniel, que no tenemos absolutamente nada que traerle a Dios. Pero sepamos también, como Daniel, que, en su gran misericordia, Dios elige escucharnos, amarnos y perdonarnos.

Día 158

Por fin se presentaron dos, que declararon:
—Este hombre dijo: «Puedo destruir el
templo de Dios y reconstruirlo en tres días».
MATEO 26.60–61 NVI

🦋

¡Una afirmación imposible! ¿Destruir el templo y reedificarlo en tres días? Las acusaciones se propagaron como un incendio.

Los sacerdotes principales y el sanedrín buscaron pruebas falsas contra el Señor para llevarlo a la muerte (v. 59). No pudieron encontrar ninguna, así que se presentaron varios acusadores y dijeron a la asamblea que Jesús afirmó que podía destruir y reedificar el templo en tres días. La insinuación era injusta e inexacta; estos hombres claramente retocaron la verdad para hacer creíbles sus acusaciones.

La verdad está en Juan 2.19, donde dice: «Destruyan este templo —respondió Jesús—, y lo levantaré de nuevo en tres días» (NVI). Jesús hablaba de su muerte y resurrección. El templo al que se refería era su cuerpo físico, no el edificio físico (Juan 2.21). Esto lo dijo en respuesta a los cambistas que rechazaban la autoridad de Jesús para purificar el templo. Por tanto, los judíos tomaron las palabras literales de Jesús (vs. 20) y las usaron para crear acusaciones infundadas contra él.

Realizando unas pocas modificaciones menores, a menudo tomamos las cosas más sagradas o las personas más inocentes y elaboramos acusaciones contra ellos. Pero debemos buscar y decir toda la verdad, libres de prejuicios o sesgos personales.

Día 159

Amo al Señor porque escucha mi voz
y mi oración que pide misericordia.
SALMOS 116.1 NTV

Muchos versículos en el libro de Salmos son canciones
de lamento. Dolor, pena, lucha... ciertamente, Dios
comprende estas cosas. Algunos de estos versículos pueden ser
francamente deprimentes si piensas en ellos mucho tiempo.

Salmos 116.1, sin embargo, es un breve versículo que no
debe ser pasado por alto. No es un lamento ni una alabanza,
como muchos otros salmos, sino que es una fuerte afirmación
de esperanza. Ya sea que estemos ofreciendo nuestra alabanza
a Dios o postrándonos a sus pies con nuestras luchas,
sabemos gracias a estas pocas palabras que Dios nos oye. ¿No
es asombroso? El todopoderoso Dios del universo que creó
y ensambló todas las partículas para que existieran nos oye
cuando venimos ante él.

Quizás acudimos al Señor con una canción, con
alabanza. Quizás pasamos un tiempo leyendo y meditando la
Palabra de Dios. Quizás estamos orando a Dios extendiendo
la mano hacia su consuelo. Hagamos lo que hagamos, Dios
nos oye y le interesa lo que tenemos que decir. ¿No es una
gran razón para amar al Señor? No nos olvidemos de dar
gracias a Dios cada día por la oportunidad que nos da de ser
oídos.

Día 160

Herodes temía a Juan y lo protegía, pues sabía que era
un hombre justo y santo. Cuando Herodes oía a Juan,
se quedaba muy desconcertado, pero lo escuchaba con gusto.
MARCOS 6.20 NVI

Juan el Bautista estaba a merced de Herodes Antipas.
Herodías, la esposa de Herodes, quería la muerte del Bautista,
así que su marido mandó al profeta a la cárcel. Juan no
debería haber vivido tanto tiempo, pero cuando Herodes lo
oía «lo escuchaba con gusto».

¿Por qué? Porque dentro de cada uno de nosotros hay
un anhelo de Dios. Nuestras almas proceden de él y desean
ardientemente reunirse con él (incluso las almas de los «chicos
malos»).

Una pequeña parte de Herodes debía de tener la
esperanza de que Juan respondiera sus preguntas y le mostrase
la salvación. Por desgracia, la confianza de Herodes en el
poder terrenal implicaba que eso no iba a suceder.

Juan fue una voz «en el desierto», no en un jardín
exuberante (Mateo 3.3 NVI). No habló solo a los que querían
oír, se vio compelido a dirigirse a aquellos que afirmaban que
no tenían el más mínimo interés, gente como Herodes.

Dios quiere a los fieles, pero también a los «impíos».
Estos lucharán y pelearán contra ello, por supuesto, pero la
realidad es que sus almas claman por ser salvadas.

Mira a tu alrededor. ¿Cuáles son los desiertos, de almas,
en los que podrías hablar de su amor?

Día 161

No formen yunta con los incrédulos.
2 Corintios 6.14 nvi

La historia no nos revela mucho de la vida social de Pablo. Hay una tradición que afirma que había estado casado, pero que su esposa no estaba abierta a las demandas del estilo de vida cristiano. La Biblia no dice nada sobre esta parte de la vida personal de Pablo.

De lo que sí dicen algo las Sagradas Escrituras es de la diferencia entre creyentes y no creyentes. Pablo tenía plena conciencia del mundo. Sabía cuán dañina podía ser la mundanalidad. Igual que el aceite y el agua no se pueden mezclar, así tampoco las actitudes de los mundanos y de los cristianos nacidos de nuevo.

La advertencia del apóstol no se limita necesariamente al cortejo y el matrimonio. Él estaba consciente de que en la iglesia corintia se habían infiltrado incrédulos y alborotadores. Se hacía un uso indebido de los ágapes y la observancia de la Santa Cena y algunos neófitos carentes de fundamento estaban defendiendo filosofías falsas.

En términos nada ambiguos, Pablo compara a los creyentes que coquetean con la vida fuera de Cristo con la luz frente a las tinieblas, la rectitud frente a la maldad, y Cristo frente a Belial (6.14–15). Su solución es este directo consejo: «Salgan de en medio de ellos y apártense» (6.17 nvi).

¡Concédanos Dios creyentes separados de las masas!
Un tiempo como este exige mentes fuertes, corazones grandes,
fe verdadera, que no precisan la aprobación de las masas.

Josiah Gilbert Holland

Día 162

Cuando los fundamentos de la ley y del orden se desmoronan,
¿qué pueden hacer los justos? Pero el SEÑOR está en su
santo templo; el SEÑOR aún gobierna desde el cielo.
SALMOS 11.3–4 NTV

¿Cómo es la vida cotidiana cuando un terremoto sacude un país del tercer mundo, matando a cientos de miles y dejando en ruinas una nación ya de por sí desolada? ¿Y cuando un sunami barre pueblos enteros? ¿Y cuando un huracán arrasa con todo en un radio de más de cien kilómetros?

Cuando azotan los desastres naturales, la ley y el orden colapsan. La lucha por la supervivencia eclipsa todo lo demás y crea una gran necesidad de que exista un liderazgo fuerte. Con demasiada frecuencia, los gobiernos corruptos o ineptos son incapaces de cubrir las necesidades de sus ciudadanos cuando golpea una catástrofe.

¿Dónde está Dios cuando sufrimos? ¿Dónde está Dios en medio de la injusticia? ¿Se preocupa? Estas preguntas intemporales no pierden nunca su relevancia. Todo el libro de Job brega con estas cuestiones. El salmista también recoge el lamento, y solo responde que Dios aún está en el trono.

Tal vez nunca entendamos por qué suceden cosas malas, o por qué Dios parece estar callado. Pero podemos saber que, independientemente de las apariencias, nuestro Dios de amor sigue teniendo el control, aun cuando todo parezca salirse cada vez más de control. ¿Cómo vas a confiar en Dios hoy?

Día 163

Yo soy el Alfa y la Omega, el principio
y el fin, el primero y el último.
APOCALIPSIS 22.13 RVR1960

¿Quién dijo que Jesús no es divino? Una y otra vez encontramos que los títulos que Dios se da en el Antiguo Testamento se aplican también a Jesucristo. En el Antiguo Testamento, Jehová se presenta como pastor, el Alfa y la Omega, el principio y el fin, y el Todopoderoso. Se le llama el Primero y el Último. En el Nuevo Testamento encontramos que esos mismos títulos se le dan a Jesús.

Esto hace que nuestro Dios sea único entre las religiones del mundo. Ninguna otra religión tiene un Dios cuyo Hijo es igual al Padre. Los judíos y los musulmanes rechazan la idea de que Dios tenga un Hijo. Solo el cristianismo tiene un Dios trino (tres personas en un único Dios).

La Biblia es única porque en ella Dios revela plenamente quién es. Puesto que Jesús es plenamente Dios, que eso renueve nuestra esperanza y fe en nuestro Salvador. El que creó todas las cosas de la nada rehará este mundo convirtiéndolo en un paraíso sin pecado.

Día 164

Nosotros amamos porque él nos amó primero.
1 JUAN 4.19 NVI

❧

¿Dónde comienza el amor? El amor, esa emoción desinteresada e incondicional que nos hace arrodillarnos en adoración, perdonar cuando sufrimos y dar a los demás más allá de lo que dicta el sentido común.

La Biblia dice que nosotros amamos porque Dios nos ama primero. Nuestro amor fluye del pozo inagotable del afecto de Dios por nosotros. Él da inicio a la relación que quiere con nosotros, inundándonos con su amor al adoptarnos como hijos.

Nos preocupamos cuando no podemos amar a los demás como él nos dijo en el mayor de los mandamientos: amarle a él y al prójimo. No podemos hacer esto por nosotros mismos. Pero Dios ama con un amor eterno.

El poder de su amor dentro de nosotros alimenta nuestro amor cuando el amor humano se está vaciando. Él planta su amor en nuestros corazones para que podamos compartirlo con otros. Sacamos amor de su fuente inagotable.

El amor se inicia con Dios. Él sigue proporcionándonos su amor para nutrirnos. Dios nos rodea con su amor. Vivimos con esperanza y tomamos de su fuerza, todo gracias a que él nos amó.

Día 165

A ti no te complacen sacrificios ni ofrendas,
pero has abierto mis oídos para oírte; tú no has
pedido holocaustos ni sacrificios por el pecado.
SALMOS 40.6 NVI

El salmo 40 es un salmo mesiánico. El escritor de Hebreos
aplicó este versículo a Jesús diciendo: «... somos santificados
mediante el sacrificio del cuerpo de Jesucristo, ofrecido una
vez y para siempre» (Hebreos 10.10 NVI). Al citar al salmista,
dijo «me preparaste un cuerpo» (v. 5 NVI) en lugar de «has
abierto mis oídos». Esta manera de expresarlo refleja el uso de
la Septuaginta, la traducción griega del Antiguo Testamento.

Sin embargo, el salmo 40 también se aplica a nosotros.
Al decir que Dios no quería sacrificios y ofrendas, David
puso de manifiesto una verdad que encontramos en otros
pasajes de la Biblia. Más que una religión ritual, Dios quería
obediencia (1 Samuel 15.22); y un espíritu contrito (Salmos
51.16–17).

Dios también quería un siervo con buena disposición. La
ley permitía que un israelita comprara a otro como esclavo,
entendiendo que lo liberaría en el año séptimo (Éxodo 21.2).
Se contemplaba que el esclavo quisiera permanecer con su
dueño. En tal caso, el mandato era: «lo llevará a una puerta,
o al marco de una puerta, y allí le horadará la oreja con un
punzón. Así el esclavo se quedará de por vida con su amo»
(Éxodo 21.6 NVI).

Dios quiere perforar nuestras orejas. Después de eso, el
sacrificio y la ofrenda vendrán de manera natural.

Día 166

*Una mujer cananea de las inmediaciones
salió a su encuentro, gritando: —Señor,
Hijo de David, ten compasión de mí.*
MATEO 15.22 NVI

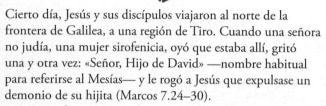

Cierto día, Jesús y sus discípulos viajaron al norte de la frontera de Galilea, a una región de Tiro. Cuando una señora no judía, una mujer sirofenicia, oyó que estaba allí, gritó una y otra vez: «Señor, Hijo de David» —nombre habitual para referirse al Mesías— y le rogó a Jesús que expulsase un demonio de su hijita (Marcos 7.24–30).

A muchos cristianos les extraña cómo Jesús ignoró en un principio a la mujer, para acabar diciéndole que él fue «enviado [...] a las ovejas perdidas del pueblo de Israel», luego la comparó con un perrillo, solo porque no era judía (Marcos 7.24–27 NVI). Marcos aclaró esto al afirmar que los hijos de Abraham, los judíos, tenían que comer hasta saciarse antes de compartir algo de comida con los perros.

Jesús ama a los gentiles; simplemente lleva el evangelio *primero* «las ovejas descarriadas del pueblo de Israel» (Mateo 10.5–6 NVI), «de los judíos primeramente, pero también de los gentiles» (Romanos 1.16 NVI).

Lo sorprendente es que esta mujer no era una simple pagana, sino una *cananita*, de un pueblo despreciado, pero Jesús tuvo misericordia de ella y atendió a sus oraciones. Esto nos da esperanza a todos nosotros

Día 167

Tan pronto como empezaste a orar, Dios contestó tu oración.
He venido a decírtelo porque tú eres muy apreciado.
DANIEL 9.23 NVI

Daniel era un judío íntegro, llevado en cautividad cuando los babilonios conquistaron Jerusalén. Reclutado para el programa de adoctrinamiento del rey Nabucodonosor, Daniel pasó tres años aprendiendo la cultura de Babilonia antes de convertirse en uno de los consejeros de más confianza del rey. Aun viviendo en el exilio la mayor parte de su vida, Daniel permaneció fiel a Dios, y tenía el corazón roto por la gran cantidad de pecados del pueblo de Israel.

Un día, cuando estaba derramando su corazón ante Dios, su oración fue interrumpida por la aparición del ángel Gabriel. El mensaje de Gabriel le da comprensión y entendimiento (v. 22), y contiene la interesante idea de que, en el momento en que Daniel comenzó a orar, la respuesta ya se puso en camino.

Antes de que Daniel fuese más allá del saludo, Dios conocía su corazón y ya había puesto en marcha la respuesta a la oración inconclusa de Daniel.

Como en el caso de Daniel, Dios conoce nuestras necesidades aun antes de que las pronunciemos en oración. Podemos descansar en la seguridad de que antes incluso de que las palabras salgan de nuestros labios, Dios ya las ha oído, y ya las ha respondido.

Día 168

*Entonces Judas arrojó el dinero en el santuario
y salió de allí. Luego fue y se ahorcó.*
MATEO 27.5 NVI

Judas ha llegado a hacerse famoso como el architraidor, pero fueron *dos* personas las que traicionaron a Jesús la noche en que fue arrestado. La otra persona era Pedro.

Judas señaló a Jesús ante sus enemigos; Pedro negó incluso conocerlo, no una sino tres veces. En términos de traición, ambas fueron horribles, aunque Pedro llegó a hacer grandes obras mientras que su compañero de «los doce» murió en tormento y desgracia. ¿Qué marcó la diferencia?

Quizás Judas vendió al Señor por avaricia, o tal vez quería provocar a Jesús para que acabara con el gobierno romano sobre los judíos. De cualquier manera, decidió actuar por su cuenta. Aun después de admitir su error, Judas siguió tomando el control de su propia vida al ponerle fin.

Pedro, por otro lado, admitió su vergüenza —aparece en todos los Evangelios— y permaneció con los doce. Confió en la redención del Señor y recibió una gran responsabilidad por parte del Jesús resucitado.

Judas traicionó al Señor, pero también a sí mismo, como hacemos nosotros cuando tomamos nuestras vidas en nuestras propias manos. Hay otras manos, llenas de amor y poder, esperando, tal como aprendió el arrepentido y salvado Pedro.

Día 169

*Al llegar a este punto, Job se levantó, se rasgó
las vestiduras, se rasuró la cabeza, y luego se
dejó caer al suelo en actitud de adoración.*
JOB 1.20 NVI

El duelo se expresa de diferentes modos. Cuando llegan
los problemas, algunas personas derraman lágrimas en
abundancia, otras explotan en ataques de ira, y algunas
simplemente se apagan en un callado entumecimiento. En
las culturas occidentales, el negro es el color del luto. En los
países orientales, la gente se viste de blanco.

¿Cómo expresó Job su pena? Adoró.

Job siguió las formas tradicionales de expresar el duelo en
su cultura rasgando sus vestiduras y afeitándose la cabeza.

Pero también *adoró*.

Pese a la insoportable oscuridad de la conmoción y la
pena, se volvió hacia Dios. Yacía postrado en tierra delante del
Señor, sometiendo todo su ser. En ese momento de pérdida
aplastante e impotencia abrumadora, abrió su corazón al
único que lo entendía plenamente y que podía ayudarlo en su
momento de más profunda necesidad: Dios.

Cuando todo en la vida parece desaparecido, perdido
o fuera de alcance, Dios espera. Dios comprende nuestra
tristeza y está con nosotros mientras sufrimos el duelo.
Cuando volvemos nuestros corazones hacia él en adoración,
su Espíritu sanador nos da consuelo.

Día 170

*El que no tiene el Espíritu no acepta lo que procede
del Espíritu de Dios, pues para él es locura.
No puede entenderlo, porque hay que
discernirlo espiritualmente.*

1 Corintios 2.14 NVI

En este pasaje, Pablo divide la humanidad en dos clases: el hombre natural (el no creyente, que no ha sido regenerado mediante el nuevo nacimiento) y el espiritual (el creyente nacido de nuevo, que camina en plena comunión con Dios).

El hombre y la mujer naturales pueden ser sumamente inteligentes, y sin embargo no entender la Palabra de Dios porque hay que discernirla espiritualmente. En consecuencia, las verdades básicas de la Escritura les están vedadas. Los instintos naturales y los deseos mundanos rigen sus corazones, y las cosas espirituales tienen poco sentido para ellos. Por tanto, son incapaces de comprender la magnitud del amor de Dios y el poder de sus promesas.

Por otra parte, la persona espiritual pone su mirada en los pensamientos y la voluntad de Dios. La presencia en su interior del Espíritu de Dios guía, dirige, reconforta y habla al creyente.

Jesús dijo: «De veras te aseguro que quien no nazca de nuevo no puede ver el reino de Dios» (Juan 3.3 NVI). Solo por medio del nuevo nacimiento podemos alcanzar la verdadera espiritualidad. En el momento en que nos arrepentimos de nuestros pecados y aceptamos a Jesús en nuestro corazón, nos convertimos en propiedad de Dios. Y, desde ese momento, comenzamos a entender.

Día 171

Entonces Jacob dio a Esaú pan y guisado de lentejas; y él comió y bebió, se levantó y se fue. Así menospreció Esaú la primogenitura.
GÉNESIS 25.34 LBLA

El derecho de primogenitura, tradicionalmente concedido al hijo mayor, transfería las propiedades y la administración de toda la casa a este hijo al morir el padre. La primogenitura de Esaú, a diferencia de otras, conllevaba también el linaje del Mesías prometido.

Pero Esaú no tenía interés por Dios o las cosas espirituales. Le gustaba cazar y solía deambular por el campo buscando presa.

Cierto día, Esaú llegó a casa después de cazar y estaba muy hambriento. Su hermano Jacob tenía una olla de guisado de lentejas cociéndose en el fuego, inundando el lugar con deliciosos aromas. Esaú agarró un plato.

Jacob le negó con la cabeza. «Véndeme primero tu primogenitura» (Génesis 25.31 LBLA).

Esaú se desmayaba de hambre. El estofado borboteaba en la olla. Observó cómo Jacob cortaba una buena rebanada de pan.

Le rugía el estómago. «¿De qué me sirve, pues, la primogenitura? (Génesis 25.32 LBLA). Esaú vendió su primogenitura a cambio del pan y el guisado.

¿Qué pensaba Dios al respecto? «Asegúrense de que ninguno sea inmoral ni profano como Esaú, que cambió sus derechos de primer hijo varón por un simple plato de comida» (Hebreos 12.16 NTV).

A veces nos resulta demasiado fácil vender los tesoros eternos por comodidades o placeres temporales.

Día 172

El rey está versado en estos temas, y a él puedo hablarle con plena confianza. Tengo la convicción de que no desconoce ningún detalle de todas estas cosas, ya que han acontecido a la vista de todos.
HECHOS 26.26 BLPH

❧

Pablo podía hablar sin reparos porque lo que había ocurrido veintiséis años atrás en la crucifixión era algo ampliamente conocido, incluso entre personas no cristianas, como el historiador judío Josefo, quien registra en sus *Antigüedades de los judíos*.

> *Por este tiempo apareció Jesús, un hombre sabio, si es que es correcto llamarlo hombre [...] atrajo hacia él a muchos judíos y a muchos gentiles además. Era el Cristo. Y cuando Pilato, frente a la denuncia de aquellos que son los principales entre nosotros, lo había condenado a la cruz, aquellos que lo habían amado primero no le abandonaron, ya que se les apareció vivo nuevamente al tercer día, habiendo los santos profetas predicho esto y otras mil maravillas sobre él. Y la tribu de los cristianos, llamados así por él, no ha cesado de crecer hasta este día.*

La mayoría de las personas del siglo primero aceptaban el hecho histórico de Jesús, pero entonces, como ahora, muchos se negaban a aceptar su señorío.

Día 173

Al ver una quijada de asno, fresca aún, extendió la mano,
la tomó y mató con ella a mil hombres.
JUECES 15.15 RVR1995

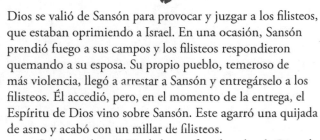

Dios se valió de Sansón para provocar y juzgar a los filisteos,
que estaban oprimiendo a Israel. En una ocasión, Sansón
prendió fuego a sus campos y los filisteos respondieron
quemando a su esposa. Su propio pueblo, temeroso de
más violencia, llegó a arrestar a Sansón y entregárselo a los
filisteos. Él accedió, pero, en el momento de la entrega, el
Espíritu de Dios vino sobre Sansón. Este agarró una quijada
de asno y acabó con un millar de filisteos.

    ¿Cómo pudo ser? Desde luego, fue el poder de Dios el
que permitió que un solo hombre derrotara a toda una legión.
Pero, tristemente, Sansón era olvidadizo con respecto a las
cosas de Dios. Era un hombre de la carne, un mujeriego que
nunca llegó a su verdadero potencial, y acabó alabando
su propia fuerza y a una insignificante quijada en lugar de
reconocer que el poder le vino del Espíritu de Dios.

    Eso es propio de los seres humanos. Siempre adoramos a
algo: o bien cosas de este mundo o bien a Aquel que nos dio este
mundo por medio de su poder.

    ¿Cuál va a ser tu elección hoy?

Día 174

Porque nada trajimos a este mundo,
y nada podemos llevarnos.
1 Timoteo 6.7 nvi

Pablo predicó «no puedes llevártelo» mucho antes de que estas palabras se convirtieran en un dicho popular.

En esta carta, Pablo abordó la cuestión de caer en la trampa de creer que las riquezas traían una vida contenta. Pablo le recordó a Timoteo que un día las personas dejarán atrás sus cosas. Además, Pablo le advierte de que pasar el tiempo yendo tras las riquezas iba a llevar a su rebaño a tentaciones que tendrían un efecto dominó en sus vidas. Pronto estarían más dedicados a su dinero que a su fe.

Jesús también predicó sobre las luchas que el rico enfrenta cuando se trata de pensar en el reino de Dios (Mateo 19.16–30). El libro de Eclesiastés está lleno de desesperación procedente de perseguir las cosas erróneas.

Aunque no sacamos nada del mundo, dejamos cosas atrás, y no solo cosas materiales. Dejamos atrás a personas cuyas vidas hemos tocado para bien o para mal. Dejamos atrás las palabras que hemos dicho, que pueden ser o no de ánimo.

Por último, dejamos atrás los comentarios que otros han hecho sobre nosotros, observaciones que pueden mostrar o bien nuestro amor por las posesiones o nuestro amor a Dios.

Día 175

*Habitantes de Judá y de Jerusalén, marquen su corazón
con la señal del pacto: circuncídense para honrar al SEÑOR.*
JEREMÍAS 4.4 NVI

Los antiguos pueblos de Egipto, Edom, Amón y Moab
practicaban la circuncisión (Jeremías 9.25–26), pero Dios le
dio el rito a Abraham como una señal del pacto entre ellos
dos (Génesis 17.9–14).

Aunque la circuncisión es algo físico, la Biblia también
habla de ella en términos metafóricos. Cuando Dios llamó
a Moisés para enfrentarse con Faraón, contestó que era
«incircunciso de labios» (Éxodo 6.12, NVI, traducción
alternativa). Jeremías acusó a los israelitas de ser incircuncisos
de oído, incapaces de oír el mensaje del Señor (Jeremías 6.10,
NVI, traducción alternativa).

Moisés señaló un día como el de Jeremías, cuando el
pueblo tendría necesidad de arrepentirse de sus corazones
incircuncisos (Levítico 26.40–42). En Deuteronomio, Dios
amplió el concepto de «circuncidar los corazones» mandando
al pueblo que dejara de ser «terco» (10.16) y que amara al
Señor con todo su corazón y su alma (30.6).

En el caso de los cristianos, el Espíritu Santo circuncida
nuestros corazones en el nuevo nacimiento (Romanos 2.29).
Él cambia nuestros corazones de piedra por un nuevo corazón
y un nuevo espíritu (Ezequiel 36.26).

Todo el mundo —incluidos nosotros— tiende a persistir
tercamente en sus propios caminos. Pero, si renovamos
nuestro compromiso de amar a Dios con todo nuestro
corazón, alma, mente y fuerza, podemos «circuncidar nuestro
corazón» y vivir.

Día 176

Porque en él habita corporalmente toda la plenitud
de la Deidad, y vosotros estáis completos en él.
COLOSENSES 2.9–10 RVR1960

🦋

Pablo escribió Colosenses para combatir dos formas de herejía que se estaban introduciendo en la iglesia de Colosas: por un lado, había una forma ultraestricta de judaísmo que ponía énfasis en la tradición, la circuncisión y las ceremonias rituales (Colosenses 2.8, 11, 16–17); por otro lado, una rama primitiva del gnosticismo estaba promoviendo la filosofía, el «conocimiento secreto» y el ascetismo (Colosenses 2.4, 18, 21, 23).

Pablo insistió en que ambos extremos estaban equivocados. La «sabiduría secreta» y las discusiones filosóficas se levantaban contra el conocimiento de Dios (2 Corintios 10.5), y la insistencia en mantener los rituales y tradiciones era un intento de decir que la fe en Cristo no era suficiente.

Pablo afirmó con claridad que la plenitud de la deidad habita corporalmente en Cristo. Él es Dios Hijo, y, cuando tienes a Dios en tu corazón, estás completo. No necesitas añadir nada, ya sean ceremonias o el supuesto conocimiento secreto, para hacerte *más* completo. Si el Espíritu de Jesucristo mora en tu corazón y estás conectado con Dios, ¡lo tienes todo! No dejes que nadie te convenza de lo contrario (Colosenses 2.8). No te conformes con sucedáneos.

Día 177

*No se olviden de brindar hospitalidad a
los desconocidos, porque algunos que lo han hecho,
¡han hospedado ángeles sin darse cuenta!*
HEBREOS 13.2 NTV

Hebreos 13.2 es un versículo sobre la hospitalidad. Es solo
uno de los muchos ejemplos de hospitalidad en la Biblia.

Jesús y sus discípulos dependían con frecuencia de la
hospitalidad de otras personas para tener techo y comida.
Viajaban ligeros de peso y tenían pocas posesiones. En el
Nuevo Testamento, Pablo, Timoteo, Pedro y Juan escribieron
sobre la importancia de la hospitalidad (Romanos 12.13;
1 Timoteo 5.10; 1 Pedro 4.9; 3 Juan 1.8). Quien escribió
Hebreos 13.2, muy probablemente Pablo, recordó a los
cristianos que ampliaran su hospitalidad a los desconocidos.
Dio a entender que algunos podrían ser incluso ángeles
enviados por Dios.

En Génesis 18.2–6, Abraham ofreció su hospitalidad
a tres ángeles que se aparecieron en forma humana. Daniel
también escribió sobre su visión de un ángel que tenía
apariencia de hombre (Daniel 10).

Hoy día, lo más seguro es que la mayoría de desconocidos
a los que mostramos generosidad y hospitalidad no sean
ángeles, pero no podemos saber si algún día Dios nos
permitirá hospedar un ángel sin saberlo.

Cuando practicas la hospitalidad, Dios puede estar
usándote para ministrar a otros. ¿De qué otras maneras
puedes ofrecer tu hospitalidad a desconocidos?

Día 178

Que tú, oh Dios, eres poderoso;
que tú, Señor, eres todo amor.
Salmos 62.11–12 nvi

Sammy, el jovencito que vive en la casa de al lado, ha comenzado la escuela para niños con necesidades especiales. La otra mañana estaba afuera esperando el bus con su mamá. Sammy no quería dejar la casa, así que mamá Paula estaba intentando aliviar su aprensión: «Te amo, Sammy. Tú recuérdalo todo el día».

El fascinante versículo de hoy procede de un salmo de David, quien tenía plena conciencia de su poderoso y amoroso Dios.

¿Su testimonio? En un campo de batalla con una honda y cinco piedras lisas. «Todo el mundo sabrá que hay un Dios en Israel. Todos los que están aquí reconocerán que el Señor salva sin necesidad de espada ni de lanza» (1 Samuel 17.46–47 nvi). Al enfrentarse al final de su vida: «Dios ha establecido mi casa; ha hecho conmigo un pacto eterno, bien reglamentado y seguro. Dios hará que brote mi salvación y que se cumpla todo mi deseo» (2 Samuel 23.5 nvi).

Entonces, David, ¿qué te hace ser tan optimista? «¡Porque nuestro poderoso Dios nos ama!».

Paula, querida vecina, ¿por qué te preocupas tanto? «Porque amo a Sammy y quiero que sea un hombre fuerte».

Querido lector, ¿tienes conciencia de la fuerza de nuestro amoroso Padre? Está disponible para «todo aquel que cree» (Juan 3.16 rvr1960).

Día 179

*... siempre aprendiendo, pero que nunca pueden
llegar al pleno conocimiento de la verdad.*
2 Timoteo 3.7 lbla

Comenzando con el año 1 AD, hicieron falta 1500 años para que se doblara la base de conocimientos de la humanidad. Actualmente, se estima que esa base se dobla cada año o dos, y algunos afirman que tarda menos de doce meses.

Hoy tenemos acceso constante a Internet, TV y radio.

Los avances médicos nos han proporcionado rodillas artificiales, órganos transplantados y cirugía láser. Los medicamentos modernos tratan desde un dolor de cabeza a una arritmia cardíaca. Las nuevas tecnologías han revelado las complejidades de una célula microscópica y han mirado en lo profundo del espacio exterior.

Los descubrimientos científicos han puesto de manifiesto el diseño y orden de nuestro mundo mejor que nunca. Las huellas de Dios están en todas partes. Sin embargo, nuestra cultura rechaza a Dios y a su Hijo, Jesús.

Es bueno aprender, pero el conocimiento desligado de Dios es incompleto y nos hace vulnerables a las falsas enseñanzas y a las modas intelectuales. El apóstol advierte de que «apartarán sus oídos de la verdad, y se volverán a mitos» (2 Timoteo 4.4 lbla).

¿Qué debemos hacer? Procura presentarte «a Dios aprobado, como obrero que no tiene de qué avergonzarse, que maneja con precisión la palabra de verdad» (2 Timoteo 2.15 lbla).

Cuidado con abrazar cualquier enseñanza que choque con la verdad de Dios en la Biblia.

Día 180

*Mientras subía Jesús a la barca, el que había estado
endemoniado le rogaba que le permitiera acompañarlo.*
MARCOS 5.18 NVI

❧

Casi todos los gadarenos querían que Jesús se marchase.
El único que pensaba de otra manera fue un hombre que
había estado viviendo entre los sepulcros, alguien a quien
las cadenas no podían retener, un marginado de quien Jesús
había expulsado una «legión» de demonios. Este gadareno
acababa de recuperar su vida y su respuesta fue ponerla en las
manos de Jesús.

Jesús dijo no... ¡y sí!

El hombre se enfrentó a un dilema muy actual. Dejar
que Jesús salve nuestras vidas implica a menudo una
separación de las personas de nuestro alrededor, aquellas
que han jugado un papel importante en nuestras vidas
«terrenales». En este caso, esas personas habían dado más
valor a sus cerdos que a la redención del nuevo creyente.

Parece que el hombre quería darles la espalda, yendo a
donde sabía que se le amaba. Pero Jesús lo envió de vuelta a
su ambiente. Debió de haber sido un trayecto solitario. La fe
no siempre nos pone donde queremos estar, nos coloca donde
más se nos necesita.

Solo, entre personas que no querían conocer a Jesús,
esta alma redimida esparció el mensaje en las diez ciudades y
«toda la gente se quedó asombrada» (Marcos 5.20 NVI).

Mira a tu alrededor (tu trabajo, tus amigos, tu familia) y
pregúntate: «¿A quién puedo asombrar hoy?».

Día 181

*Porque yo sé muy bien los planes que tengo
para ustedes —afirma el SEÑOR—, planes
de bienestar y no de calamidad, a fin de darles
un futuro y una esperanza.*
JEREMÍAS 29.11 NVI

Cuando Dios promete algo, es seguro que lo cumple.

A causa de su pecado y rebeldía, los judíos habían sido llevados cautivos por Babilonia. Al final de los setenta años de cautividad de Israel, Jeremías profetizó que su liberación estaba cerca. Dios prometió que, si el pueblo oraba y le buscaba de todo corazón, él los escucharía y sería hallado por ellos (vv. 12–14).

En Jeremías 29.11, las palabras esperanzadoras del profeta debieron de haber sido de alivio y refresco como agua fría en labios secos. Lo mismo se puede decir hoy.

A veces la esperanza llega en forma de una segunda oportunidad, mitigando nuestro sentido de fracaso. Otras veces se viste con las palabras de un doctor que informa al paciente de la proximidad de una plena recuperación. La esperanza germina en el fértil suelo de un corazón restaurado por un gesto de amor, un abrazo de compasión o una palabra de ánimo. Es uno de los más preciosos dones de Dios.

Dios *quiere* perdonar nuestros pecados y guiarnos por sendas de justicia, como hizo con los antiguos israelitas. Esta es su promesa, y nuestra bendita esperanza.

Día 182

Consoladores molestos sois todos vosotros.
JOB 16.2 RVR1960

Quienes están familiarizados con la historia de Job reconocen esta amarga queja.

Así es como Job describe a los tres amigos —Bildad, Elifaz, y Zofar— que acudieron en principio a solidarizarse con él. Días antes, Job lo había perdido todo excepto a su esposa en una serie de «accidentes» estremecedores orquestados por Satanás. El «perfecto y recto» Job (1.1 RVR1960) perdió sus siete mil ovejas, tres mil camellos, quinientas yuntas de bueyes, quinientas mulas y, lo peor de todo, sus diez hijos, en el intento de Satanás por romper su fe. Poco después, también con permiso de Dios, Satanás atacó la salud de Job.

Cuando los amigos vinieron a compadecerse, sabiamente se sentaron en silencio por siete días. Pero luego comenzaron a preguntarse *por qué* Job había sufrido, para acabar concluyendo que debía de haber cometido horrendos pecados. Poco después, Job pronunció estas palabras sobre sus «consoladores molestos».

Muchas traducciones modernas mantienen el calificativo «molestos», pero algunas lo traducen en el sentido irónico de «¡vaya consoladores!» o usan adjetivos como «miserables» o «importunos».

Está claro que ninguno de esos adjetivos es adecuado para el término «consolador». Cuando nuestros amigos están atravesando pruebas, asegurémonos de ser consoladores verdaderos, llenos de compasión y amor.

Día 183

En este caso les aconsejo que dejen a estos hombres en paz.
¡Suéltenlos! Si lo que se proponen y hacen es de origen humano,
fracasará; pero, si es de Dios, no podrán destruirlos, y ustedes
se encontrarán luchando contra Dios.
HECHOS 5.38–39 NVI

Pedro y los apóstoles estaban predicando a Cristo. A los saduceos no les gustó esto y los arrestaron. Escaparon de la cárcel, volvieron a ser arrestados y llevados ante el sanedrín. Fueron condenados a muerte tras escuchar a Pedro hablar con denuedo sobre la resurrección de Cristo, diciendo además que seguiría predicando sobre él porque «¡Es necesario obedecer a Dios antes que a los hombres!» (Hechos 5.29 NVI).

Gamaliel, un fariseo muy respetado, dirigió unas palabras al sanedrín. Les recordó que ya otros hombres habían iniciado movimientos o habían predicado. Una vez eliminados, sus seguidores se desvanecían. Sin embargo, su consejo fue poner en libertad a Pedro y a los otros tres. Gamaliel creía que, si las acciones de Pedro eran de inspiración humana acabarían fracasando. Si, por el contrario, lo que Pedro estaba haciendo venía de parte de Dios, nada los podría detener. El sanedrín, comprendiendo que en una lucha contra Dios tendrían las de perder, los liberó.

Cuando nos enfrentamos a obstáculos durante la realización de la obra que Dios nos ha llamado a hacer, podemos perseverar, conscientes de que el plan de Dios para nuestras vidas siempre triunfará.

Día 184

¿Nunca has tenido un mal día... que se convierte en una mala semana... que se convierte en un mal mes... que se convierte en un mal año? Judá estaba en medio de una de esas rachas. Habían empezado a acumularse las nubes de tormenta del juicio inminente, y Dios se estaba preparando para pedir cuentas a su pueblo por haberlo abandonado. Asiria y Babilonia eran cada vez más poderosas y dentro de no mucho tiempo la nueva realidad del pueblo de Dios sería el exilio.

En medio de tiempos tempestuosos, se tiene la tentación de declarar que Dios se ha olvidado de nosotros. Israel y Judá lucharon con la idea de que Dios los había abandonado. Pero Dios dio pasos para contradecir esa idea. En una imagen que prefigura la crucifixión de Jesús, Dios proclamó con ahínco que llevaba a sus hijos grabados en las palmas de sus manos. Las cicatrices de los clavos en las manos de su Hijo muestran que lleva grabados los nombres de todos los que lo invocamos como Salvador y Señor.

¡Dios no nos olvida en medio de nuestras tribulaciones! Su mano con cicatrices por los clavos es la que se extiende hacia nosotros para sostenernos.

Día 185

*Ustedes han desechado los mandamientos divinos
y se aferran a las tradiciones humanas.*
MARCOS 7.8 NVI

A pesar de esta advertencia de Jesús a los fariseos, las cosas apenas han cambiado. Desde entonces la iglesia se ha visto dividida por tradiciones de hombres en innumerables ocasiones.

Uno toma la comunión, mientras que otros abominan de ella. Uno desea ordenar mujeres al sacerdocio, y eso provoca la salida de otros. Algunas iglesias se adhieren a estrictos códigos de moral y vestimenta, mientras que otras abren sus puertas a los adictos y delincuentes sin pensar en su apariencia para poder atenderlos. Unos prefieren las guitarras y otros, los órganos. ¿Y a quién ayudan estas divisiones?

Antes de emitir nuestros juicios, deberíamos tener en cuenta lo que Moisés pensaría de los servicios en nuestras iglesias. ¡Él caminó de verdad con Dios! ¿Reconocería como correcto nuestro estilo de adoración?

Admitámoslo, si Jesús visitase en nuestro lugar de culto, no se detendría a examinar cómo iba vestido el ministro o sacerdote. No comprobaría si la cruz era de oro o de plata. Francamente, no se interesaría por saber qué libro de oraciones leemos. Querría saber una cosa: ¿guardamos los mandamientos de Dios, amando al Señor nuestro Dios, y a nuestro prójimo como a nosotros mismos? Esta pregunta es mucho más importante que cualquier tradición y es la que deberíamos estar dispuestos a responder en cualquier momento.

Día 186

El que hiera a su padre o a su madre,
será condenado a muerte.
ÉXODO 21.15 DHH

A muchos les resulta difícil amar a Dios después de leer acerca de la extrema violencia del Antiguo Testamento. El capítulo donde encontramos este versículo nos ayuda a entender lo que hay tras tanta violencia. Encontramos que Dios no está enviando violencia sobre su pueblo de manera arbitraria. El pueblo había estado de acuerdo con las consecuencias expuestas en la ley mosaica de Éxodo y Levítico. Los israelitas estaban advertidos sobre las consecuencias de apartarse de Dios y desobedecerle, y habían accedido a sujetarse a ese contrato.

También nosotros tenemos un sistema de leyes con sus consecuencias. Si queremos que nos den el permiso de conducir, tenemos que aceptar las leyes y las consecuencias legales relativas a la conducción, así como las normas en carretera. Si las violamos, por ejemplo acelerando ante una señal de stop, sabemos que tendremos que aceptar las consecuencias si nos descubren.

Dios no estaba siendo injusto cuando los israelitas sufrían tan duras adversidades. Todo estaba expuesto en la ley. No nos sorprendamos cuando cosechamos lo que sembramos.

Día 187

Junto a la cruz de Jesús estaban su madre, María la mujer de Cleofás, que era hermana de su madre, y María Magdalena.
JUAN 19.25 BLPH

Con frecuencia, los Evangelios se solapan y registran el mismo evento desde las perspectivas de distintos testigos. Si comparamos este versículo con el pasaje paralelo de Mateo y Marcos encontramos algo muy interesante.

Mateo describe así la escena.

Había también allí muchas mujeres contemplándolo todo de lejos. Eran las que habían seguido a Jesús desde Galilea para atenderlo. Entre ellas se encontraban María Magdalena, María la madre de Santiago y de José, y la madre de los hijos de Zebedeo.
MATEO 27.55–56 BLPH

Y Marcos la explica así.

Había también algunas mujeres contemplándolo todo desde lejos. Entre ellas se encontraban María Magdalena, María la madre de Santiago el Menor y de José, y Salomé.
MARCOS 15.40 BLPH

Los tres relatos son idénticos en lo esencial, pero compara los nombres de las mujeres. Deducimos que Salomé era la madre de Santiago y Juan. No podemos estar del todo seguros, pero parece que Salomé era hermana de María, la madre de Jesús. Dicho de otro modo, Santiago y José eran primos de Jesús.

¿No te reconforta saber que Jesús fue una persona real con familia extendida como nosotros?

Día 188

El amor cubre multitud de pecados.
1 Pedro 4.8 nvi

🦋

Solía ser un dicho atribuido a Shakespeare, pero entonces alguien descubrió que estaba en la Biblia, y se convirtió más o menos en una forma de salir de una situación comprometida: «¡Solo ámalos hasta la muerte!».

En los comentarios hay distintas interpretaciones de este versículo. Un autor cita una carta al director en la revista *Life* que usaba este versículo como un remedio para la manera de abordar la guerra entre Japón y Estados Unidos. «Tenemos que aprender a comer sushi». ¡Qué mala hermenéutica!

El escritor de este capítulo pone al lector ante la conducta que se sugiere para los últimos días. Es un manual de operaciones para una conducta piadosa dentro del cuerpo, así como para con los que han sido perseguidos.

En este texto en particular, la necesidad de perdón y amor es algo que se sostiene como necesario en esos tiempos. Estas son las marcas de un cristiano. Amarse unos a otros intensamente, entender que el amor perdona una y otra vez, aceptar el amor y el perdón del otro.

Lee en oración estos versículos: 1 Tesalonicenses. 4.9–10; 2 Pedro 1.7; 1 Juan 4.7. Cuando estas verdades hayan calado en ti, lee Mateo 18.21–22; 1 Corintios 13.5; Efesios 4.32.

Ahora, traslada estos conceptos a tu familia, al lugar de trabajo, a tu iglesia. Habla de ellos. Créelos. Practícalos.

Día 189

*Porque dos males ha hecho mi pueblo: me dejaron a mí,
fuente de agua viva, y cavaron para sí cisternas,
cisternas rotas que no retienen agua.*
JEREMÍAS 2.13 RVR1960

El pueblo de Dios había cometido dos pecados fundamentales.
Se habían apartado de Dios y habían buscado su placer en la
idolatría y en una vida idólatra.

Por medio de la voz de Jeremías, Dios usó la ilustración
de una cisterna rota para describir la vanidad de la idolatría
y de la vida pecaminosa. En la antigüedad, las personas
dedicaban mucho tiempo y esfuerzo a cavar pozos en la tierra
o la roca donde acumular el agua de lluvia. Pero esas cisternas
se rompían con los cambios de temperatura, dejando, como
mucho, barro y sucios sedimentos.

De manera similar, el mundo, incluso algunos cristianos,
cavan cisternas de riqueza, y prominencia, pensando que
esas cosas contienen las aguas que los sostendrán y les
traerán felicidad. En lugar de ello, sus inútiles esfuerzos los
dejan vacíos; o, como dice el Señor: «¿Acaso alguna nación
ha cambiado sus dioses, aunque ellos no son dioses? Sin
embargo, mi pueblo ha trocado su gloria por lo que no
aprovecha» (v. 11 RVR1960).

Jesús dijo: «Porque ¿qué aprovechará al hombre, si
ganare todo el mundo, y perdiere su alma?» (Mateo 16.26
RVR1960). Las aguas vivas fluyen de una relación personal con
Cristo, porque solo él puede saciar nuestra sed. Las cisternas
humanas se convierten en fosas sépticas, pero las aguas de
Dios son puras, rebosantes de nueva vida.

Día 190

Allí pasó la noche en una cueva.
Más tarde, la palabra del SEÑOR vino a él.
—¿Qué haces aquí, Elías? —le preguntó.
1 REYES 19.9 NVI

¿No te sorprende cuando Dios, que sabe todas las cosas, *nos* pregunta algo?

Cuando Dios le hizo esta pregunta a Elías, ya sabía qué era lo que había llevado al profeta a un punto de desesperación tal que había pedido a Dios que le quitara la vida.

Dios sabía que Elías acababa de vencer a los profetas de Baal. También sabía que había sido amenazado por Jezabel y que estaba huyendo para salvar su vida. Aunque sabía todo esto, Dios le preguntó a Elías por qué se escondía en una cueva.

Elías no es la primera persona a quien Dios le hace una pregunta directa conociendo bien la respuesta. Dios le preguntó a Adán y Eva dónde estaban, aun cuando sabía que trataban de ocultarse de él (Génesis 3.9). En su caso, igual que en el de Elías, el temor y la desesperación los habían llevado a un lugar de ocultación y vergüenza.

A veces vivimos de una manera que hace que Dios nos plantee la pregunta que le hizo a Elías. Ya sea que nos encontremos en un lugar en el que quisiéramos no estar, o que nuestras emociones nos hayan llevado a un espacio de cautividad, Dios quiere que nos detengamos y consideremos dónde estamos.

¿No estás agradecido de que Dios se interese tanto como para preguntar?

Día 191

*Jesús, lleno del Espíritu Santo, volvió del Jordán
y fue llevado por el Espíritu al desierto.*
LUCAS 4.1 NVI

Jesús acababa de ser bautizado y había recibido el máximo elogio de su complacido Padre, Dios. Después se fue al desierto. Pero no estaba vagando por él, había sido llevado allí deliberadamente por el Espíritu Santo.

¡Cuarenta días de tentación! ¿Qué sentido tenía si no había ni una posibilidad de que la naturaleza humana de Jesús se rebelase contra su misión? En Lucas leemos de varios momentos en que Jesús se enfrenta a Satanás con determinación durante esa experiencia, pero estuvo allí casi seis semanas.

Jesús ya sabía lo que le esperaba, y parte de él debía de estar realmente asustado, así que el Espíritu Santo le hizo pasar inmediatamente la prueba.

Esos cuarenta días en los que Jesús habría luchado para mantener su determinación nos dan esperanza al resto de nosotros. Podría haber estado asustado, quizás tentado, y habrían existido dudas y la posibilidad de fracaso. Pero, gracias a esa experiencia, el Señor puede estar a nuestro lado, en plena solidaridad, cuando nos enfrentamos a *nuestros* momentos de prueba.

Vuélvete a Jesús, porque conoce esa experiencia... ¡Y sabe cómo salir del desierto!

Día 192

*Tus ojos vieron mi cuerpo en gestación: todo estaba
ya escrito en tu libro; todos mis días se estaban
diseñando, aunque no existía uno solo de ello.*
SALMOS 139.16 NVI

El salmista lo afirma de distintas maneras poéticas, Dios lo
conoce todo acerca de nosotros. Sabe dónde estamos en todo
momento. Sabe lo que vamos a decir antes de que abramos
la boca. De hecho, conoce cada uno de nuestros días y los ha
conocido desde nuestra concepción.

La Biblia nos cuenta de varias personas a las que Dios
puso aparte desde su nacimiento. Sansón, el primer candidato
a «hombre más fuerte del mundo»; Jeremías, profeta a las
naciones; Juan el Bautista, llamado a preparar el camino del
Señor.

Pero Dios también conoce los días de la gente corriente.
Job dijo «Los días del hombre ya están determinados; tú has
decretado los meses de su vida» (Job 14.5 NVI). El mismo
conocimiento se aplica a nuestro nuevo nacimiento. Él nos
creó como nuevas criaturas en Cristo para hacer buenas
obras «las cuales Dios dispuso de antemano a fin de que las
pongamos en práctica» (Efesios 2.10 NVI).

El Dios que lo sabe todo sobre nosotros nos ama a pesar
de todo. Declaremos con el salmista: «Conocimiento tan
maravilloso rebasa mi comprensión» (139.6 NVI).

Día 193

Porque nuestro «Dios es fuego consumidor».
Hebreos 12.29 nvi

El fuego representa la presencia, el juicio y la santidad de Dios. Es una imagen de gran fuerza en toda la Biblia, que hace que los adoradores se acerquen al trono de Dios con temor y reverencia.

Un israelita, preparado para hacer la ofrenda perfecta al Señor, llevaría el mejor cordero para sacrificarlo en el altar. El ritual sagrado de aspersión de sangre y cremación de las grasas del animal en un fuego que lo consumiera todo simbolizaba la limpieza del pecado del adorador.

Un fuego consumidor lo destruye todo. La destrucción masiva presenciada en los incendios forestales nos ofrece a primera vista una imagen de aniquilación. Pero pronto aparecen signos de renovación con los brotes verdes y el regreso de la vida. Lo que estaba destruido trae pronto nueva vida.

El fuego de Dios consume nuestro egocentrismo, nuestro ego, nuestra naturaleza pecaminosa, cuando ponemos nuestros corazones en su altar. Su amor derrite nuestro egoísmo, nuestro orgullo y todo lo que impide que su luz brille por medio de nuestras vidas. Que la pasión de Dios consuma nuestra vieja vida y permita que su vida renazca en nuestro interior.

Día 194

Y él comenzó a hablarles:
«Hoy se cumple esta Escritura en presencia de ustedes».
LUCAS 4.21 NVI

En el inicio de una misión que cambiaría el mundo, Jesús se presentó como el Ungido frente al público de un pueblo. Más de uno se quedaría boquiabierto, pero los oyentes fueron bastante cívicos al respecto, hasta que Jesús dejó de representar el papel que ellos querían. ¡Entonces trataron de despeñarlo!

Estos paisanos conocían a los padres de Jesús, y habían oído de él siendo niño. Ahora estaba sacudiendo su mundo.

Las personas que vienen a la fe cuando son bastante mayores o los cristianos que se encuentran en un entorno carente de fe (quizás en el lugar de trabajo) se enfrentan al mismo dilema. Es difícil ponerse en pie delante de la gente que conoce tus defectos y decir: «Soy un hijo de Dios». Algunos pensarán que estás alucinando, otros se burlarán. ¿Quién necesita pasar por eso? Es mucho más fácil limitarse a hacer buenas obras y estarse callado, ¿no es cierto?

Pero no se trata de eso. Dios quiere que se nos oiga. Jesús habló en voz audible, y Dios quiere que nosotros hagamos lo mismo.

Ponte ante los demás y diles quién eres. No será fácil, pero Dios te dará el valor para ello. Cuando proclamas «el año del favor del Señor» (v. 19), ¡la Escritura se cumple en ti!

Día 195

No permitirá que tu pie resbale;
jamás duerme el que te cuida.
SALMOS 121.3 NVI

¿Te has pasado alguna vez la noche entera estudiando,
esperando el regreso a casa de un ser querido o acunando
a un hijo enfermo? El día o días siguientes, tu cerebro casi
deshecho apenas puede funcionar, y tu cuerpo exhausto tiene
problemas para concentrarse incluso ante las decisiones más
importantes.

Solo recuperas tu equilibrio y energía después de varias
noches de sueño reparador. El cuerpo humano necesita
periodos regulares de descanso para poder seguir adelante.

En el libro de Salmos leemos que Dios *no* duerme.
Nos observa, sin apartar sus ojos de nosotros ni para unos
instantes de descanso. Dios vigila cada uno de nuestros
momentos.

El Señor está levantado toda la noche, mirándonos
dormir. Mantiene pacientemente sus ojos sobre nosotros
incluso cuando andamos sin rumbo. Nos consuela
constantemente cuando el temor o la enfermedad nos hacen
dar vueltas en la cama.

Como un padre atento que entra de puntillas en el
cuarto de su hijo, Dios está a nuestro alrededor aun cuando
no nos damos cuenta.

Podemos dormir porque Dios nunca se duerme.

Día 196

*Ciertamente les aseguro que, si el grano de trigo
no cae en tierra y muere, se queda solo.
Pero, si muere, produce mucho fruto.*
JUAN 12.24 NVI

Jesús se comparó con un grano de trigo para subrayar la necesidad de su muerte, el poder de su resurrección y la abundancia de almas regeneradas cosechadas a partir de su sacrificio.

En la naturaleza, antes de sembrarse, una semilla permanece en el suelo del granero aparentemente sin vida. El grano de trigo está sepultado dentro de sí mismo hasta que, una vez enterrado en el suelo apropiado, los agentes químicos comienzan a traspasar su coraza impermeable. Pronto las raíces brotan hacia abajo mientras unas finas hojitas emergen hacia arriba. Poco después, las semillas se convierten en altos tallos repletos de innumerables granos de trigo.

Esta parábola no solo se refiere a Cristo, sino a todo creyente. El apóstol Pablo afirmó: «cada día muero» (1 Corintios 15.31 RVR1960). Morir al yo significa vivir para el espíritu. Jesús tuvo primero que morir para que Dios lo levantase de entre los muertos. De modo similar, nosotros tenemos que morir al yo para experimentar la vida de resurrección.

Si alimentamos nuestro egoísmo y no negamos nuestro yo y todo lo que conlleva, nunca alcanzaremos la madurez y fertilidad espiritual ni ganaremos almas para Cristo. Pero, si permitimos que Dios cultive el suelo de nuestros corazones y mentes, una semilla se convertirá en muchas.

Día 197

Pero el que se mantenga firme hasta el fin será salvo.
MATEO 24.13 NVI

❧

En Mateo 24, Jesús describe las señales del final de los tiempos. Sus comentarios llegan justo después de su entrada triunfal en Jerusalén y su condena de los escribas y fariseos.

Aunque los discípulos admiraban el templo de Jerusalén y las exquisitas cosas que tenía dentro, Jesús no estaba impresionado. Cuando les dijo que el templo iba a ser destruido por completo, los discípulos se quedaron atónitos. El templo era el centro de su universo; su destrucción significaba el fin del mundo.

Más tarde, en el monte de los Olivos, los discípulos le preguntaron a Jesús cuándo sería destruido el templo, y qué señales indicarían el final de los tiempos. Jesús los advierte sobre engaños y guerras, hambrunas y terremotos. Luego dice: «Entonces los entregarán a ustedes para que los persigan y los maten, y los odiarán todas las naciones por causa de mi nombre» (Mateo 24.9 NVI). Imagínate cómo se sintieron los discípulos, pero, en Mateo 24.13, Jesús les dio esperanza al decir: «Pero el que se mantenga firme hasta el fin será salvo».

También nosotros, en tiempos de tribulaciones, podemos encontrar esperanza en Mateo 24.13. Cuando permanecemos firmes en Cristo, recibimos con toda seguridad su promesa de vida eterna.

Día 198

Las vacas se encaminaron por el camino de Bet-semes,
y seguían recto, andando y bramando, sin apartarse
ni a derecha ni a izquierda del camino.
1 Samuel 6.12 rvr1995

En una batalla, los filisteos derrotaron a los israelitas y capturaron el arca de la alianza, que simbolizaba la mismísima presencia de Dios. Pronto, multitudes de aterrorizados filisteos empezaron a morir de una plaga y llegaron a la conclusión que habrían enojado a Dios, así que decidieron reenviar el arca de regreso a Israel.

Construyeron una carreta y le engancharon dos vacas que estaban criando sus crías, y que nunca habían tenido yugo ni habían tirado de una carreta antes. Les quitaron sus terneros y las encaminaron con dirección a Israel. Sabían que lo normal es que unas vacas que están criando no se alejen de sus crías, así que la prueba definitiva sería que si se alejaban, si actuaban en contra de su naturaleza y tiraban del carro todo el camino hasta Israel, entonces era Dios el que había enviado las plagas.

Como era de esperar, las vacas se llevaron el arca sin desviarse del camino, «sin apartarse ni a derecha ni a izquierda». Estaban angustiadas por dejar a sus becerros aún no destetados atrás, pero obedecieron a Dios. A veces, como dice Salmos 126.6, nosotros también avanzamos llorando para hacer la voluntad de Dios, pero, cuando regresemos, nos regocijaremos, contentos de haber obedecido.

Día 199

Si alguien cree ser algo, cuando en realidad
no es nada, se engaña a sí mismo.
GÁLATAS 6.3 NVI

Constantino el Grande pensó probablemente que era alguien
especial. Como emperador de Roma, era el hombre más
importante del mundo. Sin embargo, su madre, Helena, aun
con todo lo que lo amaba, podía tener una opinión distinta
sobre él.

Constantino fue el primer emperador cristiano, pero
a menudo era más «emperador» que «cristiano». Su madre
fue una poderosa influencia en su vida y, en la novela de
1950 titulada *Helena*, Evelyn Waugh la describía orando por
que Dios ayudase a su hijo. Su petición podría sorprender a
muchos.

Oró: «Te pido que antes del fin encuentre un lugar
para arrodillarse en la paja. Te ruego por los grandes para
que perezcan del todo». La «paja» que mencionaba era la
del pesebre, y con «perezcan del todo» no se refería a la
muerte física. Helena sabía que ser el gobernador del mundo
conocido no le garantizaba un lugar en el cielo.

No nos engañemos pensando que el dinero o la posición
nos convierte en algo a los ojos de Dios. Algunos que no son
nada conforme a los patrones del mundo pueden serlo todo
en el corazón del Señor. Lo que importe al final no será el
tiempo que pasamos tratando de ser algo especial, sino las
veces que nos vimos a nosotros mismos como nada sin él, el
tiempo que pasamos «en la paja».

Día 200

Se levantó aquella noche el faraón junto con sus cortesanos y todos los egipcios, y un alarido inmenso se oyó en todo Egipto porque no había casa en donde no hubiera algún muerto. Esa misma noche el faraón mandó llamar a Moisés y Aarón para decirles: —Márchense, aléjense de mi gente; ustedes y todos los israelitas vayan a ofrecer culto al SEÑOR, como lo pidieron [...]. *Además, obedeciendo las órdenes de Moisés, les pidieron a los egipcios objetos de oro y plata, y vestidos. El SEÑOR hizo que los israelitas se ganasen el favor de los egipcios, que les dieron todo cuanto les pedían. Así fue como despojaron a los egipcios.*
ÉXODO 12.30–31, 35–36 BLPH

Los escépticos afirman que no existe evidencia egipcia del éxodo. Es difícil ponerle fecha. Probablemente ocurrió en torno al 1500 A.C., pero tal vez varios siglos antes o después.

Sin embargo, establecer la fecha de algo en los registros egipcios es extremadamente complejo. Cada faraón tenía cinco nombres oficiales, y las dinastías subsiguientes solían destruir los registros con el cambio de tendencia política. El papiro Ipuwer (de aprox. 1200 A.C.) registra que los pobres se volvieron ricos, los ricos se volvieron pobres, el «río es sangre» y el hambre y la muerte se extendieron. Esta parece una evidencia convincente del éxodo, visto desde la perspectiva egipcia.

Día 201

«¡Llámenme lo que quieran, pero no perezoso!». Así se expresaba el presidente de un banco local cuya empresa se encontraba hecha un desastre. El noticiero nocturno puso en evidencia su estilo de trabajo despreocupado y egocéntrico. Aunque los auditores bancarios advirtieron a la junta de la entidad de que estaban en apuros, el banquero X le quitó importancia diciendo: «¿Qué sabrán ellos?».

Curiosamente, en el lugar que antes ocupaba esa entidad de ahorro y préstamos se ha abierto un restaurante. Su nombre es «Despreocupado».

El profeta Amós pronunció un ay contra todos los que estaban «despreocupados» y complacientes en Sión. Más adelante en este versículo Amós identifica a estos petulantes como «los notables de la nación más importante», pero declara que sus vecinos impíos y menos ricos estaban en mejor situación que ellos.

Complacencia y pereza no son sinónimos. El perezoso desea su comodidad, en detrimento de la responsabilidad, el complaciente ni siquiera se preocupa de eso; está satisfecho consigo mismo, despreocupado.

¿Recuerdas la antigua historia de un pájaro preocupado picoteando su comida sobre un trozo de hielo que flotaba en el río directo hacia unas enormes cataratas? Esperó demasiado para alzar el vuelo, se le quedaron las patitas pegadas al hielo y cayó.

A ustedes, los complacientes y satisfechos de sí mismos, Amós les dice: «¡Despierten! ¡Hagan algo! ¡Hay una cascada ahí delante!».

Día 202

*Y alzó Lot los ojos y vio todo el valle del Jordán, el cual estaba
bien regado por todas partes (esto fue antes de que el Señor
destruyera a Sodoma y Gomorra) como el huerto del Señor.*
Génesis 13.10 lbla

Los pastos disponibles ya no eran suficientes para los enormes
rebaños y ganados de Abram y su sobrino Lot. Como
solución, Abram le ofreció a Lot la opción de ser el primero
en elegir territorio en las regiones vecinas. Abram se iría en la
dirección opuesta.

Poniendo la mirada en la mejor tierra, Lot se trasladó a
las ricas y bellas llanuras del valle del Jordán.

Pero los habitantes de esa fértil región eran «malos y
pecadores contra el Señor en gran manera» (Génesis 13.13
lbla). Cuando sus malos caminos alcanzaron un punto de no
retorno, Dios destruyó el lugar con fuego y azufre. Solo Lot y
sus dos hijas escaparon a la destrucción.

Ruinas calcinadas de ciudades antiguas salpican el valle
del Jordán. Los edificios y murallas aún reconocibles han sido
transformados en ceniza de carbonato de calcio y sulfato de
calcio, ambos resultado de la quema de cal y azufre.

Lot tomó lo que le parecía lo mejor. Pero acabó
perdiéndolo todo, excepto lo que él y sus hijas se llevaron
durante su huida de la ciudad.

A veces es más sabio quedarse al margen.

Día 203

Volviéndose a sus discípulos, les dijo aparte:
«Dichosos los ojos que ven lo que ustedes ven».
LUCAS 10.23 NVI

¿Qué darías por haber estado junto al mar de Galilea cuando Jesús llamó a sus discípulos? «Los doce» recibieron una gran bendición al haber estado en el lugar correcto en el momento apropiado. No es que fueran particularmente especiales —no antes de que Jesús los escogiera—, sino que ningún hombre ni mujer antes ni después de ellos ha tenido una bendición semejante.

Los discípulos tuvieron la fortuna de ver a Jesús en carne y hueso, vivir, comer y caminar con él como ser humano, algo que ninguno de nosotros conseguirá. Y pagaron un alto precio por el privilegio.

Pero la misión de Jesús no terminó cuando dejó su cuerpo carnal. Se aparecería a los discípulos y los guiaría mientras extendían las Buenas Nuevas en tierras extranjeras, y también les enseñó a buscarlo en «el más pequeño de mis hermanos».

No llegamos a ser parte de los Doce, pero eso no significa que no podamos ver a Jesús. Simplemente debemos mirar en lugares diferentes. Hasta que nos unamos a él en su reino eterno, veremos al Señor en los humildes, los hambrientos, los desheredados... ¡y nuestros ojos serán también bendecidos!

Día 204

¡Miren a las naciones! ¡Contémplenlas y quédense asombrados!
Estoy por hacer en estos días cosas tan sorprendentes
que no las creerán aunque alguien se las explique.
HABACUC 1.5 NVI

❦

El profeta Habacuc clamó a Dios: «¿Hasta cuándo, Señor, he de pedir ayuda sin que tú me escuches, y he de clamar a ti contra la violencia sin que tú me salves? ¿Por qué me haces ver tanta iniquidad y, sin más, contemplas la opresión? Ante mí veo violencia y destrucción; surge la querella y se alza la contienda. La ley se ha vuelto inoperante, ya no prevalece el derecho; el impío puede acorralar al justo, cuyo derecho queda conculcado» (Habacuc 1.2–4 BLPH).

¿Nos suenan familiares las palabras de Habacuc? Se escribieron hace unos 2.600 años, pero en ellas resuena el clamor de los cristianos de hoy: «Señor, ¿por qué no haces algo con la injusticia y la violencia que hay en el mundo?».

Dios le respondió a Habacuc: «Estoy por hacer en estos días cosas tan sorprendentes que no las creerán». Luego Dios permitió que un ejército impío causase una injusticia y violencia aún mayores, pero prometió castigarlo al final. No era esa la respuesta que Habacuc esperaba... ni quería.

Cuando llegues a desanimarte por la situación del mundo, medita en Habacuc 1.5. Dios tiene el control. Él hace que todas las cosas obren para el bien de su pueblo (Romanos 8.28).

Día 205

El Señor se volvió y miró directamente a Pedro.
Entonces Pedro se acordó de lo que el Señor le había dicho:
«Hoy mismo, antes de que el gallo cante, me negarás tres veces».
LUCAS 22.61 NVI

¿Qué crees que vio Pedro cuando miró a los ojos del Señor, a quien acababa de abandonar? Recordemos que, en sus tiempos, cuando uno traicionaba a su rey, eso era un crimen que en la mayor parte de los casos conllevaba sentencia de muerte.

En su momento de mayor necesidad, este particular rey se volvió hacia su hombre de confianza y lo escuchó mentir, poner su propia seguridad por encima de la lealtad que anteriormente había declarado. La expresión de su rostro hizo que Pedro saliera huyendo. No para esconderse o exiliarse, sino para llorar amargamente porque, sin duda, en el rostro de Jesús solo habría visto amor y comprensión.

En cierto sentido, es necesario que fallemos, que seamos quebrantados. ¿Cómo si no llegamos a darnos cuenta de que las cosas de este mundo no nos sostendrán? ¿Cómo si no llegamos al lugar en el que Dios pueda restaurarnos?

Como otros que traicionaron a su rey, Pedro murió. Sus amargas lágrimas señalaron la muerte del hombre que él creía ser. Pero el amor de Jesús le permitió renacer como el Pedro que su Señor sabía que él era en realidad.

Día 206

Y todo lo que te venga a la mano,
hazlo con todo empeño.
ECLESIASTÉS 9.10 NVI

Este versículo es un llamado a la excelencia. Eclesiastés 9.10 nos exhorta a reunir, con dedicación incansable, toda nuestra fuerza y esfuerzo en todo aquello que tengamos la oportunidad o capacidad de hacer. Nuestros primeros y mejores esfuerzos deberíamos dedicarlos a alejarnos de nuestros pecados y arrepentirnos, a depender de la sabiduría de Dios por encima de la nuestra.

Pero este pasaje implica mucho más que determinación espiritual. En un versículo similar, Pablo exhortó a los cristianos a considerar todo trabajo como un servicio al Señor (Colosenses 3.23). En esencia, tenemos que pensar que nuestro jefe en el trabajo es Dios, y no nuestro patrón terrenal. Cuando damos, damos lo mejor de nosotros; cuando trabajamos, lo hacemos como para Dios mismo; cuando oramos, lo hacemos con todo nuestro corazón.

Mientras tanto, los ojos de Dios están abiertos a nuestros esfuerzos. En los tiempos bíblicos, Pablo exhortó a los esclavos a obedecer a sus amos y respetarlos, como con Cristo. Al hacerlo así, el Señor les promete recompensar su obediencia (Efesios 6.5–9).

El llamamiento a la excelencia es claro: «Ya sea que coman o beban o hagan cualquier otra cosa, háganlo todo para la gloria de Dios» (1 Corintios 10.31 NVI). Hazlo lo mejor que puedas… y deja a Dios el resto.

Día 207

*Entre los débiles me hice débil, a fin de ganar a
los débiles. Me hice todo para todos, a fin de
salvar a algunos por todos los medios posibles.*
1 Corintios 9.22 NVI

Jesús está por todos. Hay lugar abundante para todos en
el reino de los cielos para toda persona que haya existido
jamás, y decir que Jesús se salió de su camino para llegar a
la gente dondequiera que se encontrara es poco. Jesús hizo
todo lo que se podía hacer para ofrecer esperanza. Realizó un
milagro tras otro. Sanó a los enfermos. Dio vista a los ciegos
e hizo caminar a los cojos. Su enseñanza provocó que grandes
multitudes se reunieran mientras se extendía de región en
región la palabra de Jesús. Mostró compasión a las personas,
hubiera o no hubiera otros alrededor que lo vieran. ¡Está claro
que Jesús sabía cómo alcanzar a la gente!

Tal vez parezca difícil imaginar que cualquiera pueda
relacionarse con el Hijo de Dios. Cuán asombroso es
considerar que, aunque estaba tan por encima de todos, se
humilló a sí mismo y pudo relacionarse con todas las personas
en un nivel que nadie más en la historia podría alcanzar. Hoy,
como representantes de nuestro Señor, no olvidemos estar
en paz con todos para que puedan ver que el amor de Jesús
resplandece a través de nosotros.

Día 208

*Muéstrame tu amor inagotable de maravillosas maneras.
Con tu gran poder rescatas a los que buscan
refugiarse de sus enemigos.*
SALMOS 17.7 NTV

Desde luego, David no estaba siendo visto con amor y adoración por parte de la humanidad cuando escribió estas palabras, ¡estaba a la fuga! Su oración clama a Dios por vindicación y protección. Y aun huyendo de sus enemigos, David invoca a su Dios de indefectible amor. Habría sido tentador sucumbir a la desesperación y la frustración, pero David mantuvo la mirada puesta en Dios en medio de una situación peligrosa.

Quizás nunca nos encontremos huyendo de enemigos homicidas, pero todos nosotros tenemos momentos en que las cosas parecen ir en nuestra contra. En ocasiones, la situación es un resultado directo de nuestras acciones, y en otras ocasiones tenemos que luchar con la injusticia de las circunstancias que escapan a nuestro control. Sea cual sea el escenario, tenemos la opción, como David, de recordar el amor de Dios que nunca falla.

Busca hoy las maneras en que Dios manifiesta su amor por ti. Puede ser un amanecer que te sobrecoge en el trayecto al trabajo, o un comentario inesperado por parte de un extraño. El constante amor de Dios está obrando en tu vida en modos maravillosos.

Día 209

Panal de miel son las palabras amables:
endulzan la vida y dan salud al cuerpo.
PROVERBIOS 16.24 NVI

¿Te acuerdas de esta canción infantil? «Palos y piedras
pueden romperme los huesos, pero las palabras nunca me
harán daño».

Será una rima clásica, pero desde luego no es verdad.
Las palabras ásperas pronunciadas por otra persona pueden
dañarnos, causar una honda herida en nuestra alma. Se
revuelven en el fondo de nuestro estómago como comida
indigesta.

Pero dulcísimas al paladar son las palabras agradables.
Las expresiones de ánimo y amor nos dan energías renovadas
que revitalizan todo nuestro ser.

La miel es símbolo de deleite y salud en la Biblia. Este
proverbio dice lo contrario que aquella canción infantil: las
palabras recubiertas de miel traen salud al cuerpo y al alma.
Sanan nuestras heridas.

Con frecuencia olvidamos el inmenso poder de nuestras
palabras para traer alivio al espíritu de otra persona, o para
hacerle un daño profundo. Dedicar un elogio espontáneo,
decir «Te amo» o escribir esa tan esperada nota de aprecio son
cosas que transmiten el amor de Dios por medio de nuestras
palabras.

Elige con cuidado tus palabras... y cúbrelas de miel.

Día 210

*... y calzados con la disposición
de proclamar el evangelio de la paz.*
EFESIOS 6.15 NVI

Pablo incluyó el calzado en su descripción de la armadura de Dios. Las sandalias de un soldado romano tenían suelas con puntas para asegurar un buen pisado. Esas puntas que permiten a los guerreros de Dios «que cuando llegue el día malo puedan resistir hasta el fin con firmeza» (v. 13) salen de un lugar extraño: de la disposición a proclamar el evangelio de la paz.

Los cristianos servimos en el ejército del Príncipe de Paz (Isaías 9.6), e Isaías también dedica atención a sus pies. «¡Qué hermosos son, sobre los montes, los pies del que trae buenas nuevas; del que proclama la paz!» (Isaías 52.7 NVI). En su exposición de la extensión del evangelio, Pablo comenzó con los pies de aquellos que son enviados con las Buenas Noticias (Romanos 10.15).

Algunas de las ventajas de hundir las puntas de nuestros zapatos en el evangelio de la paz son:

- Tenemos una mente firme, decidida e inquebrantable. (Isaías 26.3)
- Dios es la fuerza conductora de todos nuestros logros. (Isaías 26.12)
- El amor y la paz de Dios permanecen cuando todo a nuestro alrededor se desmorona. (Isaías 54.10)

La próxima vez que enfrentemos una batalla espiritual, asegurémonos de tener bien acordonados nuestros zapatos.

Día 211

Quita la escoria de la plata
y saldrá una alhaja para el fundidor.
PROVERBIOS 25.4 RVR1995

Es muy difícil encontrar en la tierra plata en estado puro. Normalmente, cuando se extrae de las rocas se encuentra en menas de sulfuro de plomo u otros minerales menos valiosos. Tiene que someterse a un proceso refinador para quitar la escoria (la aleación de menos valor o calidad).

Existen varias maneras de hacerlo, pero un antiguo método consistía en fundir la mena que contenía la plata en un horno y añadirle plomo a la mezcla; el plomo se oxidaba y se comportaba como un flujo para sacar las aleaciones de menos valor. Como resultado salía plata pura, que entonces podía llevarse al orfebre para convertirla en artículos bellos y valiosos.

La Biblia describe al pueblo de Dios como plata y al Señor como «purificador de plata» que los hace pasar por el fuego refinador para quitar las impurezas (Malaquías 3.2–3 NVI). Si soportamos el fuego y permitimos que Dios nos purifique, seremos vasijas adecuadas para que el dueño las use (2 Timoteo 2.20–21). Si ofrecemos resistencia al proceso, el refinado resulta inútil y seremos «escoria de la plata» (Jeremías 6.27–30 NVI).

Nosotros elegimos.

Día 212

—Padre —dijo Jesús—, perdónalos, porque no
saben lo que hacen. Mientras tanto, echaban
suertes para repartirse entre sí la ropa de Jesús.
LUCAS 23.34 NVI

Nunca aceptaron a Cristo; adoraban a dioses paganos; ni
siquiera eran buena gente. Había muchas razones por las
que los soldados que clavaron los pies y manos de Cristo y
levantaron su cruz nunca deberían haber tenido un encuentro
personal con Dios. Pero Jesús le pidió a su Padre que los
perdonara, aun cuando le estaban matando. Si alguien ha
sentido la plena fuerza del perdón, serán esos hombres.

Nunca seremos capaces de perdonar tanto como Jesús. Es
un don. Pero *somos* llamados a intentarlo.

Dedica unos minutos a recordar las personas que te han
hecho daño o han traicionado tu confianza... aquellas a las
que les niegas la palabra, a las que de ningún modo quieres
estrechar la mano. Luego compara sus pecados con los de
quienes clavaron aquellos clavos.

El perdón es una de las mayores pruebas que
enfrentamos en esta vida, y una de las bendiciones que más
necesitamos. ¿No puedes? ¡Trata de imaginar sus rostros
llegando al cielo, como aquellos soldados, y descubriendo que
tus oraciones les precedieron y ya están perdonados!

¿No son sus expresiones dignas de ese esfuerzo por tu
parte?

Día 213

Porque yo soy el Señor, tu Dios, que sostiene tu mano
derecha; yo soy quien te dice: «No temas, yo te ayudaré».
ISAÍAS 41.13 NVI

¡No temas! ¡No tengas miedo! ¡Yo estoy contigo!

Cientos de versículos bíblicos se dirigen a nuestras emociones de temor, ansiedad y preocupación. El temor no hace discriminación y nos ha mantenido a muchos cautivos desde el principio de los tiempos. Tal vez por eso, versículo tras versículo, Dios no deja de reafirmarnos su presencia y de ofrecernos paz, como hizo por tantos otros.

Dios les entregó a Moisés y Jeremías las palabras adecuadas (Éxodo 4.12; Jeremías 1.9), a David le otorgó la fuerza (1 Samuel 30.6), a Salomón le proporcionó la sabiduría (1 Reyes 3.12) y a María le dio el valor (Lucas 1.30) para alzarse por encima del temor. Pero, cuando nos atenaza el miedo, ¿cómo seguimos el ejemplo de ellos para confiar en Dios y vencer los temores?

Mira en Isaías 41.13. Aquí, Dios muestra su ternura. Nos toma de la mano y pronuncia tres preciosas palabras: «yo te ayudaré». Es una invitación directa a descansar en la mano de Dios y aceptar su ayuda... o podemos dejarla pasar.

Día 214

*El día señalado, Herodes, vestido con ropa real, se sentó
en la tribuna y les arengaba. Y la gente gritaba:
¡Voz de un dios y no de un hombre es ésta!*

HECHOS 12.21–22 LBLA

Herodes Agripa era famoso por su elocuencia y distinguidos
modales, además de por su extrema vanidad. Aunque era
judío, su fe radicaba más en lo visible hacia afuera que en una
convicción interna.

En su deseo de honrar a César, Herodes convocó un
festival de juegos de exhibición en Cesarea.

En la mañana del segundo día, Herodes entró en el teatro
luciendo un vestido con hilos de plata. Mientras hablaba, el
sol iluminaba su atuendo real, lo que originó gritos de «¡Voz
de un dios y no de un hombre!» entre el público.

La atribución de la categoría de dioses a la clase
gobernante no era nada nuevo. Los césares solían demandar
adoración.

Sin embargo, Herodes conocía bien la ley de Moisés.
Conocía el mandamiento del Señor: «No tengas otros dioses
además de mí» (Éxodo 20.3 NVI). Aun así, Herodes aceptó la
adulación. Como resultado, un ángel de Dios lo infectó con
parásitos y murió cinco días después, según el historiador
judío Josefo.

Quebrantar deliberadamente los mandamientos de
Dios es algo muy serio. Siempre trae dolor, aunque no sea de
inmediato. ¿Estás entrando en algo que sabes que está mal? Si
es así, el peligro te acecha. Cambia de dirección antes de que
sea demasiado tarde.

Día 215

*Sara vivió ciento veintisiete años, y murió en Quiriat Arbá,
es decir, en la ciudad de Hebrón, en la tierra de Canaán.
Abrahán fue a llorar a su mujer y a hacer duelo por ella.
Luego salió de donde estaba el cadáver de Sara y fue a
proponer a los hititas lo siguiente: —Aunque soy un forastero,
un extranjero entre ustedes, véndanme una sepultura en propiedad
dentro de su territorio para poder enterrar a mi esposa difunta.*
GÉNESIS 23.1–4 BLPH

Si el Señor no viene antes, la muerte nos llegará a nosotros y a
nuestros seres queridos.

Abraham tuvo que pedirle a un extraño una parcela
donde sepultar a Sara. Por cuatrocientas piezas de plata,
compró la Cueva de los Patriarcas, en Hebrón. Más adelante,
Abraham, Isaac y Rebeca, así como Jacob y Lea, fueron
enterrados allí también. Hebreos dice que Abraham murió
creyendo sin haber visto el cumplimiento de la promesa de
Dios en vida.

Cuando tenemos el triste deber de enterrar a un ser
querido, sabemos que Dios tiene guardado algo mejor. «Pero
a pesar de haber sido todos aprobados por Dios en virtud
de la fe, ninguno alcanzó la promesa. Y es que Dios había
reservado lo mejor para nosotros, de manera que ninguno
alcanzara la perfección a no ser juntamente con nosotros»
(Hebreos 11.39–40 BLPH).

Día 216

Dicho esto, les mostró las manos y los pies.
LUCAS 24.40 NVI

Las promesas son fáciles de decir; y de romper. Si no logras mantener una (y no te preocupa la palabra que has dado), puedes cambiar con carácter retroactivo las condiciones para hacer que parezca que no eran las que pretendías en principio. Siempre hay «margen de maniobra».

Pero piensa en Jesús. Podría haber llamado a legiones de ángeles en su defensa, sin embargo, se dirigió hacia una muerte humillante y espantosa. Después de la resurrección, pudo haberse deshecho de las limitaciones del cuerpo humano y haber regresado en toda su gloria. Pero él no vino a aterrorizarnos o agobiarnos, vino a cumplir una promesa. Jesús era la encarnación de una promesa de redención predicha por los profetas desde tiempos pasados. Él era la promesa de que Dios no iba a abandonar a su creación, de que nos amó a pesar de nuestros fallos.

La carne desgarrada de sus manos y sus pies hablaron sin palabras. «¿Ven cuánto los amo?», preguntaba.

Vivamos la promesa de nuestra fe de tal manera que, cuando lleguemos al cielo, Dios diga: «He visto cuánto me has amado». Recuerda, en lo que respecta a mantener la promesa más importante, Jesús tal vez se retorció, se desesperó o clamó de dolor... pero no renegoció la promesa.

Día 217

*Una voz proclama: «Preparen en el desierto un camino
para el Señor; enderecen en la estepa
un sendero para nuestro Dios».*
ISAÍAS 40.3 NVI

En el cercano Oriente existía una costumbre por la cual un
alto dignatario enviaba a un representante para preparar la
calzada. Quitaba los obstáculos, como rocas y peñascos, y
rellenaba los baches. El viaje se hacía más fácil cuando un
camino tortuoso se hacía recto y llano.

La gente quería atravesar el caluroso y reseco desierto
cuanto antes. Los viajeros tendían a hacerse daño caminando
sobre el suelo pedregoso del camino. Si daban con la ruta
más directa, llegaban más rápido a su destino, que solía ser
un oasis. Allí encontraban el agua refrescante y el anhelado
descanso para recuperar fuerzas de cara a terminar el viaje.

Nuestra travesía por la vida se desvía en ocasiones a los
valles de la sequía espiritual. Ansiamos el agua viva de Dios
que calme nuestra sed, aunque nos sentimos solos en una
carretera larga y sinuosa. Queremos hacer lo correcto, pero
tropezamos en el abrupto terreno.

Dios prepara nuestro camino para nosotros y, por medio
de la muerte y resurrección de Jesús, quita los obstáculos y
endereza nuestras sendas. Es posible que pasemos tiempos
de sequía, pero seguimos adelante, apoyados en la fuerza de
Dios.

Día 218

*Por nada estéis angustiados, sino sean conocidas
vuestras peticiones delante de Dios en toda
oración y ruego, con acción de gracias.*
FILIPENSES 4.6 RVR1995

El versículo de hoy es un claro eco de las enseñanzas de
Cristo. En el Sermón del Monte, Jesús nos dijo: «No os
angustiéis por vuestra vida», y continuó explicando que no
debemos preocuparnos por la procedencia de nuestra comida
y bebida o dónde conseguiremos dinero para vestidos nuevos.
Jesús concluyó con: «no os angustiéis por el día de mañana»
(Mateo 6.25–34 RVR1995).

«Por nada estéis angustiados» suena como un excelente
consejo, pero a veces la mayoría tenemos la sensación de
que solo funciona para santos de gran madurez y que no
es práctico para el cristiano promedio, quien, francamente,
está *a menudo* angustiado por los problemas del día a día
y preocupado con cuestiones diarias como las facturas que
pasan de plazo y las fechas de vencimiento inminente.

Pero la clave para que funcione está en el mismo
versículo. Podemos no estar angustiados por nada si llevamos
siempre esos problemas a Dios en oración, agradeciéndole
por los problemas ya resueltos y confiando en que solucionará
la situación actual. Orar por las cosas, por supuesto, no nos
exime de hacer lo que Dios nos mueva a hacer para resolver
los problemas. Pero debemos confiar y orar en lugar de
preocuparnos e inquietarnos.

Día 219

*Esta luz resplandece en las tinieblas,
y las tinieblas no han podido extinguirla.*
JUAN 1.5 NVI

Existe la creencia de que la inclinación natural del universo
es a desintegrarse. La «ley de entropía» afirma que todas las
cosas acaban deshaciéndose y viniéndose abajo. Incluso las
estrellas se oscurecerán, con el tiempo. Según la entropía,
la oscuridad gana.

Lo mismo sucede, según la gente, en la sociedad: la
tendencia general parece ser descendente. Pero eso no es una
verdad universal. Podemos interpretar el texto de Juan 1.5
entendiendo que la oscuridad no tiene la victoria.

El enemigo de la oscuridad es Dios. Él hace resplandecer
su luz y su vida en cada uno de nosotros. Con su ayuda,
podemos expulsar la oscuridad de nuestras familias, nuestros
lugares de trabajo y nuestros vecindarios. Nos corresponde a
nosotros hacer que las cosas sean mejores y no peores.

En el espacio, el telescopio Herschel mostró que las
estrellas que se apagan están lanzando pedazos de sí mismas al
universo: polvo de estrellas que se fusiona para formar nuevas
estrellas.

Así que tal vez la entropía y la oscuridad no ganen
después de todo. Asegurémonos de que no lo hacen en la
tierra. Durante nuestro paso por este mundo, esparzamos
todo el «polvo de Dios» que podamos para que crezcan y
brillen nuevos cristianos... y para que la oscuridad sea más
vencida e invisible que nunca.

Día 220

Dios da un hogar a los desamparados
y libertad a los cautivos;
los rebeldes habitarán en el desierto.
Salmos 68.6 nvi

Dios comprende lo que es estar solo. Si tu familia biológica o adoptiva te ha decepcionado, tu círculo de amigos y tu familia de la iglesia son también parte del plan de Dios para tu vida.

Dios sabe lo que es estar preso bajo falsas acusaciones. A veces, nuestras propias elecciones rebeldes nos llevan a cárceles fabricadas por nosotros mismos, y a veces nos encontramos siendo acusados falsamente por otros. No importa cómo hayamos llegado a la prisión, Dios promete liberarnos de nuestra cautividad y guiarnos por un camino de cánticos.

La mayoría de las citas bíblicas sobre música se refieren a los seres humanos adorando a Dios mediante una canción. Pero en este versículo, y en Sofonías 3.17, es la voz de Dios la que nos canta a nosotros.

Cierra los ojos. Escucha con atención. ¿Oyes la voz de Dios cantando libertad y salvación? Te está cantando a ti. Considéralo por un momento. Dios te está cantando. Su voz musical te llama de la cautividad a la libertad y de la soledad a una comunidad de amor. ¿Te unirás a él en su canción?

Día 221

Llevó consigo a María, su prometida,
cuyo embarazo ya estaba avanzado.
LUCAS 2.5 NTV

Probablemente reconoces el texto de Lucas 2.5, del relato del nacimiento de Jesús. Es un versículo que pasa desapercibido, uno podría leerlo sin pensar mucho en él.

César Augusto decretó la elaboración de un censo de todo el mundo romano, y todos fueron a sus pueblos natales para inscribirse. José y María viajaron de Nazaret a Belén, donde ella dio a luz a Jesús (Lucas 2.1–7). Estos son los hechos.

La Biblia no nos cuenta que el viaje de Nazaret a Belén era de casi 160 kilómetros. La ruta llevaría a la pareja por terrenos abruptos, subiendo y bajando escarpadas colinas. Debió de ser una preocupación para ellos, puesto que a María le faltaba poco para cumplir su embarazo. El viaje debió de durar un mínimo de cinco días a pie, y necesitarían encontrar un lugar seguro donde pasar la noche. El hecho de que María terminase el viaje es ya en sí mismo un milagro.

María y José no son los únicos que se enfrentan a altibajos en la vida. La mayoría de personas —cónyuges, amigos, compañeros— pasa por «terrenos escabrosos» en sus relaciones. ¡Dios lo comprende! Toda esta vida es una travesía de fe. Cuando estamos cansados y tenemos delante una escarpada colina que escalar, él nos da la fuerza para perseverar.

Día 222

Aun cuando un ejército me asedie, no temerá mi corazón;
aun cuando una guerra estalle contra mí,
yo mantendré la confianza.

SALMOS 27.3 NVI

Aunque el rey David fue un hombre con muchos defectos, su amor por el Señor y su confianza en él eran innegables. Su seguridad y fe nacían de una íntima y constante relación con Dios.

En Salmos 27, el rey salmista se queja de las acciones de quienes lo odiaban y querían matarlo. Sin embargo, en la misma estrofa, reconoce la presencia y el poder de Dios obrando en su vida. Sin miedo, David prometió que, independientemente de las circunstancias, confiaría en Dios, porque sabía que eso era lo más seguro y sabio.

Confiarse demasiado puede ser un problema, pero tener una piadosa confianza es esencial en nuestro caminar con Dios. Sin ella, nuestra fe flaquea. Confiar en Dios con una seguridad sincera es una expresión de esa fe, y es indispensable para perseverar a pesar de lo que pueda pasar.

Cuanto más buscamos a Dios, más crece nuestra fe. De eso podemos estar seguros.

Día 223

*Las tentaciones que enfrentan en su vida no son distintas
de las que otros atraviesan. Y Dios es fiel; no permitirá que la
tentación sea mayor de lo que puedan soportar. Cuando sean
tentados, él les mostrará una salida, para que puedan resistir.*
1 Corintios 10.13 ntv

Ha habido ocasiones en las que hemos mirado alrededor
y nos hemos preguntado si había alguien más que hubiera
luchado con una determinada tentación. La Biblia dice
que Satanás es el padre de mentira. Quiere hacernos creer
que sufrimos tentaciones extraordinarias, o que somos
extraordinariamente débiles ante ciertas tentaciones. Pero la
Palabra de Dios nos ofrece un cuadro muy diferente.

A veces podemos enfrentar increíbles tentaciones para
rendirnos al pecado. Podemos estar débiles, y tal vez sintamos
como si fracasáramos totalmente ante el camino de Dios
demasiado a menudo. Pero la Palabra de Dios nos asegura
que en eso que nos tienta no hay nada extraordinario.

Satanás se esfuerza mucho con los hijos de Dios. ¡Con
todos! Pero, gracias a 1 Corintios 10.13, sabemos que Dios
está de nuestro lado y ha trazado una línea que no puede ser
traspasada. No importa lo débiles que podamos sentirnos,
con Dios de nuestro lado podemos resistirlo todo. ¡Cuánta
seguridad da saber que Dios está ahí por nosotros!

Día 224

Pero los que esperan a Jehová tendrán nuevas fuerzas;
levantarán alas como las águilas.
Isaías 40.31 RVR1960

La medicina alternativa se ha convertido en algo normal. el yoga, la acupuntura, la quiropraxis y otros tratamientos que hace una década eran objeto de burla están ahora disponibles en muchas comunidades. Este famoso versículo bíblico con garantizada eficacia para aliviar el estrés no está, por desgracia, teniendo el uso extendido que se merece.

El texto de Isaías 40.31 es la medicina alternativa de Dios. Como en el caso de los otros remedios, debemos usarlo siguiendo las indicaciones del doctor. Cuando ya no tenemos fuerzas para continuar, es porque no estamos esperando en Dios. Hicimos lo que fuera que la carne deseaba que hiciéramos. La carne no puede dar, solo quita.

El remedio de Dios es sencillo. Espera en él. Dedica tiempo a sentarte y estar callado, a leer la Palabra de Dios y reflexionar en ella. Elimina las distracciones y deja a Dios entregarte un mensaje.

No hay nada tan estimulante como descubrir que el Creador del universo se toma el tiempo de animarte a confiar en él; descubrir que Dios está por nosotros, no contra nosotros. Recobramos fuerzas porque Dios ha confirmado que está con nosotros en el camino. ¡Esta sí que es una buena medicina!

Día 225

Y nosotros hemos creído,
y sabemos que tú eres el Santo de Dios.
JUAN 6.69 NVI

Jesús acababa de ser abandonado por muchos seguidores que consideraban difíciles sus enseñanzas. Y, aunque él ya conocía su respuesta, preguntó a los discípulos por qué *ellos* no se marchaban. Simón Pedro respondió con su sencilla pero profunda declaración de fe.

Los discípulos eran hombres curtidos, realistas, trabajadores, tipos como Pedro el pescador y Mateo el recaudador de impuestos, quienes en otra situación habrían tenido poco en común. Se habían ganado con esfuerzo la vida en una tierra difícil y habían abandonado sus trabajos para seguir a Jesús.

Al hacerlo, se habían puesto en contra de las normas de su sociedad, y se habían convertido en enemigos del mayor imperio militar del mundo conocido entonces. Habían dejado sus hogares y familias y, en muchos casos, habían recorrido un camino que los llevaría a ser ejecutados.

Eran hombres comunes y corrientes, como los que podemos encontrar en un edificio en construcción, en unas oficinas o en una granja. ¿Qué pudo hacer que se apartaran de todo lo que conocían? ¿Qué podría mover a doce personas que conozcas a hacer algo así? Solo algo muy convincente.

Creer te llevará muy lejos. Pero *saber* te llevará hasta el final. Los discípulos *sabían*, y por este versículo sabemos lo que sabían. Esa certeza es algo a lo que aferrarse en momentos de duda.

Día 226

Pero se acerca la hora, y ha llegado ya, en que los verdaderos
adoradores rendirán culto al Padre en espíritu y en verdad,
porque así quiere el Padre que sean los que le adoren.

JUAN 4.23 NVI

Nuestra cultura ha creado eslóganes con la palabra
«adoración». «Formas de adoración», «funciones de
adoración» y «canciones de adoración» han entrado en
nuestro vocabulario en la iglesia. Siempre parece que estamos
buscando la próxima mejora en nuestro objetivo de adorar
a Dios.

En su encuentro con la mujer en el pozo, Jesús dirigió
el foco de la discusión al tipo de adoradores que Dios desea.
¿No es interesante? Dios tiene un concepto específico de
cómo debería ser la verdadera adoración, y ya lo ha definido.
¡Existe un tipo de adoradores que captan el corazón de Dios!

Los verdaderos adoradores adoran en espíritu y en
verdad. Sabemos que Jesús *es* la verdad (Juan 14.6), y sabemos
que el Espíritu Santo mora en los que aceptamos a Cristo
como la Verdad (Efesios 1.13). La adoración cumple con el
designio de Dios en tanto que, movida por el Espíritu Santo,
reconoce a Dios como el digno de adoración, revelado por
medio de Jesús. Esta adoración capta toda su atención. Sin
duda le hace sonreír.

¿Se refleja el espíritu y la verdad en tu adoración? ¿Cómo
has experimentado la sonrisa de aprobación de Dios durante
tus momentos de adoración?

Día 227

También vosotros ahora tenéis tristeza; pero os volveré a ver,
y se gozará vuestro corazón, y nadie os quitará vuestro gozo.
JUAN 16.22 RVR1960

Sabiendo que Jesús es tu Salvador, ¿puedes estar triste? Con la promesa del cielo delante de ti, ¿puedes estar abatido y deprimido?

Por supuesto que sí, y los no creyentes usan esto como un arma contra ti. Dicen: «Si de verdad creyeras que eres salvo, ¡estarías cantando y bailando todo el tiempo!». Los que asisten a la iglesia, te dirán, mientras evitan abordar sus propios fracasos al respecto, que el gozo viene... ¡con solo creer más fuerte!

Una de las armas más eficaces del diablo consiste en hacerte creer que tu falta de gozo se debe a tus defectos.

Pero estamos tristes porque estamos rotos. La Caída nos separó del Amor, y desde entonces, en muchas y diversas maneras, se ha estado filtrando la tristeza.

Aquí, Jesús prenuncia la preciosa promesa: «os volveré a ver, y se gozará vuestro corazón». Nuestro corazón se regocijará porque Jesús es el médico que sanará nuestra herida. Él es el Consolador que nos restaurará para el Amor.

Hasta entonces, si te sientes un poco decaído, no te atormentes. Recuerda, existe una buena razón para ello, y todo va a ir mucho mejor pronto.

Día 228

Tú, Soberano Señor, has sido mi esperanza;
en ti he confiado desde mi juventud.
SALMOS 71.5 NVI

Indicios internos sugieren que el salmista escribió el salmo 71 en un tiempo de zozobra. En medio del relato de su situación, afirmó que Dios había sido su esperanza y su confianza desde su juventud. Como Pablo expresó en Romanos 5, sus experiencias anteriores construyeron esa esperanza.

Salmos 71.5 es un ejemplo de paralelismo sinónimo propio de la poesía hebrea. Los dos versos expresan prácticamente el mismo pensamiento, y el segundo amplía la idea expresada en el primero.

«Has sido mi esperanza». Espero, lleno de confianza, que tú vas a cumplir tus promesas.

«En ti he confiado». No solo espero que cumplas tus promesas, sino que estoy seguro de que lo harás.

Ya sea que lo traduzcamos como «confianza» o como «esperanza», ambas traducciones son apropiadas. «Confianza» implica una declaración un poco más fuerte, más contundente, que la «esperanza». Es como ver las noticias en el periódico de mañana. El partido está sentenciado y el resultado está decidido.

La confianza en el Señor nos permite encarar los desastres sin temor (Proverbios 3.25–26); vivir en paz (Isaías 32.17); y acercarnos a Dios (Efesios 3.12).

En un mundo impredecible, servimos a un Dios inmutable que se ha ganado nuestra confianza.

Día 229

*Porque David, después de haber servido el propósito
de Dios en su propia generación, durmió, y fue
sepultado con sus padres, y vio corrupción.*
HECHOS 13.36 LBLA

Siendo el menor de ocho hermanos, David comenzó su vida siendo para ellos el molesto hermanito pequeño y, para su padre, siendo el hijo menos capaz.

Cuando el profeta Samuel invitó a Jesé y a sus hijos a un sacrificio especial, Jesé no pensó en incluir a David hasta que Samuel le preguntó si tenía otros hijos.

Mientras les llevaba provisiones a sus hermanos en el campo de batalla, David se enervó al escuchar las fanfarronadas de Goliat. Pero su hermano mayor lo regañó, diciéndole que regresara con su puñado de ovejas, toda una humillación.

Pero Dios tenía un propósito divino para la vida de este muchacho.

Dios lo diseñó con un talento natural para la música y la poesía, y usó a David para escribir muchos de nuestros salmos. Las dotes de liderazgo que Dios le otorgó le dieron éxito en el campo de batalla y después como rey de Israel.

David deseaba obedecer a Dios, pero en ocasiones fracasó miserablemente. Pero Dios miró en el interior del alma de David y vio «un hombre conforme a mi corazón, que hará toda mi voluntad» (Hechos 13.22 LBLA). A pesar de sus altibajos, David llevó a cabo el plan de Dios para su vida.

Dios tiene un propósito a medida para cada uno de nosotros también, y nos ha diseñado con los talentos y habilidades necesarios para cumplirlo. ¡Es emocionante!

Día 230

—¡Es el Señor! —dijo a Pedro el discípulo a quien Jesús amaba.
Tan pronto como Simón Pedro le oyó decir: «Es el Señor»,
se puso la ropa, pues estaba semidesnudo, y se tiró al agua.
JUAN 21.7 NVI

«Tan pronto como Simón Pedro le oyó», en otras palabras,
hasta ese momento no había reconocido a Jesús. Pero no
necesitó la evidencia ante sus ojos, le bastaba con la más
mínima posibilidad.

Pedro se había despojado de su ropa para trabajar, pero
agarró su manto o capa antes de lanzarse al agua. ¿Por qué?
Eso no le ayudaría a nadar más rápido. De hecho, una pesada
ropa de lana era más probable que lo hundiera. ¿Por qué,
entonces, se llevó la ropa? Porque, en aquel momento y lugar,
Simón Pedro ya había abandonado la idea de regresar a la
barca. ¡Se *trataba* de estar con su Señor!

Después de la resurrección, los discípulos no sabían
cuándo o dónde se podrían encontrar con Jesús. Y la situación
actual es muy parecida. La cuestión de cómo respondemos
sigue siendo importante. ¿Vacilaremos, pidiendo toda clase
de garantías y mirando alrededor para ver quién nos observa?
¿O seguiremos el ejemplo de Simón Pedro, arrojando al
viento nuestra supuesta dignidad, agarrando nuestra ropa y
lanzándonos de cabeza al agua?

Día 231

—¿Y quién le puso la boca al hombre? —le respondió
el Señor—. ¿Acaso no soy yo, el Señor, quien lo hace
sordo o mudo, quien le da la vista o se la quita?
ÉXODO 4.11 NVI

En Éxodo, Dios le pidió a Moisés que llevara a cabo algunos
trabajos bastante duros. A lo largo del capítulo 4 escuchamos
reiteradamente a Moisés diciéndole a Dios por qué no
funcionaba el plan de Dios, afirmando al final: «Uf, Señor,
has elegido al tipo equivocado para el trabajo... mira, yo no
soy suficientemente elocuente» (ver Éxodo 4.10).

   ¿Realmente pensaba Moisés que Dios no tenía constancia
de esto? La respuesta de Dios en Éxodo 4.11 supone un
regaño.

   De manera similar, cuando Dios nos pide que hagamos
algo, tenemos una respuesta similar. Dudamos, ignoramos,
nos enojamos o incluso reímos (como Sara en Génesis
18.10–14). En nuestros intentos por preguntarle a Dios por
qué se equivoca, la respuesta divina seguramente sonaría
más o menos así: «Te conozco, mejor que tú mismo, así que
manos a la obra... Ah, y no lo olvides, esto no es una misión
en solitario» (ver Éxodo 3.12).

   Irónicamente, aquello que *nosotros* calificamos como
imposible e imperfecto es a menudo la manera perfecta
que tiene Dios para ejecutar sus planes. Nos corresponde a
nosotros estar a su disposición, recordando que no estamos
solos.

Día 232

Es más, todo lo considero pérdida por razón del incomparable valor de conocer a Cristo Jesús, mi Señor. Por él lo he perdido todo, y lo tengo por estiércol, a fin de ganar a Cristo y encontrarme unido a él. No quiero mi propia justicia que procede de la ley, sino la que se obtiene mediante la fe en Cristo, la justicia que procede de Dios, basada en la fe.

FILIPENSES 3.8–9 NVI

Pablo tenía de qué jactarse. Su herencia judía no tenía parangón. Era fariseo e hijo de un fariseo, educado a la sombra de Gamaliel, el famoso maestro de la ley (Hechos 22.2–5). Era un «hebreo de hebreos» celoso y devoto (Filipenses 3.5 NVI), aunque renunció a sus privilegios de nacimiento por causa del reino de Cristo.

Este pasaje revela el corazón del apóstol y el latido del cristianismo. Concretamente, cuando, por causa del reino, entregamos lo que una vez fue para nosotros un tesoro, algo admirado y de gran estima, ganamos mucho más. En el versículo 7, Pablo explicó: «todo lo considero pérdida por razón del incomparable valor de conocer a Cristo Jesús».

Cuando las cosas de este mundo pierden su brillo y ya no compiten por el trono de nuestros corazones, alcanzamos todos los privilegios y bendiciones de un hijo del Rey. Pero para conocer la resurrección de Cristo debemos primero morir al yo. Para obtener la justicia por medio de la fe en Cristo Jesús debemos primero tener en cuenta la indignidad de nuestra justicia propia.

Día 233

Que nadie te menosprecie por ser joven. Al contrario,
que los creyentes vean en ti un ejemplo a seguir en la manera
de hablar, en la conducta, y en amor, fe y pureza.
1 Timoteo 4.12 NVI

En la mayoría de aspectos de la vida, la edad tiene sus privilegios. Si tenemos algo de inteligencia, no podemos sino acumular sabiduría conforme pasamos por este mundo. Una persona de edad avanzada no tiene por qué poseer mejor educación que una joven, pero desde luego *tiene* que ser más sabia.

No es así con la fe. ¿Cómo nos pide Jesús que vengamos a él? ¡Como niños! Una vida larga puede proporcionar un caminar más extenso con Dios, pero podríamos vivir hasta los 150 años y aun así no entender a Dios como instintivamente lo entiende un niño. Gran parte de la sabiduría que obtenemos llega por medio de experiencias que tratamos de quitarnos de encima en un esfuerzo por regresar a un estado más puro e inocente. El poeta Thomas Hood escribió: «Estoy más apartado del cielo que cuando era un muchacho».

Los creyentes jóvenes pueden ser para la generación mayor un recordatorio del gozo y entusiasmo que puede producir una fe pura. Y tienen otra importante tarea, después de todo, la «presión de grupo» no siempre tiene por qué ser negativa. Los jóvenes están en mejor situación para traer a otros jóvenes a Dios, y esa es una obra que merece todo el respeto.

Día 234

Al oírlo, Jesús se asombró de él y, volviéndose a la multitud que lo seguía, comentó: —Les digo que ni siquiera en Israel he encontrado una fe tan grande.
LUCAS 7.9 NVI

Es difícil imaginarse a Jesús sorprendiéndose. Pero esto es exactamente lo que sucedió en el Evangelio de Lucas.

Un centurión había enviado a buscar a Jesús para que viniera a su causa y sanase a su siervo moribundo. Sin embargo, antes de que Jesús llegase, el centurión envió otro mensaje. En él decía que no era digno de que Jesús viniera a su casa, y que creía que Jesús tenía poder para sanar a su siervo desde allí donde estaba. Jesús se conmovió por la fe del centurión, tanto que, de hecho, le habló a la multitud reunida en torno a él.

El centurión no era el único cuya fe fue elogiada por Jesús. Está también la mujer cananea que suplicó a Jesús que curase a su hija (Mateo 15.22–28); los cuatro hombres que rompieron un tejado para introducir a su amigo paralítico en una casa para ver a Jesús (Marcos 2.1–5); la mujer que llevaba doce años sufriendo hemorragias, que creyó que tocando el manto de Jesús sería sanada (Mateo 9.20–22).

Cada uno se acercó a Jesús de una manera diferente, pero todos acudieron a él con una fe que Jesús aplaudió.

¿Elogiaría Jesús nuestra fe?

Día 235

Cuando siento miedo, pongo en ti mi confianza.
Confío en Dios y alabo su palabra;
confío en Dios y no siento miedo.
SALMOS 56.3–4 NVI

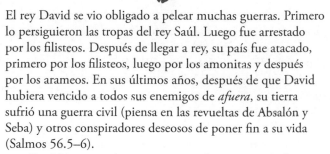

El rey David se vio obligado a pelear muchas guerras. Primero lo persiguieron las tropas del rey Saúl. Luego fue arrestado por los filisteos. Después de llegar a rey, su país fue atacado, primero por los filisteos, luego por los amonitas y después por los arameos. En sus últimos años, después de que David hubiera vencido a todos sus enemigos de *afuera*, su tierra sufrió una guerra civil (piensa en las revueltas de Absalón y Seba) y otros conspiradores deseosos de poner fin a su vida (Salmos 56.5–6).

David tuvo muchos enemigos poderosos, y más de una vez estuvo tentado a desesperarse. David no dijo que *nunca* tuviera miedo, porque no fue así. Hubo ocasiones, cuando la guerra amenazaba y sus ejércitos eran ampliamente superados en número, en las que *tuvo* miedo. Pero la clave del éxito para David era esta: «Cuando siento miedo, pongo en ti mi confianza». Cuando confió en que Dios iba a estar con él, David recuperó el ánimo y pudo declarar: «No temeré».

Hoy, la mayoría de nosotros no tenemos enemigos deseando matarnos, pero el principio que ayudó a David a sobrevivir a décadas de oposición hace tres mil años sigue siendo válido también para nosotros hoy.

Día 236

*Los gobernantes, al ver la osadía con que hablaban Pedro y Juan,
y al darse cuenta de que eran gente sin estudios ni preparación,
quedaron asombrados y reconocieron que habían estado con Jesús.*
HECHOS 4.13 NVI

Los sacerdotes y los saduceos estaban entre las personas de
mejor educación y probablemente se consideraban los más
sabios. Sin embargo, aquí tenemos dos hombres «sin estudios
ni preparación» dejándolos sin palabras. Enfrentados a la
simple verdad de los discípulos, los sacerdotes dejaron su
supuesta sabiduría y recurrieron a las amenazas.

¿Cómo llegaron Pedro y Juan a tener semejante
impacto? Bueno, los códigos tienen su cifrado, los mapas
del tesoro tienen su X y toda cerradura tiene una llave...
en alguna parte. Dios creó el universo y toda la sabiduría
que aquellos ilustrados señores esperaban alcanzar.
Ellos estudiaban antiguos manuscritos para adquirir
conocimiento, pero Pedro y Juan habían estado en presencia
de la llave viviente de Dios. Jesús abrió sus mentes a lo que
era real en el mundo.

No hace falta que estemos en su presencia física, pero
tenemos que invitarle a entrar en nuestras vidas, y con él
vendrá la clave para entender. Así pues, cuando te enfrentes
a un dilema de este mundo, apártate de la sabiduría
convencional, olvídate de lo que otros piensan que tienes que
hacer. Consulta al Señor. Al mundo no siempre le gustará,
pero se darán cuenta de que tú también has estado con Jesús.

Día 237

A él le toca crecer, y a mí menguar.
JUAN 3.30 NVI

Juan el Bautista sabía exactamente quién era y qué papel estaba llamado a representar.

Cuando los discípulos de Juan se quejaron de que un nuevo predicador, Jesús, estaba atrayendo a seguidores de su grupo, Juan puso a un lado su ego y dijo: «A él le toca crecer, y a mí menguar».

Juan entendió su llamado como precursor. Su trabajo era preparar el camino para el Mesías. Asumió un papel secundario, como segundo violín, dejándole a él el puesto de solista.

Toda orquesta necesita un segundo violín (o trompeta, o clarinete) para que la música esté completa. El actor protagonista necesita un actor secundario para que la historia progrese adecuadamente. Juan preparó el camino para Jesús y luego se apartó del foco de atención.

Quizás sintamos que nuestro llamado a servir no es suficientemente bueno. No todos pueden enseñar o predicar, pero sí podemos preparar café para el domingo o entregar los boletines antes del culto. Las limitaciones físicas pueden impedirnos incluso la asistencia a la iglesia, pero podemos orar cada día por otros. Cada rol sirve a un propósito en la comunicación de la historia de Dios.

Juan es ejemplo de la actitud correcta para servir a Dios. Dejamos a un lado nuestros programas y nuestros egos. La luz de Dios brilla a través de nosotros con más resplandor cuando menguamos.

Día 238

¿No deberían vivir ustedes como Dios manda?
2 Pedro 3.11 NVI

El primer anuncio comercial sobre pérdida de peso del año pregunta: «¿Es usted la persona que quiere ser?», a lo que sigue un discurso sobre control de calorías o platos congelados por correo.

No es esa la cuestión de lo tomas o lo dejas que encontramos en este versículo de 2 Pedro. En términos nada ambiguos, usa la palabra «manda». No ofrece opciones. No está preguntando: «¿Qué quieren ser cuando sean mayores?». Tampoco está entregando un menú de cafetería con platos a elegir. Está enfrentando a sus lectores con una verdad que no ofrece margen para manipularla.

Hoy nos damos cuenta de que el calendario de Dios no es el nuestro. Puesto que el Armagedón y el regreso del Señor no se han producido, ¿pierde importancia la visión de Pedro? ¿Ha progresado la raza humana en ser más semejante a Cristo? ¿Son más seguros los hogares y familias? ¿Has notado que el mal haya perdido fuerza? ¿Es menos necesaria la vigilancia espiritual constante? Dado que la respuesta a todo lo anterior es «no», es obvio qué clase de personas debemos ser.

Puesto que el mundo parece estar en una trayectoria de colisión con los propósitos de Dios, su pueblo tiene que aferrarse a un estándar más alto. La clase de personas que debemos ser la expresa quizá mejor el apóstol Pablo: «Sed, pues, imitadores de Dios como hijos amados» (Efesios 5.1 LBLA).

Día 239

(Al director musical. Salmo de David.)
¿Hasta cuándo, Señor, me seguirás olvidando?
¿Hasta cuándo esconderás de mí tu rostro?
Salmos 13.1 nvi

David escribió muchos salmos, pero otros los escribieron los descendientes de Asaf (1 Crónicas 25.1–2; Nehemías 7.44; Esdras 2.41) y los de Coré (Salmos 42; 44–49; 84; 85; 87; 88). La mayor parte se escribió durante el periodo monárquico, pero algunos, como el 87 y el 137, son de después del cautiverio babilónico, de los tiempos de Esdras y Zorobabel.

Se han descubierto himnos babilonios a Marduk que son sorprendentemente similares a los salmos 6, 13, 51 y 69, algunos de los más bellos atribuidos a David. Los críticos textuales se apresuran a proclamar que esto demuestra que autores con el seudónimo de David los compusieron copiando a los babilonios.

Mejor sería aplicar un poco de conocimiento de historia. David escribió estos salmos en torno al año 1000 a.c., unos cuatro siglos antes del cautiverio babilónico. Salmos 137.3 (nvi) cuenta que, junto a los ríos de Babilonia, «nuestros opresores nos pedían estar alegres; nos decían: "¡Cántennos un cántico de Sión!"». ¡Lo que parece más probable es que los babilonios reconocían la buena música cuando la oían!

Día 240

*He peleado la buena batalla, he terminado
la carrera, me he mantenido en la fe.*
2 TIMOTEO 4.7 NVI

Es un ideal que todos tenemos como objetivo, pero
terminar la carrera no siempre es fácil. En 1992, Derek
Redmond estaba decidido a ganar la carrera olímpica de los
cuatrocientos metros, pero, antes de la mitad del recorrido, se
le rasgó un tendón y quedó en el suelo, con gran dolor. Miles
de espectadores, y la audiencia televisiva de todo el mundo,
vieron cómo el resto de corredores dejaba a Redmond en el
suelo. Pero él se levantó y los siguió renqueante.

El dolor y las lágrimas del corredor fueron demasiado
para su padre, que salió de las gradas y entró en la pista para
ayudar a su hijo a terminar la carrera.

Nunca sabremos si Derek Redmond habría culminado la
carrera él solo. En su momento de extrema necesidad no tuvo
que depender de sus propias fuerzas.

Es igual en la carrera hacia el cielo. Podemos salir con
los ojos puestos en el premio, convencidos de que nuestra
fe es inquebrantable. Pero encontramos ataques, trampas
y distracciones a lo largo del camino. Nuestra fe recibirá
numerosos golpes, y puede estar hecha pedazos cuando nos
acerquemos a la última vuelta. Puede que tengamos que ir
renqueantes, cojeando o a gatas solo para atisbar el premio en
la distancia. Afrontémoslo: solos, podríamos fracasar.

Apoyarnos en nuestro Padre es la garantía de que
cruzaremos la meta.

Día 241

Destruiré por completo todas las cosas de sobre la faz
de la tierra, dice Jehová. Destruiré los hombres y las bestias;
destruiré las aves del cielo y los peces del mar.
SOFONÍAS 1.2–3 RVR1960

Un adjetivo que definiría bien el mensaje del profeta Sofonías es «pesimista». Se presenta como hijo de Cusi que profetiza durante el reinado del piadoso rey Josías de Judá (v. 1), pero después Sofonías se sumerge en un mensaje de sombría destrucción a manos de Dios.

Aunque Josías, que fue coronado rey a los ocho años de edad, llevó a cabo un avivamiento en Judá, seguía habiendo problemas en el horizonte. Dentro de medio siglo, los invasores babilonios destrozarían Jerusalén y prácticamente barrerían del mapa a Judá.

El mensaje de Sofonías —que puede haber señalado a esa invasión babilónica, al fin de los tiempos o a ambas cosas— llama la atención por su deconstrucción, en orden reflejo inverso, de la creación. El orden con que el profeta presenta lo que Dios va a «destruir» (hombres, animales, aves, peces) es exactamente el inverso al de la creación de la vida en Génesis 1.

Dios puede hacer lo que quiera, ya sea crear de la nada un universo de orden como destruir lo que ha hecho, con un orden lógico similar. Pero lo que Dios realmente desea es «que todos se arrepientan» (2 Pedro 3.9 NVI).

Día 242

Eliaquín, el hijo de Jilquías, Sobná y Joaj respondieron al copero
mayor: —Por favor, háblanos en arameo, que lo entendemos.
No nos hables en hebreo delante de la gente que está en la muralla.
Les contestó el copero mayor: —¿Acaso me ha enviado mi señor
a comunicar este mensaje sólo a tu señor y a ti? También
he de transmitirlo a la gente que está en la muralla.
2 REYES 18.26–27 BLPH

En la época de la invasión asiria, los nobles hablaban arameo, mientras que las clases más humildes seguían hablando
hebreo. Tras las conquistas de Alejandro Magno, la gente
corriente hablaba arameo, mientras que los más ilustrados
hablaban griego.

Pero las Escrituras se habían escrito en su mayoría en
hebreo. Si no se traducían, el pueblo perdería su contacto con
la ley. La Septuaginta fue la primera traducción de la Biblia
hebrea al griego.

Hoy existen unas siete mil lenguas. Solo 439 idiomas
tienen traducciones completas de la Biblia. Mil millones de
personas no tienen el Nuevo Testamento, y 250 millones no
poseen ni un solo versículo de las Escrituras en su lengua.
¡Pregunta en tu iglesia a ver cómo puedes marcar una
diferencia para alguien que nunca ha oído Juan 3.16!

Día 243

Nosotros no podemos dejar de hablar
de lo que hemos visto y oído.
HECHOS 4.20 NVI

Cualquiera que dude de que la resurrección sucedió o tenga dudas sobre el poder del Espíritu Santo debe dedicar atención a este versículo de Hechos.

Uno de los que está hablando aquí es Simón Pedro. Se dirige al sanedrín en el mismo templo donde, poco antes, se acobardó miserablemente, jurando que no tenía ni idea de quién era ese tal Jesús. Ahora está ahí de pie como un obrador de milagros, habiendo acusado a los sacerdotes nada menos que del asesinato de su Señor. No está asustado ni va a retractarse. Ahora le toca al sanedrín tener miedo.

No obstante, el coraje personal de Pedro no tenía nada que ver con aquello. Literalmente no podía sino hablar porque había visto y oído cosas que ponían en su sitio a los poderes y políticas de los gobernantes terrenales. ¡Y su sitio era el de la insignificancia!

El Pedro que negó a Cristo jamás habría hablado como este si no hubiese sabido que tenía un poderoso aliado detrás, alrededor y dentro de él.

Si te enfrentas a él solo, este mundo puede ser aplastante. Puedes acobardarte, como Pedro. Pero si crees lo que él vio y si proclamas al Espíritu Santo como tu compañero permanente, puedes plantar cara a quien sea... ¡en el nombre de Jesús!

Día 244

Sean fuertes y valientes. No teman ni se asusten ante esas
naciones, pues el SEÑOR su Dios siempre los acompañará;
nunca los dejará ni los abandonará.
DEUTERONOMIO 31.6 NVI

Encontramos Deuteronomio 31.6 en un discurso que Moisés dirigió a los israelitas justo antes de que entraran en la tierra prometida. Moisés les dijo que no los acompañaría en la entrada a Canaán. Dios había decidido sustituir a Moisés por un nuevo líder, Josué. El Señor mismo iría con Josué para tomar posesión de la tierra (Deuteronomio 31.1–7).

A los israelitas les preocupaba tener que luchar contra los cananeos. En Deuteronomio 31.6, Moisés los anima a ser fuertes y confiar en que el Señor estaría con ellos y los protegería. En muchas ocasiones, Moisés les recordó a los israelitas que necesitaban confiar en Dios. Estas palabras encuentran eco en el Nuevo Testamento, en Hebreos 13.5 (NVI). «Dios ha dicho: "Nunca te dejaré; jamás te abandonaré"».

Es interesante señalar que sigue habiendo conflicto en lo que una vez fue la tierra prometida. Al enfrentar momentos difíciles en el mundo, podemos hallar consuelo en Deuteronomio 31.6.

Día 245

*Ananías se fue y, cuando llegó a la casa, le impuso
las manos a Saulo y le dijo: «Hermano Saulo, el Señor
Jesús, que se te apareció en el camino, me ha enviado para
que recobres la vista y seas lleno del Espíritu Santo».*
HECHOS 9.17 NVI

Ananías era un discípulo del Señor. Este hombre bondadoso
y fiel había oído hablar de Saulo de Tarso y tenía miedo de
encontrarse con él.

Saulo (más tarde conocido como Pablo) había matado
cristianos, antes de que Jesús se le apareciera. Esta visita de
Jesús lo dejó ciego y traumatizado. Se ocultó en la oscuridad
de algún cuarto de invitados y no comió ni bebió por tres
días.

Para Ananías, Saulo debía de parecer un tipo atroz y
realmente peligroso, muy diferente de él mismo. Pero, gracias
a que Jesús estaba ahora en el corazón de este hombre, la
primera palabra que Ananías le dirigió fue «hermano».

Pablo tuvo que haber llorado.

Seguimos teniendo este problema. ¿Cómo pueden ser
como nosotros personas que son tan diferentes de nosotros?
Existen rituales, lenguajes e interpretaciones distintos. Y luego
están los que no pertenecen a la iglesia, pero aun así creen.
Resulta confuso, y en ocasiones parece más fácil guardar una
distancia de seguridad. Sin duda, Ananías sintió lo mismo.
Pero Jesús está ahí en el corazón de esos extraños, y espera que
los llamemos hermanos o hermanas... ¡y de verdad!

No importan esas molestas diferencias.

Día 246

Así que el SEÑOR dice: «Este pueblo dice que me pertenece;
me honra con sus labios, pero su corazón está lejos de
mí. Y la adoración que me dirige no es más que
reglas humanas, aprendidas de memoria».
ISAÍAS 29.13 NTV

Piensa en alguno de los credos cristianos o de las oraciones que te has aprendido de memoria. Quizás sea el Padrenuestro; tal vez hayas aprendido el Credo de los Apóstoles en una clase de catecismo. Ahora recuerda la última vez que te invitaron a recitarlo. ¿Saboreaste cada palabra al pronunciarla, reflexionando en su significado como algo nuevo, o fue más bien una experiencia de recitado rutinario?

Desde la perspectiva de Dios, las acciones de nuestro corazón hablan más alto que nuestras palabras. Y, si nuestra adoración consiste en repetir sin pensar una serie de palabras y seguir la corriente, nos estamos perdiendo lo que es conectar con un Dios que nos ama con pasión y desea tener una relación libre de guiones con nosotros.

Este versículo conlleva un serio recordatorio de que Dios mira más allá de las palabras de nuestros labios y toma en cuenta el corazón que las pronuncia. Los credos y oraciones son formas familiares de conectar con Dios y sirven como maravillosos recordatorios de su carácter firme. La próxima vez que surja la posibilidad de recitar de memoria, piensa en cómo darles vida a esas palabras tan conocidas para una comprensión fresca y renovada... dichas desde el corazón.

Día 247

Pero Dios demuestra su amor por nosotros en esto:
en que cuando todavía éramos pecadores,
Cristo murió por nosotros.
ROMANOS 5.8 NVI

¡Cuando todavía éramos pecadores!

En otras palabras, ¡Dios entregó a su Hijo para morir por una gente que ni de lejos lo merecía! ¿Él ya sabía cómo iba a terminar? Eso podría uno pensar, pero ¿acaso no hay una guerra espiritual en marcha? ¿No hay siempre personas que dan la espalda a Dios? ¿Y si los discípulos simplemente hubiesen huido y se hubiesen escondido?

Quizás Dios corrió un gran riesgo con nosotros.

Cuando alguien nos extiende una mano suplicante, cuando un familiar nos pide ayuda, cuando encontramos algo que podemos hacer por un vecino, no vamos corriendo a hacerlo. Sopesamos las opciones. ¿Qué van a hacer con lo que les dé? ¿Se merecen mi tiempo y esfuerzo? ¿Si lo hago ahora, no tendré que volver a hacerlo más adelante? Y luego prestamos ayuda o pasamos de largo.

Dios podría haber respondido estas preguntas: «Muchos menospreciarán lo que les doy, me han rechazado una y otra vez, y seguirían crucificando a mi Hijo dos mil años después».

La próxima vez que te encuentres decidiendo si ayudar o no a alguien, recuerda: nosotros no merecíamos el sacrificio de Cristo, pero de todos modos nos lo dio.

Día 248

El Señor es lento para la ira, imponente en su fuerza.
El Señor no deja a nadie sin castigo. Camina en el huracán
y en la tormenta; las nubes son el polvo de sus pies.
NAHUM 1.3 NVI

Las nubes siempre apuntan al poder de Dios. Él creó las
nubes. Dios habita en y más allá de los cielos. Como nos dice
este versículo, el Señor es tan grande que las nubes no son
más que el polvo de sus pies.

Al observar las nubes, vemos indicios de la presencia de
Dios. Vemos a Dios como Creador cuando imaginamos las
diferentes formas de las nubes con semejanza de animales,
rostros divertidos y rebaños de ovejas.

Las nubes de tormenta nos recuerdan que Dios es
poderoso. Durante los vendavales enfurecidos, el estruendo de
los truenos y el fulgor de los relámpagos, crece nuestro temor.
La violencia devastadora de una tormenta puede borrarlo
todo a su paso. ¿Es este el mismo Dios alegre que nos viene a
la mente los días de buen clima?

Pero Dios es muy paciente. Espera sin prisas que lo
reconozcamos como Rey y Salvador. Nos recibe de vuelta con
los brazos abiertos. Nos invita a alzar la mirada a las nubes de
su cielo y entender sus muchas facetas: poderoso, creativo y
lleno de amor.

Día 249

¿Dónde está, oh muerte, tu aguijón?
¿Dónde, oh sepulcro, tu victoria?
1 Corintios 15.55 rvr1960

Este versículo personifica tanto la muerte como la tumba. En los cuadros antiguos, la muerte se describe a veces como un esqueleto con corona y con un dardo en la mano. Como un aguijón para ganado, la punta afilada del dardo nos irrita y escarnece.

El apóstol Pablo explica que el aguijón de la muerte es el pecado, y que el pecado es el progenitor de la muerte. Sin embargo, por medio de la muerte y resurrección de Cristo, tenemos expiación por nuestros pecados. Así pues, los cristianos ya no tenemos por qué temer a la muerte y a la tumba. O, como dijo Pablo: «Mas gracias sean dadas a Dios, que nos da la victoria por medio de nuestro Señor Jesucristo» (v. 57 rvr1960).

En un lugar anterior de este pasaje, Pablo declaró que, cuando Jesús regrese, todos los creyentes, vivos y muertos, recibiremos cuerpos nuevos y glorificados que serán imperecederos e inmortales (vv. 50–54).

De modo que la pregunta de 1 Corintios 15.55 es retórica. Gracias a Cristo, los dardos mortales del pecado ya no tienen autoridad sobre nosotros. ¡El pecado ha perdido su poder, la muerte no tiene aguijón y nuestras cadenas se han soltado! No tenemos nada que temer, y todo que ganar.

Día 250

No entiendo lo que me pasa, pues no hago lo
que quiero, sino lo que aborrezco.
ROMANOS 7.15 NVI

¿Quén es este pobre pusilánime, débil e indeciso? ¿Es que no
tiene fe, ni fibra moral?

En realidad se trata del líder mundial de la iglesia
primitiva, y este versículo procede de su carta a los cristianos
de Roma. Así que ¿qué clase de impresión les estaba dando?

Estaba exponiendo la dura realidad de que la fe no
nos hace perfectos. Pablo vivió, sufrió y murió por la causa
de la adoración al Señor, pero en su vida cotidiana fallaba
frecuentemente a la hora de vivir en la práctica su propio
ideal. Eso es porque su vida ideal era la de Cristo, y nadie
podía vivir en la práctica *ese* ejemplo.

Aun así, lo intentaba porque, aunque su cuerpo
pertenecía al pecado, su alma le pertenecía al Señor, y su
mente era el general que dirigía la batalla entre uno y otra.

El fracaso puede resultar descorazonador. Algunas
personas se extravían de la fe por culpa de eso. Pero aquí
tenemos el remedio para tal situación. En tus luchas, no
eres mejor ni peor que san Pablo. Afortunadamente, tu
éxito final no se medirá por el número de veces que hayas
caído; dependerá por completo del número de veces que has
acudido a Jesús para que te ayude a recuperarte.

Día 251

Los cielos cuentan la gloria de Dios,
el firmamento proclama la obra de sus manos.
SALMOS 19.1 NVI

El cosmos, el universo, el espacio exterior... lo llamemos como lo llamemos, es un lugar que te sobrecoge y embelesa, lleno de estrellas, cometas, cuásars, y nuestro planeta Tierra.

Aunque el primer versículo de la Biblia afirma claramente que Dios creó el mundo, la creencia en un universo infinito y eterno ha influenciado en los científicos durante generaciones.

Pero, en 1915, la teoría general de la relatividad de Einstein puso en entredicho todo lo que se daba por sentado. En las décadas subsiguientes, las observaciones científicas indicaron que nuestro universo tiene en realidad un comienzo, tal como la Biblia lo dice.

Pero la ciencia va mucho más allá del nacimiento del universo. Muestra un planeta Tierra ideal para la vida inteligente, una posibilidad increíblemente rara incluso en la inmensidad del espacio. Las pruebas apuntan a que es un planeta diseñado por un Creador.

Con los cielos que muestran la gloria del Creador, no debería sorprendernos que los científicos también descubrieran que las condiciones que hacen posible la vida en la Tierra proporcionan también un marco perfecto para estudiar nuestro universo.

Sal afuera en una noche despejada y observa el firmamento. Empápate de la gloria y majestad de la creación. Solo un Dios poderoso podría diseñar todas las maravillas que vemos.

Día 252

*Por eso oramos constantemente por ustedes, para que
nuestro Dios los considere dignos del llamamiento
que les ha hecho, y por su poder perfeccione toda disposición
al bien y toda obra que realicen por la fe.*

2 TESALONICENSES 1.11 NVI

En la segunda carta a los tesalonicenses, la soberanía de
Dios y nuestro libre albedrío colisionan en un glorioso
caleidoscopio de gracia.

Aquí, Pablo oraba por la iglesia de Tesalónica, para que
(en una traducción alternativa) Dios los hiciera merecedores
de su llamado. Dios llama; luego, Dios los hace merecedores
de ese llamamiento.

En otro texto, Pablo mandó a los creyentes que *vivieran*
vidas dignas de Dios y de su llamamiento (Efesios 4.1).
Nuestro esfuerzo, nuestra elección.

Aquí, Pablo pide a Dios que perfeccione *nuestras*
disposiciones y obras que realizamos por la fe.

Pero es Dios el que nos llama «conforme a su propósito»
(Romanos 8.28 NVI; 2 Timoteo 1.9). De hecho, Pablo llega
incluso a calificar este llamamiento como «irrevocable»
(Romanos 11.29 NVI).

Descansemos en el hecho de que todas las cosas que
vivimos, planeamos y creemos Dios las cumplirá por
nosotros.

Día 253

Pues estoy convencido de que ni la muerte ni la vida,
ni los ángeles ni los demonios, ni lo presente ni lo por
venir, ni los poderes, ni lo alto ni lo profundo, ni cosa
alguna en toda la creación podrá apartarnos del amor que
Dios nos ha manifestado en Cristo Jesús nuestro Señor.
ROMANOS 8.38–39 NVI

¿No es reconfortante este pensamiento?

Por supuesto, la otra cara es que hay muchas cosas que tratarán de separarnos de Dios... ¡demasiadas cosas como para considerarlas coincidencias! La burla de los seres queridos, problemas de salud, soledad, dificultades financieras, depresión, el simple hecho de vivir en un mundo incrédulo que parece estar enfrentado a la fe... cualquiera de estas cosas, u otras dirigidas específicamente a nuestra situación, tratarán de separarnos del amor de Dios.

¿Por qué? ¡Porque el amor de Dios es un premio maravilloso! De no ser así, a nadie de este mundo (o de más abajo) le importaría. Las luchas que experimentas por tu fe son una medida de la realidad e importancia de lo que vas a lograr al final. Es una batalla real, pero Pablo te está diciendo que te encuentras en el bando más fuerte. Con solo aferrarte a Jesús, él extenderá sus brazos, y su amor, en torno a ti.

Ni terremotos, ni impactos de meteoritos ni superhéroes podrían romper ese abrazo. ¡Estarás en casa, y para quedarte!

Día 254

He guardado tu palabra en mi corazón,
para no pecar contra ti.
SALMOS 119.11 NTV

Cuando Jesús fue tentado por Satanás, no se rindió, porque recordó la Palabra de Dios.

Debió de haber sido difícil. La Biblia dice que Jesús llevaba bastante tiempo en el desierto. Llevaba cuarenta días y noches sin comer y, puesto que era plenamente humano, tenía que encontrarse en un estado de debilidad. Para cualquiera es difícil funcionar bien después de sufrir un hambre así.

Pero Jesús conocía muy bien la Palabra de Dios. Cada vez que era tentado, podía repeler la prueba usando la Palabra de Dios como arma.

Esta misma arma está a nuestra disposición. Mediante la lectura y la meditación de la Palabra de Dios, nos hacemos mucho más fuertes en nuestra fe. Se nos hace más fácil pelear contra la tentación. La Biblia dice que nunca seremos tentados más allá de lo que somos capaces de soportar (véase 1 Corintios 10.13). Y Salmos 119.11 señala que podemos hallar la victoria llenando nuestros corazones y mentes con la Palabra de Dios.

Día 255

*Él fue quien quitó los santuarios paganos, hizo pedazos
las piedras sagradas, rompió las representaciones de Aserá
y destrozó la serpiente de bronce que Moisés había hecho
y a la que hasta entonces los israelitas quemaban incienso.*

2 Reyes 18.4 dhh

❧

Un día, los israelitas se quejaron amargamente contra Moisés
y contra Dios, así que Dios les envió serpientes venenosas que
mordieron a muchos de ellos. Cuando el pueblo se arrepintió,
Dios le dijo a Moisés que hiciera una serpiente de bronce
y la pusiera en lo alto de una vara, y «cuando alguien era
mordido por una serpiente, miraba a la serpiente de bronce y
se salvaba» (Números 21.9 dhh).

Uno puede entender por qué los israelitas se aferraron a
este símbolo del poder de Dios por cientos de años. Era como
una tradición nacional. También se puede entender por qué
podrían pensar que todavía tuviese poderes curativos muchos
años después. Pero en algún punto de los siglos siguientes los
israelitas comenzaron a adorar a la serpiente de bronce y a
quemar incienso para ella.

Cuando el rey Ezequías estaba destruyendo los ídolos de
Judá, usó de sarcasmo para darle a la serpiente el nombre de
Nehushtán. Suena como el término hebreo para «bronce» y
«serpiente», pero significa «algo sucio». A continuación la hizo
pedazos.

Dios nos da muchas cosas útiles, buenas, pero, si
comenzamos a adorar esas cosas en lugar de a Dios mismo, o
les dedicamos demasiada atención, se convierten en ídolos y
deben ser destruidas.

Día 256

*Ahora vemos de manera indirecta y velada, como en un espejo;
pero entonces veremos cara a cara. Ahora conozco de manera
imperfecta, pero entonces conoceré tal y como soy conocido.*
1 Corintios 13.12 NVI

❦

«Materia oscura», «energía oscura», «flujo oscuro»... el modelo
científico del universo se basa en todas esas cosas. El adjetivo
«oscuro» significa: «Creemos que ahí debe de haber algo, pero
no podemos encontrarlo».

Los cosmólogos se enfrentan a la nada envidiable tarea de
tratar de comprender la creación, siendo ellos mismos parte
de ella. Conciben un modelo necesariamente restringido y
califican de «oscuras» a las partes que quedan fuera de su
comprensión.

En eso no se diferencian mucho de las personas de fe.
Ni siquiera los más grandes eruditos de la Biblia entendieron
completamente el Grandioso Plan de Dios. Sus caminos han
sido misteriosos desde el principio. Y a causa de esto hay
cosas que no comprendemos, cosas que nos resultaría difícil
explicar a cualquier otra persona, cosas que, si somos sinceros,
pueden en ocasiones hacernos dudar de la validez de nuestra
fe. Pero no nos rindamos.

Pablo habla de estos puntos «oscuros» en este versículo.
Él conocía estas preocupaciones. También sabía que había
una respuesta.

La comunidad científica invierte miles de millones en la
resolución de sus misterios. Pablo nos aconseja a los demás
que invirtamos un poco de fe y un poco de tiempo. Entonces
conoceremos completamente y no habrá nada oscuro.

Día 257

El Señor le ordenó a Moisés que les dijera a los israelitas: «Estas son las fiestas que yo he establecido, y a las que ustedes han de convocar como fiestas solemnes en mi honor. Yo, el Señor, las establecí».
Levítico 23.1–2 nvi

Las festividades religiosas de Israel combinaban las celebraciones festivas con la adoración para conmemorar las increíbles bendiciones de Dios a la nación.

El sabbat semanal, aunque era un día para el reposo y la adoración, servía para recordar «que fuiste esclavo en Egipto, y que el Señor tu Dios te sacó de allí con gran despliegue de fuerza y de poder» (Deuteronomio 5.15 nvi).

La fiesta de la cosecha, o Pentecostés, se celebraba cincuenta días después de la Pascua. Se presentaban hogazas de pan al Señor como ofrenda por la cosecha de trigo, junto con animales para el sacrificio. La tradición judía relaciona también esta festividad con el día en que Dios le entregó a Moisés la ley en el monte Sinaí.

Durante la fiesta de las enramadas, los israelitas acampaban en el exterior en frágiles refugios por siete días, como recordatorio del cuidado y protección de Dios que siguió a su huida de Egipto. Esta alegre celebración tenía lugar al final de la temporada de la cosecha e incluía un tiempo de acción de gracias a Dios por las cosechas del año.

Al igual que los israelitas, usemos todas nuestras festividades religiosas para celebrar la bondad de Dios, reflexionando en las bendiciones que nos ha dado personalmente y como nación.

Día 258

*El dios de este mundo ha cegado la mente de estos
incrédulos, para que no vean la luz del glorioso
evangelio de Cristo, el cual es la imagen de Dios.*
2 CORINTIOS 4.4 NVI

El «dios de este mundo» es, sin duda, Satanás. Los
«incrédulos» son las personas que se creen demasiado sabias
para la fe. Su dueño les dio armas poderosas cuando los cegó
para su destino y los armó de desdén.

Después de todo, a nadie le gusta que se rían de él. Una
pequeña humillación pública enfría una fe fuerte y mata
a una débil. Por eso muchos de nosotros simplemente nos
quedamos callados ante personas así.

Como resultado, marchan tan contentos hacia su
destino, y al Señor se le rompe el corazón dos veces.

¿Cómo trató Jesús a los ciegos? Se les puso delante.
Las cosas que les hizo podrían calificarse como un poco
despectivas: ¡escupió en sus ojos, los untó de barro y luego les
mandó ver!

Si podemos soportar una pequeña humillación por el
bien de los que se burlan de nosotros; si podemos quitar
hierro a sus desdenes, sabiendo que son peones de Satanás
pero amados por Dios; si nos plantamos delante de sus
rostros, tendrán que mirar. Y si hacemos todo eso en el
nombre de Dios, ¡los ciegos no tendrán más alternativa
que ver!

Día 259

Y, como los israelitas abandonaron al Señor
y no le sirvieron más, él se enfureció contra ellos.
Los vendió a los filisteos y a los amonitas.
JUECES 10.6–7 NVI

Este versículo suscita una cuestión importante. ¿El enojo es pecado? Si lo es, ¿cómo puede un Dios de amor y sin pecado expresar que está enfurecido?

Para estudiar estas cuestiones necesitamos entender los atributos morales de Dios. Él es bueno, amoroso, compasivo, paciente, verdadero, fiel, justo y lento para la ira. Pero se enfurece, no en un sentido humano e imperfecto, sino con una justa indignación contra el mal.

Fue una justa indignación la que movió a Jesús a expulsar del templo de Dios a los avariciosos e impíos. Del mismo modo, después de que los israelitas regresaran a la idolatría, sufrieron las consecuencias de su pecado: Dios permitió que las naciones vecinas los oprimieran por ochenta años (Jueces 10.8).

Desde el principio de los tiempos, Dios ha revelado su ira contra toda forma de maldad e idolatría. Pero su disgusto con el mal es también una expresión de su amor por la bondad y la justicia.

El apóstol Pablo enseñó a los creyentes del Nuevo Testamento: «"Si se enojan, no pequen" [...] ni den cabida al diablo» (Efesios 4.26–27 NVI). Para nosotros, como cristianos, está bien expresar enojo contra el pecado y la injusticia. Lo que está mal es permitir que este enojo nos lleve a pecar.

No toda ira es pecado. Pero se trata de una emoción que es mejor dejar bajo el control de Dios.

Día 260

*Los apóstoles salieron del Concilio Supremo
con alegría, porque Dios los había considerado
dignos de sufrir deshonra por el nombre de Jesús.*
HECHOS 5.41 NTV

Los apóstoles realizaron «muchas señales milagrosas y maravillas entre la gente» y «cada vez más personas [...] creían y se acercaban al Señor» (Hechos 5.12, 14 NTV).

Lleno de envidia, el Concilio de los judíos arrestó a los apóstoles. Tras un largo debate, el Concilio los liberó, prohibiéndoles que hablaran de Jesús y castigándolos con unos azotes.

Deshechos de dolor, con las espaldas rotas y sangrando, los apóstoles se regocijaron en que Dios les había permitido sufrir por él.

¿Cómo puede haber motivo de celebración en el sufrimiento de la persecución?

Años después, el apóstol Pablo escribió: «si han sufrido físicamente por Cristo [...] No pasarán el resto de la vida siguiendo sus propios deseos, sino que estarán ansiosos de hacer la voluntad de Dios» (1 Pedro 4.1–2 NTV). La persecución nos mantiene en el buen camino con Cristo.

Además, nos ofrece bendiciones futuras: «Si sufren por hacer lo correcto, Dios va a recompensarlos» (1 Pedro 3.14 NTV). Sin embargo, debemos sufrir la persecución «con humildad y respeto [...]. Entonces, si la gente habla en contra de ustedes será avergonzada» (1 Pedro 3.16 NTV).

¿Estás teniendo problemas por causa de tus creencias cristianas? Mantente firme. Hay bendiciones eternas para ti.

Día 261

Y me ha dicho: Bástate mi gracia; porque mi poder
se perfecciona en la debilidad. Por tanto, de buena
gana me gloriaré más bien en mis debilidades,
para que repose sobre mí el poder de Cristo.
2 Corintios 12.9 rvr1960

Eric Liddell, el misionero escocés a China, escribió una
oración pidiendo «que ninguna circunstancia, por amarga que
sea, pueda hacerme quebrantar mi ley, la ley del amor a ti y
a mi prójimo». Pasara lo que pasara, prometió mantener «un
corazón lleno de gratitud».

Liddell no mencionó que en aquellos momentos era
prisionero en un campo de internamiento japonés. No sabía
si su familia estaba a salvo. Y se estaba muriendo de un tumor
cerebral.

Pero la certeza que Eric Liddell tenía de que Dios le
amaba, y de que Cristo había muerto por él, era suficiente
para demostrarle que sus bendiciones *seguían* siendo
superiores a sus problemas. Fue capaz de hacer una labor que
hizo que el resto del campo pensara en él como una especie
de santo.

Nuestros momentos de abatimiento no tienen por
qué ser momentos de desesperanza. Cuando estamos en las
últimas, Dios puede llenar el espacio que solíamos ocupar
y puede hacer maravillas. Cuando crees que ya no hay nada
para ti, si puedes apoyarte en Dios, tienes más que suficiente.

¡Algún día podrás preguntarle a Eric Liddell sobre ello!

Día 262

Le pesó haber creado al ser humano sobre la tierra.
GÉNESIS 6.6 BLPH

A causa del diluvio, Dios ha sido descrito en oraciones como alguien malo. «¡No puedo confiar en un Dios que se enfurece y acaba con todos!» dice la gente. Pero este versículo nos dice que Dios sentía *pesar*, no ira.

Dios hizo todo lo posible para evitar el diluvio. Concedió a la humanidad varias generaciones para volverse de su maldad. Su paciencia fue tan grande que esperó hasta que solo quedó un hombre recto: Noé. Y Dios no envió el diluvio sin advertencias. Noé y Enoc fueron predicadores de la justicia. Aunque avisaron al mundo durante un centenar de años (el tiempo que tardó en construirse el arca), nadie los creyó. Para cuando comenzó la lluvia, el mundo apestaba a pecado. Génesis 4.23–24 señala que había asesinatos sin culpabilidad. Un mundo de asesinos recibió la pena de muerte.

Al considerar los detalles de un acontecimiento, vemos una historia completamente nueva, y la justicia de Dios. No te apresures a descalificar a Dios, más bien investiga con cuidado esas cuestiones que te inquietan. La Biblia nos ha dado razones de sobra para poner toda nuestra vida en sus manos, hoy y para siempre.

Día 263

No sean egoístas; no traten de impresionar a nadie.
Sean humildes, es decir, considerando a los demás
como mejores que ustedes.
FILIPENSES 2.3 NTV

Otro gran versículo que sigue esta línea es «El amor que tengan unos por otros será la prueba ante el mundo de que son mis discípulos», de Juan 13.35 (NTV).

Nuestra manera de comportarnos dice mucho sobre lo que es más importante para nosotros. En Isaías 53.2 leemos que no había nada hermoso en el aspecto físico de Jesús que pudiese mover a nadie hacia él, sin embargo, con solo una mirada las personas verían que estaba lleno de amor.

Imagina que tienes la capacidad de ver el amor que tienen las personas solo mediante la forma como te miran. Quizás podrías saberlo por la forma en que te hablan. Tal vez sea por la manera en que dicen tu nombre. Eso es lo que Jesús tenía. Los que tuvieron la fortuna de estar en su presencia durante el breve espacio de tiempo que estuvo en la tierra debieron de haberse sentido verdaderamente llenos de su amor.

Hoy somos los discípulos de Jesús. Si hemos de serlo, debemos comportarnos de acuerdo a Filipenses 2.3 y a muchos otros versículos que se escribieron para guiarnos. Es ahora cuando tenemos que manifestar este amor hacia los demás. Que brillemos con el amor de Jesús ante cada persona con la que nos encontramos.

Día 264

*Clama a mí y te responderé, y te daré a
conocer cosas grandes y ocultas que tú no sabes.*
JEREMÍAS 33.3 NVI

En este versículo, Dios le está hablando directamente al
profeta Jeremías.

Por cuarenta años, Jeremías había estado advirtiendo de
que Jerusalén iba ser destruida por sus pecados. Ahora, sus
predicciones se estaban haciendo realidad. El ejército babilonio
estaba listo para el ataque. El rey Sedequías mandó que se
enviase a Jeremías a prisión por hablar las palabras de Dios.
Mientras Jeremías estaba allí, Dios le mandó que orase. Le
dijo: «Clama a mí, y yo te responderé» (Jeremías 33.3 LBLA).

Jeremías 33.3 enseña que si oramos a Dios él nos
responderá con sabiduría. En nuestras traducciones de la
Biblia, el verbo «orar» aparece más de quinientas veces.
Dios quiere que oremos. Cuando le invocamos en oración,
sabemos que nos oye (1 Juan 5.15).

Proverbios 2.6 (LBLA) dice: «Porque el SEÑOR
da sabiduría, de su boca vienen el conocimiento y la
inteligencia». Dios nos conoce completamente, y puede
dirigirnos en sabiduría y guiarnos por medio de la obra de su
Espíritu Santo.

Así como le dio a Jeremías sabiduría cuando oró, Dios
hará lo mismo por ti si acudes a él en fe (Santiago 1.5–6).

Día 265

*Pero ¡ay de ustedes los ricos,
porque ya han recibido su consuelo.*
LUCAS 6.24 NVI

🦋

Algunos podrían tener la sensación de que la enseñanza de Jesús es demasiado dura con respecto a las riquezas. En Mateo 19.24 afirma que es más fácil que un camello pase por el ojo de una aguja que un rico entre por las puertas del cielo.

Las palabras de Jesús no deberían interpretarse como una perspectiva negativa de la riqueza. Él tuvo amigos ricos que apoyaron su ministerio de muchas maneras, como cediendo una tumba para su sepultura.

Su elección del término griego «consuelo» era un mensaje a los ricos, diciendo que ya habían recibido toda su remuneración. Sus placeres eran momentáneos, no eternos. «¡Comamos y bebamos, que mañana moriremos!»

La gente corriente que escuchó a Jesús probablemente asintió conforme, aunque otros entendieron que se dirigía también a ellos. Los que carecen de riquezas, estén contentos con lo que poseen (Éxodo 20.17). Debemos entender que una mayordomía generosa tiene resultados eternos (Lucas 6.38). Nada llena tanto como una relación de nuevo nacimiento con Jesús (Hebreos 11.26).

Para todos, Cristo resume su mensaje diciendo: «ustedes recibieron gratis, denlo gratuitamente» (Mateo 10.8 NVI).

Solíamos cantar un himno titulado «Da lo mejor al Maestro». Una estrofa dice así:

*Dale el primer lugar en tu corazón.
Dale el primer lugar en tu servicio;
Conságrale cada parte de ti.*

Día 266

Cuando Jesús se fue de allí, vio a un hombre
llamado Mateo, sentado en la oficina de los tributos,
y le dijo: ¡Sígueme! Y levantándose, le siguió.
MATEO 9.9 LBLA

En los tiempos del Nuevo Testamento, la estructura de los impuestos romanos daba amplio lugar a los sobornos y coimas a los oficiales que trabajaban en el sistema. Estas prácticas bajo mano alcanzaban hasta el nivel más bajo de la jerarquía tributaria: los publicanos o recaudadores de impuestos.

Utilizando las prácticas comunes en su época, los superiores de Mateo lo animaban a cargar de más al pueblo llano, acusar en falso de contrabando a los mercaderes para sacarles una coima, e imponer tasas arbitrarias sobre todas las importaciones y exportaciones. Estas y otras prácticas maliciosas proporcionaban riquezas deshonestas a los recaudadores de impuestos.

Muchos judíos creían que era inmoral pagar cualquier clase de tributo a Roma y consideraban traidores a los compatriotas que recaudaban esos impuestos. Despreciado por los suyos, un publicano judío tendría relación frecuente con los paganos, lo que los contaminaba a los ojos de la mayoría de judíos.

Pero Jesús le pidió a Mateo, un detestado publicano: «Sígueme». Y Mateo le hizo caso al instante. Se convirtió en uno de los doce discípulos de Jesús y escribió el Evangelio que lleva su nombre.

¿Tienes familiares, amigos o compañeros de trabajo que viven lejos de Dios? Hay esperanza. Tenlos en tus oraciones y deja que Jesús obre en sus corazones.

Día 267

*Cuando Pedro entró, salió Cornelio a recibirlo y, postrándose
a sus pies, lo adoró. Pero Pedro lo levantó, diciendo:
—Levántate, pues yo mismo también soy un hombre.*
HECHOS 10.25–26 RVR1995

🦋

Pedro amaba a Jesús, pero era un hombre con sus debilidades
y autor de terribles errores, como el de apartar sus ojos de
Jesús, reconvenir al Señor y, en un momento de debilidad,
incluso negar que lo conocía (Mateo 14.28–31, 16.21–23,
26.69–75). ¿Quién se iba a imaginar que alguien pudiese
confundir a Pedro con un dios y rendirle adoración?

Pero, después de que Jesús resucitase de los muertos
y de que los discípulos fuesen llenos del Espíritu Santo,
Pedro se convirtió en un obrador de milagros y en alguien
fundamental. Oraba y los enfermos se sanaban y los muertos
volvían a la vida. ¡Hasta su sombra curaba a la gente! (Hechos
3.1–8, 5.15, 9.32–42).

Por eso, cuando este «santo» entró en casa de Cornelio, el
centurión romano se postró para adorarlo. Pedro lo agarró
rápidamente y lo puso de nuevo en pie.

Cuando el apóstol Juan estuvo a punto de adorar a un
ángel, este le mandó de inmediato: «¡No, cuidado!» y añadió:
«¡Adora solo a Dios!» (Apocalipsis 19.10 NVI) Este es un
buen consejo para nosotros cuando estamos tentados a poner
a algún líder en un pedestal o a ceder a la adoración de los
hombres.

Día 268

*Y me dijo: «Hijo de hombre, cómete este rollo escrito,
y luego ve a hablarles a los israelitas».*
EZEQUIEL 3.1 NVI

¿Por qué le diría el Señor a Ezequiel que se comiera un rollo? Dicho brevemente, el rollo contenía las palabras de Dios para los rebeldes israelitas. Su contenido consistía en duros juicios endulzados con bendita redención. Pero, antes de que Ezequiel pudiera predicar la Palabra de Dios, tenía que tragárselo y comprometerse con él primero.

Cuando Satanás tentó a Jesús en el desierto para que convirtiera las piedras en pan, Jesús contestó: «No solo de pan vive el hombre, sino de toda palabra que sale de la boca de Dios» (Mateo 4.4 NVI). La Palabra de Dios alimenta y sostiene a todo creyente; es nuestra carne y nuestras patatas. Sin embargo, primero tenemos que digerirla y grabarla en nuestros corazones y mentes, antes de poder ser eficaces para el reino.

El profeta Jeremías dijo: «Al encontrarme con tus palabras, yo las devoraba; ellas eran mi gozo y la alegría de mi corazón, porque yo llevo tu nombre» (Jeremías 15.16 NVI). Así es con cada cristiano. Las Escrituras nos traen gozo, vida, esperanza, paz, consuelo, ánimo y todos los nutrientes espirituales que necesitamos para fortalecer nuestros corazones y nuestras mentes. Nos faculta para predicar las Buenas Noticias de Jesucristo. ¿Ya has comido hoy?

Día 269

Produzcan frutos que demuestren arrepentimiento.
Y no se pongan a pensar: «Tenemos a Abraham por
padre». Porque les digo que aun de estas piedras
Dios es capaz de darle hijos a Abraham.
LUCAS 3.8 NVI

Pertenecer al número de los fieles no es algo que se herede, como parece que algunos podrían pensar. No somos salvos automáticamente porque nuestros padres lo sean.

La idea de ser la raza escogida hizo que algunas personas de los tiempos de Jesús se descuidaran en cuanto a su fe. Juan señaló que la *elección* era de Dios, y que no deberían darle motivos para lamentar haberlos elegido.

Imagínate a Dios como un empresario. Contrata a personas, pero no quiere que se crean que el trabajo es de su propiedad. Él no practica el nepotismo (no consigues el trabajo porque tu padre haya trabajado en la empresa). Dios no tiene sitio para los «calientabancas» en su negocio. Busca personas que quieran estar ahí, que deseen «llevar fruto» a partir de la materia prima que él provee.

La de Dios es una empresa pujante y con mucho futuro. Siempre hay vacantes para los que quieren trabajar. Es un puesto de por vida, a prueba de crisis, con un maravilloso plan de jubilación.

Es una oportunidad demasiado buena como para arriesgarse a perderla por culpa de la complacencia. Puedes apostar a que aquellas piedras saltarían ante la oportunidad... si las piedras saltaran.

Día 270

En todo el territorio de Israel no había un solo herrero,
pues los filisteos no querían que los hebreos forjasen espadas
o lanzas. Y todos los israelitas tenían que acudir a los filisteos
para aguzar cada uno su reja, su azada, su hacha y su hoz.
Afilar rejas o azadas costaba dos tercios de siclo y un tercio
afilar hachas o arreglar aguijadas. Por eso, el día del combate
ninguno de los que acompañaban a Saúl y a Jonatán tenían
espadas y lanzas. Sólo las tenían Saúl y su hijo Jonatán.

1 SAMUEL 13.19–22 BLPH

Esta es una fascinante perspectiva de Palestina en el umbral
mismo de la Edad del Hierro. Los filisteos, tecnológicamente
más avanzados que los israelitas, protegían los conocimientos
sobre la fabricación del hierro como un secreto militar vital.

El bronce, el metal del que disponían los israelitas, es
en realidad más duro que el hierro forjado, pero no se puede
volver a afilar; hay que volverlo a forjar desde cero. Mediante
el control de las herrerías, los filisteos llevaron a cabo un
eficaz embargo de armamento contra los israelitas. Dios
usó una tecnología aún más antigua para ponerle fin: cinco
piedras lisas y una honda (1 Samuel 17.40, 49–50).

Día 271

*Nadie puede servir a dos señores, pues menospreciará a uno
y amará al otro, o querrá mucho a uno y despreciará al otro.
No se puede servir a la vez a Dios y a las riquezas.*
MATEO 6.24 NVI

Un amo o señor manda con autoridad y control totales. En
este versículo, «dinero» se traduce también como «mammón»,
que se refiere a toda clase de posesiones terrenales.

Mammón no puede ser nuestro señor. Podemos usar
nuestras posesiones y dinero para el propósito de Dios, pero
no podemos permitir que gobiernen nuestras vidas. Cuando
mammón controla los corazones, no tenemos tiempo ni sitio
para Dios.

Podemos tratar de hacer malabares con dos amos
a la vez durante un rato —y hasta puede parecer que lo
conseguimos— pero Jesús nos advierte que esta no es la
manera de vivir. Igual que el malabarista solo toca una bola a
la vez, tenemos que soltar una para no perder la otra.

Hoy podemos ser fácilmente persuadidos de que lo
tenemos todo. Pero, cuando tratamos de aferrarnos a nuestras
posesiones y a Dios, acabamos perdiendo una de las dos cosas.

Dios es nuestro Señor. Algunas de las cosas que tenemos
agarradas —hogar, trabajo, familia— son cosas buenas, pero
las tenemos mal colocadas en nuestras prioridades. Todo lo
que nos distrae de Dios es para nosotros mammón. Él quiere
ser lo primero en nuestros corazones.

Día 272

Así que el Señor le dio a la burra la capacidad de hablar.
—¿Qué te he hecho para merecer que me pegues tres veces?
NÚMEROS 22.28 NTV

Balaam el adivino vivía en Petor, cerca de la antigua ciudad de Mari. Unas tablillas cuneiformes descubiertas en Mari describen un culto de gran implantación que tenía adivinos profesionales que se valían de presagios, sueños y mancias para ganarse la vida. A cambio de un precio, podían formular encantamientos y ofrecer sacrificios para maldecir a una persona o nación.

Temiendo un ataque de Israel, el rey de Moab contrató a Balaam para que fuese y maldijese a los israelitas.

El adivino salió hacia Moab, instruido por Dios para no maldecir a Israel y hacer solo «lo que yo te indique» (Números 22.20 NTV). Sin embargo, Balaam trató de sortear las órdenes de Dios y llevarse a casa su considerable ganancia, porque «le encantaba ganar dinero haciendo el mal» (2 Pedro 2.15 NTV).

Disgustado, Dios envió un ángel para matar a Balaam, un ángel que era invisible para el adivino, pero no para su asustada asna. Esta se quedó quieta. Furioso, Balaam golpeó al animal. Dios hizo hablar a la burra. Como adivino que era, Balaam no se sorprendió demasiado por un animal que hablara, y discutió con la burra.

Entonces Dios le permitió ver al ángel que estaba en pie con la espada desenvainada. Balaam cayó sobre su rostro y confesó sus intenciones avariciosas.

A diferencia de Balaam, examinemos nuestras motivaciones y sirvamos a Dios con un corazón puro.

Día 273

*Mas al que no obra, pero cree en aquél que
justifica al impío, la fe le es contada por justicia.*
ROMANOS 4.5 RVA

¿Has jugado alguna vez al juego de los contrarios? Cuando
el líder te manda dar un paso adelante, tú das un paso atrás.
Cuando menciona el color verde, tú debes decir: «Rojo».
Es todo un desafío para los más jóvenes porque tienen que
pensar antes de actuar.

Pues bien, muchas personas han jugado al juego de los
contrarios con Dios. El texto de hoy nos dice que Dios no
nos declarará justos basándose en nuestras obras. ¿Y qué es lo
que hacemos muchos de nosotros? ¡Tratamos de complacer
a Dios con nuestras obras! «He trabajado duro y he sido una
buena persona. Espero que Dios me dejará entrar en el cielo».
«Por más que me esfuerzo por hacer el bien, sigo sintiendo
que Dios no acepta nada de lo que hago».

Abraham representa un buen ejemplo. Dios le dijo que
su simiente sería tan numerosa como las estrellas, y Abraham
creyó a Dios. Dios lo consideró entonces como justo (y
Abraham no había movido un dedo). ¿Cuál es nuestra
manera de considerar las promesas de Dios? ¿La indiferencia?
¿O tenemos la idea de que Dios quiere que hagamos algo en
nuestras vidas?

Día 274

Podrán desfallecer mi cuerpo y mi espíritu,
pero Dios fortalece mi corazón; él es mi herencia eterna.
SALMOS 73.26 NVI

Tal vez muchos no han oído hablar de Asaf. Es el autor del salmo 73. Asaf era director de música con David y compuso doce salmos.

En Salmos 73, Asaf se pregunta, si Dios es bueno, ¿por qué los justos sufren y los malvados prosperan? Dice: «¿Conservé puro mi corazón en vano? ¿Me mantuve en inocencia sin ninguna razón? En todo el día no consigo más que problemas; cada mañana me trae dolor» (vv. 13–14 NTV). Asaf confiesa que en ocasiones siente ganas de rendirse y unirse a los impíos (vv. 2–3).

En su desesperación, Asaf busca a Dios en su santuario. Allí se da cuenta de que, aunque los malvados puedan prosperar por un tiempo, Dios los derrotará a su manera y en su momento. Asaf termina alabando a Dios: «¡Qué bueno es estar cerca de Dios! Hice al Señor Soberano mi refugio».

Cuando nuestros cuerpos están cansados y enfermos, cuando sentimos que no podemos ya continuar, Salmos 73.28 nos recuerda que Dios es nuestro todo.

Día 275

Examínense para ver si están en la fe; pruébense a sí mismos.
¿No se dan cuenta de que Cristo Jesús está en ustedes?
¡A menos que fracasen en la prueba!
2 CORINTIOS 13.5 NVI

Cuando estamos en la iglesia o en el grupo bíblico, sabemos que nos encontramos entre espíritus como el nuestro. Podemos relajarnos un poco, sabiendo que no vamos a enojar a nadie con nuestra fe y que los demás nos van a ayudar a seguir en buen camino. Cristo Jesús estará en nosotros. Pero gran parte de la obra de Dios no se lleva a cabo entre los fieles. Necesitamos aventurarnos fuera de nuestra zona de confort, y ahí es cuando el tema se vuelve peligroso.

Para los que son incautos en lo espiritual, el mundo es una trampa. Existen innumerables distracciones y es fácil perderse, lo cual hace que sea tan importante la comunión con otros cristianos. Pero si no tienes esa oportunidad, si eres una «voz en el desierto», es de vital importancia que te preguntes regularmente: «¿Estoy haciendo esto por amor a Dios? ¿Él lo aprobaría?». Cuando no puedes dar una respuesta afirmativa a estas preguntas, sabes que te has salido de tu camino.

Pero hay buenas noticias. Si no has aprobado ese examen, no estás en absoluto solo. ¡Simón Pedro fracasó de manera espectacular! Pero puedes volver a hacerte las preguntas en cualquier momento. Solo abre tu corazón e invita al Señor a volver a entrar. Él vendrá.

Día 276

Estén alerta, no sea que alguien los engañe con especulaciones filosóficas o estériles disquisiciones que se apoyan en tradiciones humanas o en potencias cósmicas, en lugar de en Cristo.
COLOSENSES 2.8 BLPH

«No existe eso de la verdad absoluta». ¿Nunca has oído ese argumento? Así por encima parece bueno, hasta que tomas un poco de perspectiva y consideras mejor lo que significa. El problema con esta afirmación es que declara una verdad absoluta al mismo tiempo que afirma que tal cosa no existe.

Adán y Eva fueron engañados en el huerto, cuando la serpiente manipuló la verdad y la lógica convirtiéndolas en algo que aparentemente justificaba saltarse las pautas establecidas por Dios. Este legado de engaño sigue vigente en el mundo moderno. Posturas y opiniones que parecen intelectualmente sólidas a primera vista se vienen abajo cuando se examinan mejor sus componentes y sus consecuencias.

La lógica humana se queda en nada ante la sabiduría divina. La filosofía terrenal nos apresa y esclaviza; la omnisciente presencia de Dios irradia gracia y verdad. ¿Qué argumentos has oído últimamente que tengan origen en los rudimentos de este mundo, y no en la plenitud de Cristo?

Día 277

¿Dónde están, Judá, los dioses que te fabricaste?
¡Tienes tantos dioses como ciudades! ¡Diles que se levanten!
¡A ver si te salvan cuando caigas en desgracia!
JEREMÍAS 2.28 NVI

El Señor expresó claramente sus intenciones en el Sinaí. Prohibió la fabricación y adoración de ídolos (Éxodo 20.4–5).

A pesar de este mandamiento, Israel cayó en ciclos de idolatría, juicio, arrepentimiento y restauración (Jueces 2.11–19). Salomón, el rey que edificó el templo de Dios en Jerusalén, institucionalizó la adoración idólatra, construyendo altares a los dioses de Moab y Amón para dos de sus esposas. Más tarde: «Lo mismo hizo en favor de [*todas*] sus mujeres extranjeras» (1 Reyes 11.8 NVI, énfasis añadido). Como tenía 300 esposas y 700 concubinas, ¡había potencial para un millar de ídolos de falsos dioses!

Siglos más tarde, el rey Manasés cometió un sacrilegio definitivo, atroz. Llevó la adoración idólatra dentro de los atrios del templo (2 Crónicas 33.5–6).

Jeremías comenzó a profetizar durante el reinado del nieto de Manasés. La idolatría había permeado tanto el país que cada ciudad tenía su propio dios, y Jeremías advirtió, imploró, lloró... para nada. Jerusalén cayó y su gente fue llevada en cautiverio.

¿Y nosotros? ¿Hemos dejado que los dioses falsos del mundo —dinero, objetos, culto a la fama— echen raíces en nuestras vidas? Hay un solo Dios, y demanda nuestra atención.

Día 278

El sábado se hizo para el hombre, y no el hombre para el sábado.
MARCOS 2.27 NVI

❧

¿Recuerdas cuando el domingo se dedicaba a las reuniones en la iglesia, a buenas obras y a comer juntos en casa, con la idea de trasfondo de «no hacemos eso en el día del Señor»?

Como reacción a lo que algunos consideraban una observancia represiva del domingo, los creyentes han «actualizado» la obediencia al cuarto mandamiento. Hay quien dice que esos cambios han ido en detrimento de la familia.

La intención original de guardar la santidad del sabbat era la renovación física y espiritual, así como la adoración. Cuando el cristianismo histórico cambió ese día especial al domingo en reconocimiento de la resurrección, se mantuvo esa intención.

En casi un centenar de palabras, muchas más que las solo cuatro dedicadas al asesinato, el mandamiento prohíbe trabajar en el día de reposo (Éxodo 20.10). La razón se expone sucintamente: si el Creador necesitó apartar un día para el descanso, después de los seis días de la obra de la creación, ¿quiénes somos nosotros para ignorar esa petición suya en nuestro favor?

Actualmente, nuestro día de descanso típico parece favorecer el fútbol, las barbacoas y tal vez una lista de tareas de bricolaje. Y las tareas de una mañana dominical en la iglesia para sus miembros activos pueden ser agotadoras.

Entonces, ¿cómo podemos honrar el día del Señor? Como familia, decidan cómo hacer especial el domingo. Planifiquen qué les gustaría hacer por otras personas. Decidan en qué actividades no van a participar, y cómo organizar los deportes dominicales de los niños. Sobre todo que sea un día memorable.

Día 279

Por la mañana, SEÑOR, escuchas mi clamor;
por la mañana te presento mis ruegos,
y quedo a la espera de tu respuesta.
SALMOS 5.3 NVI

«Te presento mis ruegos» deriva del término hebreo *arak*, que se refiere a disponer o establecer como en un contrato legal.

Actuamos como letrados preparando nuestro caso. Presentamos nuestras alegaciones ante el Señor: *Señor, aquí está lo que deseo/necesito/anhelo. Sé que me amas y que has prometido escucharme.*

Pero, como cualquier contrato legal, ambas partes tienen obligaciones o responsabilidades. Dios escucha. Nosotros esperamos expectantes.

A menudo se nos olvida nuestra parte en el contrato legal. Dios cumple su parte del trato y escucha nuestras oraciones. Nosotros nos desvinculamos, a nuestro aire, tratando de resolver nuestro dilema sin él.

Nos retiramos de su presencia sin emplear tiempo en escuchar al Señor y adorarle en el silencio de nuestro corazón. Luego a la mañana siguiente, regresamos con más peticiones y «dames».

Dios conoce nuestro corazón y nos comprende. Él espera amablemente para oír lo que decimos, y le encanta cuando cumplimos nuestra parte del trato y permanecemos en su luz con nuestros corazones llenos de expectación y esperanza.

Día 280

*¿Qué busco con esto: ganarme la aprobación humana
o la de Dios? ¿Piensan que procuro agradar a los demás?
Si yo buscara agradar a otros, no sería siervo de Cristo.*
GÁLATAS 1.10 NVI

¿Por qué sigue ella con él?», o «Ah, él podría tener a alguien
mucho mejor que ella». ¿Quién no ha visto alguna vez
a alguien mantenerse en una relación de una sola parte,
tratando desesperadamente de complacer a su egoísta pareja?

A menudo es un trágico despilfarro de amor. ¿Y con qué
fin? ¿Para ganarse el afecto de un individuo con tales defectos?

Todo el que deposita su fe en este mundo termina
tratando de complacer a una persona o un sistema
defectuosos. Puede ser la pareja, un familiar o un jefe.
Les atribuimos crédito por ser de algún modo mejores
que nosotros, pero después de todo no son más que seres
humanos. Ni aun nuestros mejores intentos de cumplir sus
más nobles deseos llegarían a ser algo más que imperfectos.

Existe alguien que puede tomar nuestro amor y
convertirlo en lo que debería ser. Por medio de él, la idea
romántica del «felices para siempre» se convierte en realidad.
Él ya ha muerto por nosotros, ¿y qué mayor sacrificio podría
hacer alguien que te ama?

No hay compañía ni figura de autoridad humanas que
puedan dar o hacer más con lo que tenemos para ofrecer.

Así que, ¿por qué poner la mirada en las personas cuando
podríamos tener algo mucho mejor?

Día 281

Jesucristo es el mismo ayer y hoy y por los siglos.
HEBREOS 13.8 NVI

Aunque hay debate acerca de quién escribió Hebreos, está claro que la carta se escribió para judíos convertidos que se sentían tentados de regresar al judaísmo. El escritor los anima a estar firmes y perseverar basados en la seguridad que da la muerte de Jesús en la cruz para la vida eterna.

Pero, para entender el contexto del versículo 8, mira en Hebreos 13.7 (NVI): «Acuérdense de sus dirigentes, que les comunicaron la palabra de Dios. Consideren cuál fue el resultado de su estilo de vida, e imiten su fe».

Dos mil años después, se nos pide que recordemos a aquellos que caminaron en la tierra con Jesucristo, dando con obediencia los primeros pasos para hacer discípulos de todas las naciones (Mateo 28.19). Ellos tenían puestos los ojos en el inmutable Cristo, y su fe lo reflejaba. Fueron ellos quienes nos pasaron la fe.

Por tanto, cuando recordamos a nuestros modelos de cristianos del pasado, a los discípulos, a una maestra de escuela dominical, a un pariente que nos llevó a Cristo, también nosotros debemos imitar su fe, que estaba edificada sobre Jesucristo, nuestro único absoluto, que fue, que es y que siempre será.

Día 282

*La tristeza que proviene de Dios produce el arrepentimiento
que lleva a la salvación, de la cual no hay que arrepentirse,
mientras que la tristeza del mundo produce la muerte.*
2 Corintios 7.10 nvi

Aquí, el apóstol Pablo identifica dos tipos de tristeza con
resultados totalmente diferentes. Una viene de Dios, la otra
viene del mundo; una trae vida, la otra trae muerte.

La carta anterior, en la que Pablo amonestó a la iglesia
de los corintios, entristeció a los nuevos creyentes. El apóstol
explicó que, aunque no le gustaba nada hacerles daño, no
se arrepentía de haber escrito aquellas palabras, y añade:
«Ustedes se entristecieron tal como Dios lo quiere» (v. 9 nvi).

Antes de aceptar a Cristo, cada persona experimenta
diversos grados de convicción: un intenso sentimiento de
vergüenza y reproche. La culpa asociada a tomar conciencia
de nuestro pecado y de nuestra necesidad de arrepentimiento
es, por un tiempo, incómoda y perturbadora. ¡Pero es esta
la tristeza que produce humildad, un corazón contrito y un
cambio de mente que conduce a la liberadora salvación! Pablo
escribió: «Fíjense lo que ha producido en ustedes esta tristeza
que proviene de Dios: ¡qué empeño, qué afán por disculparse
[...] qué disposición para ver que se haga justicia!» (vs. 11 nvi).

Por otra parte, la tristeza mundana destruye y crea un
torbellino interior. Una honda pena por las posesiones,
empleos o familiares perdidos causan gran padecimiento o
llevan a la gente a procurar medios desesperados.

El Señor quiere que experimentemos la tristeza según
Dios y, cuando confiamos en él, él nos ayuda a vencer todas
las penas terrenales por medio de su gracia y misericordia.

Día 283

Grande es el SEÑOR nuestro, y de mucho poder;
y su entendimiento es infinito.
SALMOS 147.5 RVR1960

El poder de Dios es fenomenalmente *grande*. Génesis 1.16 nos dice que él creo los miles y miles de millones de estrellas y, en Salmos 147.4, David nos cuenta que Dios conoce el número exacto de estrellas de todo el universo. Más aún, Dios las llama a *cada una* por su nombre, ¡como si fueran sus mascotas! Recuerda ese impresionante dato la próxima vez que necesites una respuesta a la oración y te preguntes si Dios es lo suficientemente grande para realizarla.

Pero hay más. La segunda mitad de este versículo dice que su «entendimiento es infinito». Cuando ores pidiendo sabiduría en una situación compleja o desesperada, graba esta idea en tu mente. ¡Puede ser que tú no tengas ni idea de la respuesta adecuada, pero Dios sí la tiene! Su entendimiento no tiene fin.

En ocasiones, no entendemos por qué Dios permite que atravesemos momentos difíciles, pero ciertamente él conoce la situación, y se preocupa profundamente por cada uno de nosotros. No solo conoce cada estrella por su nombre, sino que conoce *tu* nombre también.

Salmos 147.5 es uno de los textos más intensos de la Biblia. Cuando meditamos profundamente en sus palabras, estas pueden llenar nuestras mentes de paz y seguridad.

Día 284

*¿Qué quiere decir eso de que «ascendió», sino que
también descendió a las partes bajas, o sea, a la tierra?*
EFESIOS 4.9 NVI

Los paracaidistas que encabezaron la invasión de Normandía
saltaron en la oscuridad de la noche sobre territorio enemigo.
Llevaban todas las armas y municiones que podían cargar.
También llevaban mochilas con más armas y equipamiento
enganchadas a los tobillos y las lanzaban desde el avión
antes de saltar. Hay que honrarlos como héroes, conscientes
de que estaban reduciendo sus ya escasas oportunidades de
supervivencia.

Ahora imagínate dando el mismo salto. Tu mayor
enemigo controla la región, pero, al llegar a la zona de salto,
el oficial de lanzamiento te quita la mochila y todas tus armas.
Te dice que abajo hay unos amigos que *podrían* ayudarte,
aunque no tienen demasiados medios. Ah, y no te indica
ningún punto de recogida, porque está claro que vas a *morir*
allí abajo.

¿Saltarías?

La crucifixión y ascensión de Jesús reciben toda gloria y
atención, como debe ser. Pero una parte clave de cualquier
viaje es su comienzo. Jesús tuvo que descender al mundo
—«territorio enemigo»— para poder completar el plan de
salvación de Dios.

Dios no nos está pidiendo nada que sea ni de lejos tan
terrible. La próxima vez que pienses que estaría bien ayudar a
alguien, *pero*..., recuerda que, si no das ese primer paso con fe,
la gente continúa necesitada. Jesús sopesó los riesgos frente al
amor. Venció el amor ¡y Jesús descendió!

Día 285

Así que a la mañana siguiente se levantaron temprano y subieron a la parte alta de las colinas. «¡Vamos! —dijeron—. Reconocemos que hemos pecado, pero ahora estamos listos para entrar a la tierra que el SEÑOR nos prometió».
NÚMEROS 14.40 NTV

Antes de introducir a Israel en la tierra prometida, Moisés envió a doce hombres que explorasen la región.

Después de cuarenta días, los exploradores regresaron e informaron: «en verdad es un país sobreabundante [...] el pueblo que la habita es poderoso» (Números 13.27–28 NTV).

Dos de ellos, Caleb y Josué, instaron al pueblo a entrar y tomar posesión de la tierra. Pero los otros diez contagiaron su temor diciendo: «¡No podemos ir contra ellos! ¡Son más fuertes que nosotros!» (Números 13.31 NTV). Al escucharlo, los israelitas se revolvieron contra Moisés y pidieron apedrear a Caleb y Josué.

Durante la revuelta, la presencia de Dios vino sobre el tabernáculo.

Por causa de su incredulidad, Dios sentenció a los israelitas a vagar cuarenta años por el desierto. Los que tenían una edad de veinte años o más no vivirían para entrar en la tierra prometida, con la excepción de Caleb y Josué.

La revuelta se disolvió entre lamentos.

Ignorando el veredicto de Dios, los hombres se prepararon para la batalla y salieron para conquistar la tierra, pero sus habitantes atacaron y derrotaron contundentemente a los israelitas.

Las oportunidades desechadas suelen desaparecer, para no regresar. Atendamos a la amable insistencia de Dios y actuemos siguiendo sus instrucciones.

Día 286

Corran, pues, de tal modo que lo obtengan.
1 Corintios 9.24 nvi

❧

Las competencias deportivas eran bien conocidas en el mundo helenístico. Los judíos ortodoxos aborrecían las costumbres paganas, pero Pablo usó con frecuencia la metáfora de las carreras y la lucha en la palestra. Sin duda, en otros tiempos, habría sido un espectador de ellas.

El apóstol entendió el paralelismo existente entre la vida en Cristo y el intenso esfuerzo de un corredor. En otro pasaje, el autor de Hebreos compara las aclamaciones de la multitud en un estadio con el ánimo para los compañeros cristianos en la carrera de la vida (Hebreos 12.1–2).

Para los creyentes de Corinto, Pablo subraya la necesidad de vivir la vida teniendo la mirada puesta en metas eternas. A todos los corredores, desde los velocistas espirituales a los maratonianos experimentados, el consejo del apóstol les hace recordar el disparo de salida, el salto de los obstáculos, el cuidado por que otros corredores no los hagan tropezar, el mantener los ojos en la meta, la concienciación del compromiso que ayuda al corredor a poner un pie delante del otro, sin que importe nada más.

Los que corren en el Espíritu hacen caso a esta directriz de Hebreos: «Fijemos la mirada en Jesús» (Hebreos 12.2 nvi). Él es el autor y consumador de nuestra fe. Él es el secreto del éxito, la motivación que asegura el premio: la vida eterna.

Día 287

*Aleja de mí la falsedad y la mentira;
no me des pobreza ni riquezas,
sino solo el pan de cada día.*

PROVERBIOS 30.8 NVI

Agur, un nombre propio que significa «asalariado», escribió el trigésimo capítulo de Proverbios. A diferencia de la mayor parte de Proverbios, escrita por el rey Salomón, la sabiduría que se nos presenta aquí procedía de un hombre corriente, un jornalero. En los versículos 2–3 admite su falta de credenciales, pero se aferra a la Palabra de Dios como su escudo (vv. 5–6).

En el versículo 7 presenta su «lista de deseos» a Dios. «Solo dos cosas te pido, SEÑOR [...] antes de que muera: Aleja de mí la falsedad y la mentira; no me des pobreza ni riquezas, sino solo el pan de cada día». Sigue construyendo su argumento sobre este tema diciendo que el rico toma crédito de su propio éxito, mientras que el pobre se enfrenta a la tentación de robar (v. 9). Salomón había dicho algo muy similar en el capítulo 10. La pobreza es «ruina» del pobre, pero la riqueza de los malvados trae castigo (10.15–16).

La lista de peticiones de Agur tenía que ver con la victoria sobre las tentaciones de pecar. ¿Qué áreas de nuestras vidas queremos que Dios limpie antes de nuestra muerte? ¿Estamos satisfechos con solo nuestro pan diario? ¿O buscamos más? Como Agur, elaboremos nuestra lista de deseos en función de la calidad de nuestro carácter, y no en función de nuestras experiencias.

Día 288

Y por otra semana confirmará el pacto con muchos;
a la mitad de la semana hará cesar
el sacrificio y la ofrenda.
DANIEL 9.27 RVR1960

En esta profecía, el ángel Gabriel (sí, *ese* Gabriel) le dice a Daniel lo que va a suceder en el futuro. Después de la muerte del Mesías, y poco antes de su regreso, un hombre hará un tratado de paz de siete años con Israel. Permitirá que se hagan sacrificios y ofrendas en Israel, y luego, a la mitad del tratado, les pondrá fin.

¿Quién iba a saber, hace más de dos mil años, que Israel aún seguiría aquí? Las civilizaciones más antiguas han quedado enterradas bajo la arena. Además, ¿cómo podría alguien saber que Israel iba a necesitar un tratado? Si prestas alguna atención a las noticias, verás que constantemente se menciona el conflicto de Israel y el cercano Oriente. Los últimos presidentes de Estados Unidos han tratado, sin éxito, de negociar la paz en la región.

Dios es lo suficientemente asombroso como para contarnos con todo detalle lo que sucederá dentro de miles de años. Más asombroso aún es descubrir que esta importante profecía mesiánica está a punto de cumplirse ¡durante *nuestro* tiempo de vida!

Día 289

*Cuando tuvo la visión, enseguida procuramos ir
a Macedonia, persuadidos de que Dios nos
había llamado para anunciarles el evangelio.*
HECHOS 16.10 LBLA

Con la bendición de los hermanos de Antioquía, Pablo formó equipo con Silas y se embarcó en su segundo viaje misionero. Salieron de Antioquía y viajaron dirección norte, por Siria, rumbo a las provincias del sur de Asia Menor.

Dios no les permitió predicar en Asia, así que Pablo y Silas viajaron por Frigia y Galacia en dirección a Misia.

En Misia, «intentaron ir a Bitinia, pero el Espíritu de Jesús no se lo permitió» (Hechos 16.7–8 LBLA).

Con cierta perplejidad, siguieron hasta el puerto de Troas. Allí, en una visión nocturna, un varón macedonio se apareció a Pablo diciendo: «Pasa a Macedonia y ayúdanos» (Hechos 16.9 LBLA). Sin perder tiempo, Pablo y Silas navegaron desde Troas a la región de Macedonia.

Aunque Pablo y Silas se marcaron unos propósitos específicos para su viaje de misión, siguieron buscando la dirección de Dios y cambiaron su itinerario cuando hizo falta. Estos cambios les proporcionaron un fructífero ministerio en Europa.

¿Estás escuchando la dirección de Cristo en todas las áreas de tu vida o simplemente vas adelante siguiendo tu agenda personal? Busca la guía de Cristo y realiza los ajustes necesarios para mantener el rumbo con él. No te pierdas lo mejor que Dios tiene para ti.

Día 290

Saluden a María que tanto se ha fatigado por ustedes.
ROMANOS 16.6 BLPH

María es un nombre que aparece varias veces en el Nuevo Testamento, pero también es el nombre de la hermana de Moisés. Hay al menos cinco mujeres con ese nombre, y tal vez hasta siete. Tenemos a María, la madre de Jesús; a María Magdalena; a la hermana de Marta y Lázaro (que tal vez sea la misma María Magdalena); a la madre de Juan y Jacobo; a la esposa de Cleofas; a la madre de Juan Marcos; y a la María sin identificar de Romanos 16.6.

El hecho de mencionar a tantas personas con el mismo nombre es una prueba más de que la Biblia registra hechos de la vida real. De cinco a siete con el nombre de María; tres o cuatro con el de Jacobo (Santiago); tres con el de Juan; y dos con el de Judas (¡pobre de aquel a quien le tocara este nombre!). Incluso hay tres personas llamadas Jesús.

¿Cuándo fue la última vez que leíste una novela que tuviera dos personajes con el mismo nombre? Ningún escritor de ficción crearía personajes que se llamasen igual. Generaría demasiada confusión.

Una prueba de la naturaleza extraordinaria de la Biblia es su estructura interna. Léela y juzga por ti mismo. ¿Te parece una novela o una biografía?

Día 291

Los sabios resplandecerán con el brillo de la bóveda celeste;
los que instruyen a las multitudes en el camino de la justicia
brillarán como las estrellas por toda la eternidad.
DANIEL 12.3 NVI

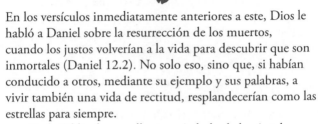

En los versículos inmediatamente anteriores a este, Dios le
habló a Daniel sobre la resurrección de los muertos,
cuando los justos volverían a la vida para descubrir que son
inmortales (Daniel 12.2). No solo eso, sino que, si habían
conducido a otros, mediante su ejemplo y sus palabras, a
vivir también una vida de rectitud, resplandecerían como las
estrellas para siempre.

En la Biblia, las estrellas son símbolo de los ángeles
(Job 38.7), y Daniel ya había visto uno cuyo rostro refulgía
como un relámpago y cuyo cuerpo sobrenatural resplandecía
(Daniel 10.5–6). Él ya tenía una idea de cuán hermosos y
poderosos podrían ser nuestros cuerpos glorificados.

Varios siglos más tarde, el apóstol Pablo describió
nuestros cuerpos resucitados con más detalle. Aunque
nuestros cuerpos son ahora perecederos, indecorosos y
débiles, resucitarán imperecederos, gloriosos y poderosos
(1 Corintios 15.42–43). No todos resplandecerán con la
misma clase de brillo y gloria, puesto que «Cada estrella
tiene su propio brillo» (1 Corintios 15.41 NVI).

Brilla intensamente para Cristo ahora y él hará que
resplandezcas con fulgor por toda la eternidad.

Día 292

De modo que si alguno está en Cristo, nueva criatura es;
las cosas viejas pasaron; he aquí, son hechas nuevas.
2 Corintios 5.17 lbla

Podemos decir sin temor a equivocarnos que en la sección
científica del periódico de Corinto nunca se habló del
descubrimiento de la «nueva criatura» que el apóstol Pablo
describió. No surgió ningún hallazgo paleontológico de
huesos de nuevas criaturas.

Por supuesto que no: cuando Pablo habla de nueva
criatura, describe figuradamente lo que le sucede a toda
persona que entra en una relación con el Hijo de Dios, Jesús
el Cristo. Es su respuesta a todos los que murmuran: «¿Cómo
puedes llamarlo cristiano? Recuerdo cuando él...».

Como en cualquier gran metrópolis, la población de
Corinto contaba con bastante gente de mala fama. La iglesia
de esa ciudad era muy activa en la evangelización. Cuando
un hombre o una mujer aceptaba a Cristo, era necesario
asegurarse de que el nuevo creyente era una nueva criatura en
Cristo. Sus antiguos caminos quedaban atrás. Se le animaba
a arreglar las cosas y a compartir cómo todo en su vida era
nuevo.

Este fascinante versículo nos deja más de un mensaje:
1) aceptemos a todo nuevo hijo de Dios con los brazos
abiertos; 2) no permitas que Satanás te golpee por tu vida del
pasado; 3) Dios te ve de una manera totalmente nueva, a ti te
corresponde arreglar las cosas y compartir la nueva vida.

Día 293

*Aunque es la más pequeña de todas las semillas, cuando crece
es la más grande de las hortalizas y se convierte en árbol,
de modo que vienen las aves y anidan en sus ramas.*
MATEO 13.32 NVI

Comienzos insignificantes pueden llevar a finales grandiosos.
Jesús tomó la más diminuta de las semillas, la de
mostaza, para enseñar a los discípulos. Esta semilla tiene
aproximadamente el tamaño de la punta afilada de un lápiz.

Una vez plantada, la semilla crece lentamente en un
proceso gradual. Pasan días e incluso semanas antes de que
dé una señal de brotar del suelo. ¿Por qué es tan lento el
crecimiento?

La semilla de mostaza necesita raíces profundas. La
planta crece por la raíz tres veces más rápido que por el tallo,
para estar bien arraigada en el suelo. El árbol de la mostaza
alcanza siete metros de altura y sus raíces llegan a una
profundidad de diez metros.

Dios plantó una fe del tamaño de una semilla de mostaza
dentro de cada uno. Nuestra fe puede parecernos inadecuada
y tan escasa que ni siquiera creamos tenerla. Pero, a menudo,
durante esas épocas en las que no somos conscientes de ello es
cuando se produce la transformación más profunda dentro de
nuestras almas.

Dios está haciendo que nuestras raíces sean más profundas.
Podemos contribuir a ese crecimiento mediante la oración y
el estudio de su Palabra.

El milagroso crecimiento a partir de una semilla
diminuta solo es posible por medio de la obra del Maestro
Jardinero.

Día 294

Ojo por ojo, diente por diente,
mano por mano, pie por pie.
ÉXODO 21.24 RVA

El matón de la película se puso derecho y se secó la boca con el dorso de la mano. Al ver la sangre, comenzó a avanzar con tono amenazador: «Pagarás por esto. Ojo por ojo, amigo».

¿Cuán a menudo hemos oído la expresión «ojo por ojo», refiriéndose a retribución y venganza? Su origen está en el segundo libro de la Biblia, y, si lo leemos en su contexto, no habla de venganza, sino de ecuanimidad en el juicio. Dios le dijo al pueblo de Israel que, cuando dos contendientes viniesen a juicio, el juez debía establecer un castigo que se correspondiese con el delito. Si la víctima había perdido un ojo, por ejemplo, el juez no podía hacer pagar al otro con su vida. En la actualidad hablaríamos de castigo sin «crueldad ni ensañamiento».

¿Cómo reaccionamos contra las injusticias recibidas? Dios nos exige un patrón de conducta más alto que el del resto del mundo. Jesús fue tratado con extrema dureza en la cruz, pero oró: «Padre, perdónalos». Ese es el estándar de Dios para nosotros: perdón, no venganza. Y no lo alcanzamos por medio de la ley, sino de la gracia.

Día 295

*A causa de la ignorancia que los domina y por la dureza
de su corazón, estos tienen oscurecido el entendimiento
y están alejados de la vida que proviene de Dios.*
EFESIOS 4.18 NVI

La obstinación es algo terrible. ¿Cuántos de nosotros *no
hemos* dejado que la obstinación endurezca nuestros corazones
contra algo que en realidad querríamos estar haciendo? Tal
vez nos sentimos torpes, temerosos o indeseados, así que nos
quedamos atrás y fingimos que nunca quisimos participar.
Nada podría hacernos admitir que nos preocupa.

Pero aquí no se trata de un baile de instituto ni de una
recepción nupcial. Endurecer tu corazón ante la Palabra de
Dios no es algo que vaya a estropear tu fin de semana y luego
se olvide rápidamente. Las consecuencias son demasiado
terribles como para pensar en ellas, así que los corazones
endurecidos *no* piensan en ello.

La mayoría de los corazones endurecidos que conocemos
son de personas normales, solo que se obstinan contra las
cosas equivocadas. ¿Significa eso que deberíamos dejarlos a un
lado, diciendo que les está bien empleado? Dios no quiere eso.
Los corazones endurecidos no tienen idea de hacia dónde se
encaminan en su obstinación. El cristiano, sí. ¿Permitiremos
que sus temores los aparten del Señor para siempre o nos
aseguraremos de que sepan que alguien los quiere?

Los corazones endurecidos son un desafío para el hombre
y la mujer de fe. ¡Ablandemos algunos!

Día 296

*Haces de los vientos tus mensajeros,
y de las llamas de fuego tus servidores.*
SALMOS 104.4 NVI

Salmos 104 es un bello salmo sobre Dios el Creador. A veces se le llama el «salmo de la creación». Comienza y termina con alabanzas a Dios y describe sus poderosas obras.

Podemos entender mejor este versículo leyendo Hebreos 1.7. Allí, Pablo cita Salmos 104.4 y explica lo que significa la primera parte. Dice: «En cuanto a los ángeles dice: "Él hace de los vientos sus ángeles, y de las llamas de fuego sus servidores"» (NVI). Pablo continúa en Hebreos 1.14 (NVI): «¿No son todos los ángeles espíritus dedicados al servicio divino, enviados para ayudar a los que han de heredar la salvación?».

La segunda parte de Salmos 104.4 se puede explicar mediante una de las referencias al fuego en la Biblia. La manifestación de Dios como una columna de fuego que condujo a los israelitas fuera de Egipto (Éxodo 13.21–22). Dios estaba en el fuego, ordenándole avanzar e iluminando el camino para los israelitas cuando se desplazaban de noche.

Salmos 104.4 nos recuerda que Dios envía a sus ángeles para interactuar con nosotros. Esto reafirma en todos los creyentes la confianza de que Dios tiene el control.

Día 297

Hagan lo que hagan, trabajen de buena gana, como para el Señor y no como para nadie en este mundo.
COLOSENSES 3.23 NVI

Hay momentos, como cuando contemplamos una puesta de sol o cuando un ser querido nos acaricia el brazo al pasar, en los que no dudamos en considerarlos regalos de Dios. Luego hay momentos que elegimos considerar tediosos, como cuando el trabajo no es bien valorado o cuando estamos atrapados en compañía de alguien que nos puede parecer aburrido. Esos momentos no son menos regalos de Dios. Él está a nuestro lado siempre. La única diferencia está en cómo nos conducimos, en cuán agradecidos somos.

El hermano Lorenzo, un miembro seglar de un monasterio carmelita, practicaba «la presencia de Dios». Convencido de que Dios estaba siempre con él, Lorenzo convirtió la rutina de lavar la vajilla o reparar el calzado en actos de adoración, en cosas sencillas que podía hacer dando lo mejor de sí como agradecimiento al Señor.

Es fácil pensar que estás trabajando para el Señor cuando estás en una gran tarea. Es mucho más difícil encontrar un propósito en los quehaceres domésticos o encontrar a un hijo de Dios en un egoísta aburrido.

Pero, si crees en la presencia de Dios, no hay nada que puedas hacer que no sea también una oportunidad de provocar una sonrisa en lo alto.

Día 298

Porque cual es su pensamiento en su corazón, tal es él.
PROVERBIOS 23.7 RVR1960

Algunos cristianos llegan a desesperarse tanto por el éxito financiero y por librarse de la incertidumbre económica que se apuntan a la idea mágica que se ha generalizado en la sociedad actual. Enseñan que el «secreto» de la prosperidad es muy simple. Debes pensar en las cosas que quieres que Dios (o el Universo) te dé, concentrarte en ellas, repetirte «ya son mías» y lo serán.

Un versículo que suelen citar tales maestros es: «Porque cual es su pensamiento en su corazón, tal es él», como si no tuvieses más que pensar en algo para hacerlo realidad. Sin embargo, este versículo está *en realidad* hablando sobre comer con una persona tacaña que te dice: «Come y bebe» pero «su corazón no está contigo». Finge ser generoso, pero en realidad se retuerce mientras te comes su comida. Es tacaño en su corazón, y, tal como son sus pensamientos en su corazón, así *es* él.

Por supuesto, Dios ha prometido responder nuestras oraciones, y Jesús dijo: «Para el que cree, todo es posible» (Marcos 9.23 NVI), así que, sí, deberíamos tener más fe, pero la fe por sí sola no basta. Las promesas de Dios están condicionadas por la voluntad de Dios para nosotros, nuestra obediencia, etc.
(1 Juan 5.14–15; Isaías 59.1–2). Después de todo, Dios es Dios, no nuestro sirviente.

Día 299

*El cielo y la tierra desaparecerán,
pero mis palabras no desaparecerán jamás.*
MARCOS 13.31 NTV

Si de algo podemos estar seguros en este mundo, es de que lo que Dios dice es verdad. Jesús dijo que incluso la tierra dejará de existir algún día, pero sus palabras seguirán siendo tan verdaderas como siempre lo han sido.

Como seres humanos, a menudo cambiamos nuestro modo de pensar conforme transitamos por nuestra vida. A medida que maduramos en nuestros procesos de pensamiento, nuestro punto de vista cambia. A veces llegamos a una edad en la que nuestro razonamiento ha evolucionado hasta incluir una serie de diferentes maneras de contemplar una cuestión en particular. Quizás se deba a que aprendemos más información que antes y podemos realizar elecciones más informadas, contando con cómo nos sentimos con respecto a las cosas. Con Dios no funciona así.

Nuestro Dios es consistente desde antes de que hubiera personas en el mundo. Y, por causa de su infinita sabiduría, su Palabra nunca cambiará. Quizás sería sabio no poner nuestra confianza en otras personas, pues bien podrían tener más adelante un conjunto de ideas totalmente nuevo. Mejor depositemos toda nuestra fe en Aquel cuya Palabra nunca cambia.

Podemos tener la seguridad, como enseña Marcos 13.31, de que lo que Dios dice será verdad mañana, la semana próxima, el año que viene y para siempre.

Día 300

Los profetas profieren mentiras, los sacerdotes gobiernan
a su antojo, ¡y mi pueblo tan campante! Pero ¿qué van
a hacer ustedes cuando todo haya terminado?
JEREMÍAS 5.31 NVI

«Tienen el gobierno que se merecen». El doctor Charles Wheelan, autor de *La economía al desnudo*, bien podría estar hablando de los profetas y sacerdotes del tiempo de Jeremías. Los sacerdotes ordenados por Dios legislaban siguiendo su propia autoridad. Y el pueblo lo aceptaba encantado.

Siglos antes, el profeta Miqueas vio prácticamente el mismo problema. Dijo: «Si, con la intención de mentirles, llega algún embustero y les dice: "Yo les anuncio vino y cerveza", este pueblo lo verá como un profeta» (Miqueas 2.11 NVI).

Por desgracia, el pueblo de Judá iba a cosechar lo que sembró: asedio, destrucción, muerte, exilio.

El apóstol Juan describió otra época en la que la gente amaba el pecado. Aun después de que hubieran sonado las siete trompetas, «El resto de la humanidad, los que no murieron a causa de estas plagas, tampoco se arrepintieron de sus malas acciones» (Apocalipsis 9.20 NVI). Cuando aparecieron ante el gran trono blanco, se sentenció su fin: «Y cada uno fue juzgado según lo que había hecho» (Apocalipsis 20.13 NVI).

Al igual que con los judíos de los tiempos de Jeremías, nuestras elecciones de hoy determinan nuestro final. Cuidado con lo que deseamos.

Día 301

El que escucha la palabra, pero no la pone en práctica es como
el que se mira el rostro en un espejo y, después de mirarse,
se va y se olvida en seguida de cómo es.
SANTIAGO 1.23–24 NVI

Imagina que existiese un espejo mágico que mostrase tu
verdadera naturaleza. ¿Mirarías? ¿Crees que te gustaría lo que
vieras en él?

Santiago les dice a sus lectores que ese espejo existe. Es la
Palabra de Dios tal como la tenía él entonces; es la Biblia que
tenemos ahora.

Algunas personas tienen una relación de amor y odio con
los espejos. No los miran demasiado cerca porque les asusta lo
que puedan ver, pero desde cierta distancia creen que se ven
bien. Algunos cristianos tienen una actitud similar hacia la
Biblia. Pueden citarla extensamente y saben dónde está cada
libro, pero hacen como que no ven lo que pide de ellos.

Si inspeccionamos la Biblia más de cerca, esta no se
limita a mostrar nuestros defectos, nos muestra las personas
que Dios nos creó para ser. Es tarea nuestra recordar esa
imagen cuando estamos lejos del «espejo». ¿Y qué mejor
manera de recordar que viviendo en la práctica la Palabra de
Dios cada día?

No es fácil ser una maravilla, ser un siervo del Altísimo.
Pero eso es lo que estás destinado a ser. ¡Y no lo olvides!

Día 302

*Hoy te doy a elegir entre la vida y la muerte,
entre el bien y el mal.*

DEUTERONOMIO 30.15 NVI

Cuando Dios creó a la humanidad, nos dio el poder, la responsabilidad y el privilegio de la libre elección. Cada persona es responsable de sus acciones individuales.

Moisés les dijo a los israelitas: «Hoy te ordeno que ames al SEÑOR tu Dios, que andes en sus caminos, y que cumplas sus mandamientos, preceptos y leyes. Así vivirás y te multiplicarás, y el SEÑOR tu Dios te bendecirá en la tierra de la que vas a tomar posesión» (Deuteronomio 30.16 NVI). En los capítulos previos, Moisés había subrayado las bendiciones de la obediencia y las horribles maldiciones de la desobediencia. En Deuteronomio 30.15 insta a los israelitas a elegir.

La elección era, y sigue siendo, clara: vida y prosperidad o muerte y destrucción. Incuestionablemente, cosechamos los beneficios o consecuencias de cualesquiera sean las elecciones que tomemos. La obediencia nos lleva a bendiciones presentes y futuras, mientras que la desobediencia conduce a desgracias presentes y futuras. Obedecer la Palabra de Dios trae grandes recompensas, pero apartarse de Dios para adorar a los dioses de este mundo trae finalmente ruina.

Nuestra es la elección. Como enseñó Moisés, elijamos con sabiduría.

Día 303

Porque las dádivas de Dios son irrevocables.
ROMANOS 11.29 NVI

Vivimos rodeados de una cultura que está obsesionada con hacer regalos.

Cada mes somos bombardeados con anuncios que proclaman el próximo día festivo, y el regalo adecuado para ese día. Enero: Año Nuevo; febrero: San Valentín; marzo: Día de San Patricio; Abril: Semana Santa; mayo: Día de la Madre; junio: Día del Padre; julio: Día de la Independencia; agosto: fiestas de regreso a la escuela; septiembre: Día del Trabajo; octubre: Halloween; noviembre: Acción de Gracias; diciembre: Navidad.

Cuando le añades celebraciones individuales como cumpleaños, aniversarios, adopciones, y ascensos laborales, nos enfrentamos a un calendario social repleto de obligaciones de regalar algo.

En contraste con eso, Dios nos da sus regalos libremente, sin necesidad de una ocasión especial, por el simple hecho de que nos ama. Y cuando nos hace un regalo, no hay devoluciones. El presente ha sido elegido de manera tan perfecta que no hace falta pasar por la fila de devoluciones del centro comercial para cambiarlo por otra cosa. Dios nos da obsequios de manera permanente, y sus regalos nos sientan, individualmente, como anillo al dedo.

Lo mismo se puede decir del llamamiento de Dios. Cuando él nos llama, indicándonos que participemos en su ministerio, nunca se echa atrás. Nunca piensa: *Vaya, ojalá no te hubiera dado esto.* Él comparte su Persona, sus regalos y sus llamamientos con nosotros para alcanzar a un mundo que sufre. Y nunca los retira.

Día 304

Les pondré pastores que las cuiden,
para que no tengan nada que temer
ni falte ninguna de ellas. Yo, el SEÑOR, lo afirmo.
JEREMÍAS 23.4 DHH

Mucha gente ve los problemas y desastres del mundo y se
pregunta por qué Dios no hace algo. Este versículo nos
ayuda a entender cómo obra Dios en el mundo. Obra por
medio de las personas. En ambos Testamentos encontramos
reiteradamente a Dios usando a las personas para atender a
un mundo herido. Ha usado a pastores y a reyes, a hombres y
mujeres, a ángeles e incluso a una burra para intervenir en los
asuntos de este mundo.

En el libro de Hechos vemos a hombres y mujeres de la
iglesia movidos por el Espíritu para ministrar a una inmensa
cantidad de personas. Él no está lejos. Sigue moviéndose en
las iglesias, hospitales, comedores benéficos, especialistas de
rescate y personas con ocupaciones ordinarias para tocar las
vidas de otros. A los que afirman que Dios no hace nada,
podemos decirles que Dios siempre ha intervenido por
medio de las personas. Dejemos de decir que Dios no está
obrando y, en lugar de eso, ofrezcámonos voluntarios para
servir. Entonces encontraremos a Dios moviéndose a través de
nosotros.

Día 305

Mas tú, oh hombre de Dios, huye de estas cosas,
y sigue la justicia, la piedad, la fe,
el amor, la paciencia, la mansedumbre.
1 Timoteo 6.11 NVI

Pablo amaba a Timoteo como a un hijo, lo llamaba
«verdadero hijo en la fe» (1 Timoteo 1.2 NVI). El apóstol
había mostrado un gran interés por ayudar al joven a tener
éxito en la vida y el ministerio y le escribió dos cartas llenas
de consejos.

En el sexto capítulo de 1 Timoteo, Pablo comentó el
peligro de amar el dinero (1 Timoteo 6.10). La palabra
«pero» del versículo 11 cambia el punto de mira. A
diferencia de las personas que se han desviado de la fe,
Timoteo era un verdadero hombre de Dios. Pablo le
aconsejó que huyera del amor al dinero y fuera en pos de la
justicia. Repite su mandato en 2 Timoteo 2.22.

Dos de estas virtudes, la piedad y la justicia, están
estrechamente relacionadas. La piedad es vertical: nuestra
reverencia hacia Dios; mientras que la justicia es horizontal:
cómo nuestra correcta relación con Dios impacta nuestras
relaciones con los demás. Sumémosles fe, amor, constancia y
humildad, y obtenemos una poderosa combinación.

Huye de lo malo. Sigue lo bueno. Esta es la receta de
Pablo para una vida piadosa.

Día 306

*Así dice Jehová a su ungido, a Ciro, al cual tomé yo
por su mano derecha, para sujetar naciones delante de él.*
ISAÍAS 45.1 RVR1960

¿Quién será presidente en las próximas elecciones? ¿Cuál
será el nombre de un niño que dará a luz una de tus vecinas
dentro de diez años? ¿Por qué no lo sabes?

El factor tan fascinante de este versículo es que Dios nos
adelanta el nombre de una persona que liberará a Israel de la
opresión babilónica... ¡150 años antes de su nacimiento! Gran
parte de la profecía bíblica es literal, donde Dios da nombres
(como Ciro el Grande), tiempos (como los setenta años antes
de que Israel fuese liberado de la cautividad) y lugares (como
Belén, donde tenía que nacer el Mesías).

Por tanto, cuando leemos el capítulo 24 de Mateo y
otros pasajes que registran profecías del final de los tiempos,
podemos estar seguros de su cumplimiento literal. Por
ejemplo, no esperamos un Cristo que proceda de una nación,
sino que venga del cielo cuando el sol se vuelva tinieblas
(Apocalipsis 6.12–14). La profecía confirma la presencia de
Dios y nos guarda de ser engañados.

Día 307

Uno solo es el dador de la ley, que puede salvar y perder;
pero tú, ¿quién eres para que juzgues a otro?
SANTIAGO 4.12 NVI

¿Alguna vez te has cobrado venganza de alguien por algo que te hizo? ¿Nunca has reaccionado de manera desagradable con alguien que se ha portado mal contigo?

Todos lo hemos hecho. Es nuestra manera de aplicar juicio a otros. Es lo que creemos que merecen, así que se lo damos.

¿Esta clase de juicio nos convierte en mejores personas? No, jamás.

Entonces, ¿cuál es la alternativa? ¡Ah, sí, el sentimentaloide y viejo amor! Así que lo descartamos como la opción fácil, la que hace que se aprovechen de nosotros, la que nos hace parecer bobos.

Pero cuán bobos parecemos cuando rebajamos todos nuestros estándares personales para vengarnos, cuando nos volvemos tan malos como nuestros enemigos porque *ellos* se lo merecen. Es una situación de ganancia segura para don Pedro Botero.

Jesús no fue nada impreciso cuando nos dijo que amáramos a Dios y el uno al otro. Es la respuesta a todo problema, y todo el que la desecha como la opción fácil es que obviamente no la ha intentado.

El juzgar a otros normalmente solo nos hace merecer un duro juicio de vuelta. No juzgues, ama. Entonces, cuando llegue nuestra hora de estar ante el Legislador, su juicio sobre nosotros será un amor que no merecíamos.

Día 308

Siete veces al día te alabo por tus rectos juicios.
SALMOS 119.164 NVI

❧

En la Biblia, el número siete simboliza la completitud. Dios creó el mundo en siete días. Siete días completan una semana. Las festividades principales, como la Pascua y los Tabernáculos y las fiestas nupciales duraban siete días. En el sueño de faraón, los siete años buenos seguidos de siete años de hambruna completan un ciclo. En el Nuevo Testamento, se mencionan siete iglesias en Apocalipsis.

El salmista oraba siete veces al día. Elevaba sus alabanzas a Dios siete veces al día. Llenaba los minutos de su vida con gratitud a Dios y dedicándole su atención.

La Biblia nos dice que oremos sin cesar. Hay un ritual de oración llamado «liturgia de las horas» o «las horas canónicas». Corazones y mentes se vuelven hacia Dios en unas horas establecidas. Hacemos un esfuerzo por crear en nuestras atareadas vidas un espacio para alabar a Dios y expresarle nuestra gratitud a lo largo del día.

Podemos crear toda clase de programas de oración. Cada señal de *stop* donde nos detenemos, cuando suena la alarma de nuestro reloj o cuando hay una pausa comercial en televisión pueden servirnos como sencillos recordatorios para orar. Podemos estar durante el día atentos a las maneras en que Dios nos protege y nos guía.

Siete momentos al día... para dar gracias al Señor por todos los momentos de nuestras vidas.

Día 309

*Confesaos vuestras ofensas unos a otros
y orad unos por otros, para que seáis sanados.
La oración eficaz del justo puede mucho.*
SANTIAGO 5.16 RVR1995

No está claro quién escribió exactamente el libro de Santiago. Aunque este libro del Nuevo Testamento se suele atribuir a Santiago, el hermano de Jesús, el autor se presenta solamente como «Santiago, siervo de Dios y del Señor Jesucristo, a las doce tribus que están en la dispersión» (Santiago 1.1 NVI).

Este difícil de identificar Santiago nos anima a admitir las faltas que hemos cometido contra cristianos de confianza. ¿Por qué? Para que podamos apoyarnos y orar unos por otros para ser sanados. La curación que se menciona en este versículo no se limita a la sanidad física. Muy a menudo, significa sanar el corazón de su pecaminosidad. Santiago añade que las oraciones sinceras que ofrecen los cristianos traen resultados. Dichos resultados tal vez no sean lo que esperamos, pero podemos tener la seguridad de que son los resultados de Dios, su voluntad para nuestras vidas.

¿Estás llevando la carga de tus faltas tú solo? ¿Por qué no tienes una charla de corazón a corazón con un amigo cristiano?

Día 310

Ahora pues, quitad los dioses extranjeros
que están en medio de vosotros, e inclinad
*vuestro corazón al S*ᴇñᴏʀ*, Dios de Israel.*
Josᴜé 24.23 ʟʙʟᴀ

Aunque Abraham, Isaac y Jacob adoraban al Dios verdadero,
no se puede decir siempre lo mismo de sus esposas. Raquel
«robó los ídolos de familia de su padre y los llevó consigo»
(Génesis 31.19 ɴᴛᴠ). El culto a estos ídolos pasó a las
generaciones posteriores.

Cuando eran esclavos, los israelitas sumaron dioses
egipcios a sus otros dioses paganos y se los llevaron con ellos
cuando huyeron de Egipto.

Los israelitas sabían que Dios realizó milagros como
separar las aguas del mar Rojo, proveer maná en el desierto y
derribar las murallas de Jericó. No obstante, muchos rendían
culto a las deidades paganas mientras se preparaban para
recibir su herencia en la tierra prometida.

En un discurso impresionante, Josué desafió a los
israelitas: «escoged hoy a quién habéis de servir»; y el pueblo
respondió: «Lejos esté de nosotros abandonar al Sᴇñᴏʀ para
servir a otros dioses» (Josué 24.15–16 ʟʙʟᴀ).

Josué les ordenó demostrar su lealtad a Dios destruyendo
sus ídolos. Esa generación de israelitas abandonó las deidades
falsas y siguió a Dios hasta el fin de sus días.

¿Hay algo que estorbe tu relación con Dios? Quizás
haya cosas que necesites rechazar o mantener lejos, en un
compromiso renovado con él. Elige hoy a quién servirás.

Día 311

Jesús le dijo a la gente que creyó en él:
—Ustedes son verdaderamente mis discípulos
si se mantienen fieles a mis enseñanzas.
JUAN 8.31 NTV

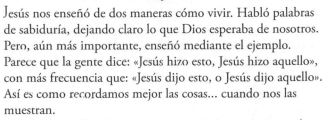

Jesús nos enseñó de dos maneras cómo vivir. Habló palabras de sabiduría, dejando claro lo que Dios esperaba de nosotros. Pero, aún más importante, enseñó mediante el ejemplo. Parece que la gente dice: «Jesús hizo esto, Jesús hizo aquello», con más frecuencia que: «Jesús dijo esto, o Jesús dijo aquello». Así es como recordamos mejor las cosas... cuando nos las muestran.

Podemos *decir* lo que queramos. Podemos decir a todo el mundo que somos seguidores de Jesús y podemos armar todo un espectáculo para los que nos rodean. Probablemente todos hemos conocido a personas que asisten a la iglesia y hacen el papel de cristianos en domingo, pero que parecen ser cualquier otra cosa excepto cristianos durante el resto de la semana.

Sin embargo, Jesús dijo que somos verdaderamente sus discípulos si somos fieles. Eso significa que fuera de la iglesia seguimos siendo cristianos. Vivimos la Palabra de Dios cada día y, pese a que podemos cometer fallos, nos esforzamos por vivir lo más fielmente posible las enseñanzas de Jesús. Tal como leemos en Juan 8.31, podemos permanecer fieles. ¡El Señor es ciertamente fiel con nosotros!

Día 312

Corrígeme, Señor, pero con justicia,
y no según tu ira, pues me destruirías.
JEREMÍAS 10.24 NVI

Jeremías luchaba con sus constantes mensajes de juicio y destrucción para el pueblo de Israel. Los versículos finales del capítulo 10 contienen su petición personal de compasión en medio de la disciplina: corrígeme con justicia, no con ira. Su oración nos recuerda la del salmista, quien le pidió dos veces a Dios: «no me reprendas en tu furor» (Salmos 6.1; 38.1 NVI).

Como la Biblia enseña que no hay nadie justo, parece que no haya lugar para clamar por justicia y no ira. ¿Acaso no exige castigo la justicia? El castigo final del pecado es la muerte (Romanos 6.23).

Isaías nos dice que la justicia es el «cordel» de medir (28.17 NVI). La justicia de nuestro país promete castigo a los que quebrantan la ley; pero las cortes civiles tratan de restaurar lo perdido a aquellos que han recibido algún daño.

Si los jueces ofrecen justicia a los oprimidos, ¡cuánto más Dios! Isaías dijo: «Jehová esperará para tener piedad de vosotros, y por tanto, será exaltado teniendo de vosotros misericordia; porque Jehová es Dios justo» (30.18 RVR1960). La gracia y la compasión son compañeras de la justicia.

La ira de Dios puede reducirnos (la traducción literal de Jeremías 10.24); pero su justa disciplina produce «una cosecha de justicia y paz» (Hebreos 12.11 NVI).

Señor, que llueva tu justicia sobre nosotros. Necesitamos tu justicia y paz.

Día 313

—Porque me has visto, has creído —le dijo Jesús—;
dichosos los que no han visto y sin embargo creen.
JUAN 20.29 NVI

Antes de su ascensión al cielo, Jesús se apareció a varias
personas, incluidos algunos de sus discípulos. Uno de ellos,
Tomás, no había estado en las primeras apariciones de Jesús.
Cuando los demás se lo contaron, no quiso creer; adujo
que necesitaba una prueba directa para convencerse de la
resurrección del Señor.

Una semana después, Tomás recibió su prueba cuando
Jesús atravesó las puertas cerradas de una estancia donde se
encontraban los discípulos. El Señor invitó a Tomás a palpar
sus manos y su costado. En su conversación, Jesús reprende
con suavidad a Tomás por su escepticismo diciéndole: «no
seas incrédulo, sino hombre de fe» (20.27 NVI).

Si se lo permitimos, estas palabras dichas a Tomás
pueden darnos entre ceja y ceja. ¿Acaso no somos a veces
como el «escéptico Tomás»? ¿No lo queremos todo en negro
sobre blanco, o que Dios se nos aparezca en una zarza
ardiente (Éxodo 3), una nube milagrosa (Éxodo 13.21–22),
o mediante las palabras de una burra que hable (Números
22.28–33)?

Pero el hecho es que Dios *sí* se nos aparece: por medio
de su Palabra, su Hijo y su Espíritu. Jesús nos dice a todos:
«dichosos los que no han visto y sin embargo creen; no seas
incrédulo, sino hombre de fe».

Día 314

El que mora en los cielos se reirá.
SALMOS 2.4 RVR1995

¿Te has preguntado alguna vez si Dios tiene sentido del humor? No debería sorprendernos descubrir que quienes hemos sido hechos a su imagen nos reímos como él se ríe. Pero es importante leer este versículo con atención, descubrir qué es lo que hace reír a Dios.

El salmo 2 nos da un telescopio para fijarnos en los detalles del futuro. Podemos ver qué pasará después del retorno de Jesús a la tierra. Establecerá su reino y repartirá territorios a sus siervos fieles para que gobiernen el mundo con él. Sin embargo, pasado un tiempo, algunas personas rechazarán su gobierno y conspirarán contra él. Aquí está su sentido del humor.

Dios se ríe ante ese ridículo. La gente conspira en secreto contra un Dios que conoce todos sus pensamientos. Envían a los más fuertes que tienen para luchar contra Aquel que mantiene el universo unido sin ayuda de nadie. Creen que pueden vencer en inteligencia al Creador, cuya sabiduría y poder han producido los kilómetros de venas sanguíneas y billones de células que dan forma a sus arrogantes seres. Resulta chistoso cuando lo piensas.

Nadie puede superar en inteligencia a Dios ni en sabiduría a sus planes para nuestras vidas. Hay consuelo en ese pensamiento... y esto no es ningún chiste.

Día 315

*Estamos atribulados en todo, mas no angustiados;
en apuros, mas no desesperados; perseguidos, mas no
desamparados; derribados, pero no destruidos.*
2 Corintios 4.8–9 rvr1960

A lo largo de sus epístolas, el apóstol Pablo aludió a los deportes griegos de los tiempos bíblicos. Este versículo es un ejemplo de ello. Así como Jesús utilizaba parábolas de su tiempo para contextualizar su mensaje, Pablo usaba referencias conocidas para animar y ayudar a los primeros cristianos.

Curiosamente, tres expresiones de 2 Corintios 4.8–9 se refieren a las costumbres de la lucha, el cuarto, a correr en una carrera. Para el luchador, «atribulado en todo» significaba no tener posibilidad de resistir. Perplejo ante la capacidad de su adversario, un luchador podía estar «en apuros», sin saber qué movimiento intentar. El luchador que «derribaba» a su oponente primero se consideraba vencedor. «Perseguidos» se refiere a uno a quien se perseguía en una carrera a pie. En cada una de las cuatro cláusulas, la primera parte se refiere a la experiencia externa de nuestra vivencia terrenal; la otra parte, a la excelencia del poder que tenemos en Cristo.

Pablo y los discípulos no eran ajenos a las dificultades, persecuciones y pruebas. Así que escribieron estas palabras animando a los primeros cristianos con la seguridad de que ningún problema, tragedia ni enfermedad podría derrotar al creyente.

Y hoy sigue siendo así. Cuando el hombre exterior sufre y nuestros recursos humanos se agotan, ¡el espíritu cristiano se eleva!

Día 316

¿Qué es su vida? Ustedes son como la niebla,
que aparece por un momento y luego se desvanece.
SANTIAGO 4.14 NVI

Arthur Stace se pasó treinta y cinco años escribiendo la
palabra «eternidad» con tiza por Sydney, Australia. Sus *graffiti*
se veían escritos en los semáforos de Sydney Harbor Bridge
durante las Olimpiadas del año 2000.

Stace había sido un borracho y un delincuente antes de
encontrar la fe. Su campaña en solitario fue un intento de
hacer que la gente pensase sobre adónde irían después de que
se disipase la «neblina» de esta vida.

Santiago señala que esta vida no debería consistir en
posesiones materiales y cosas terrenales. Afirma que esas cosas
ya nos las da Dios. Estamos aquí para realizar su obra. La
cuestión es si vamos a hacerla o no.

La «obra» que nos pide es que nos amemos unos a otros.
En ocasiones esto es mucho pedir, y por eso tenemos toda
una vida para practicar. Esta vida es donde aprendemos a
amarle antes de encontrarnos con él.

El apóstol Santiago y Arthur Stace nos recuerdan que
debemos tomar una decisión. ¿Estamos contentos pasándolo
por alto, giran nuestras esperanzas en torno a las cosas de este
mundo, o vamos a hacer su obra como preparación para el
cielo?

En palabras del pastor que inspiró a Stace: «Tienes que
enfrentarte a ello. ¿Dónde pasarás la eternidad?»

Día 317

David, hijo de Jesé, había reinado sobre todo Israel durante
cuarenta años: siete en Hebrón y treinta y tres en Jerusalén.
Murió en buena vejez, colmado de años, riquezas y gloria.
Su hijo Salomón le sucedió como rey. La historia del rey David,
de principio a fin, está escrita en los libros de los profetas
Samuel, Natán y Gad, incluyendo todo su reinado, sus gestas
y cuanto le sucedió a él, a Israel y a los demás países.
1 CRÓNICAS 29.26–30 BLPH

La historia del reino no es tan difícil. El lugar del rey David
en la historia es fácil de recordar. Llegó a ser rey del Israel
unido en torno al 1000 A.C.

Tras la muerte de su hijo Salomón, el reino se dividió
en Israel al norte y Judá al sur. Israel destacó casi siempre por
su maldad, mientras que Judá alternaba entre reyes buenos y
malos, con una tendencia cada vez mayor hacia los malos. La
estela de Tel Dan proporciona confirmación arqueológica que
confirma que los dos reinos estaban separados políticamente
y que el linaje de David reinaba en el sur, en Judá. En el 722
A.C., los asirios destruyeron el reino norteño de Israel, y en el
586 A.C., los babilonios destruyeron Jerusalén.

Día 318

*Cuando vinimos a Macedonia, ciertamente ningún reposo
tuvo nuestro cuerpo, sino que en todo fuimos atribulados:
de fuera, conflictos, y de dentro, temores.*
2 Corintios 7.5 rvr1995

Cuando los amigos atraviesan tiempos prolongados de
dificultad, es fácil responderles con frases hechas. Mantén los
ojos en Dios y sigue alabando al Señor, no importa lo que
suceda; y, si haces esto, tendrás paz en medio de las tormentas
de la vida, la tormenta pasará pronto y volverás a estar bien
(Isaías 26.3; 1 Tesalonicenses 5.16–18). Hasta cierto punto es
un buen consejo, pero no es el cuadro completo.

Cuando Pablo y sus compañeros estaban atravesando
momentos de extrema dificultad en Macedonia, sufriendo
privación del sueño, rodeados de conflictos y abrumados por
los problemas, Pablo confesó con franqueza que sintió miedo.
el temor tal vez no lo debilitó por completo, pero desde luego
los pensamientos de angustia trataban constantemente de
llenar su mente.

Dios le envió consuelo y paz, y Pablo dice: «Pero Dios,
que consuela a los humildes, nos consoló con la venida de
Tito». Ver a su buen amigo animó a Pablo, pero lo que le hizo
regocijarse «aún más» fue que Tito trajo buenas noticias
(2 Corintios 7.6–7 rvr1995).

Traigamos consuelo y buen ánimo a los decaídos, no solo
buenos consejos (Proverbios 12.25; Isaías 61.1–2).

Día 319

*Por tanto, también nosotros, que estamos rodeados
de una multitud tan grande de testigos, despojémonos
del lastre que nos estorba, en especial del pecado que nos asedia,
y corramos con perseverancia la carrera que tenemos por delante.*
HEBREOS 12.1 NVI

La primera competición olímpica, en el 776 A.C. fue
una carrera. Cuando esta carta a los Hebreos se envió a
los cristianos judíos seguían celebrándose las antiguas
Olimpiadas. Los destinatarios conocerían bien la carrera.

Con frecuencia, los participantes corrían desnudos,
para que las ropas no estorbaran en su carrera. Conocían el
recorrido a cubrir, pues se lo marcaban de antemano.

Como la carrera terminaba en un anfiteatro, las
multitudes los aclamaban en la línea de meta. El estadio
estaba lleno de espectadores, muchos de ellos atletas
veteranos, quienes habían corrido la carrera en el pasado y
conocían cuán duro era acabar bien.

La vida cristiana es como una maratón, una carrera en la
que tenemos a Dios como meta. Mientras corremos, una gran
multitud nos alienta. Nos animan a despojarnos de todo lo
que estorbe nuestro paso y nos pueda impedir terminar. Esta
gran nube de testigos nos anima a seguir adelante, viviendo la
vida cristiana por medio de la fe como ellos hicieron.

No te rindas, sigue corriendo hacia la línea de meta del
cielo.

Día 320

Tú, hijo de hombre, no tengas miedo de ellos
ni de sus palabras, por más que estés en medio
de cardos y espinas, y vivas rodeado de escorpiones.
EZEQUIEL 2.6 NVI

El llamamiento de Ezequiel fue uno difícil. Tenía que predicar juicio a los rebeldes, obstinados y pertinaces israelitas (vv. 3–4). No sabemos si recibirían el mensaje, pero seguro que tratarían de matar al mensajero. Sin embargo, el encargo de Dios al profeta le es entregado con palabras de ánimo: «No les temas».

¿Nunca has sentido que Dios te insta a hablar cuando tú preferías quedarte callado? Como cristianos, somos llamados a exhortar, animar y, ocasionalmente, amonestar en el espíritu del amor de Dios.

Vivir para Cristo no se parece en nada a un concurso de popularidad. De hecho, con frecuencia somos malinterpretados o ridiculizados por nuestras convicciones espirituales, hasta nos sentimos como si nos metieran en un campo de espinos y cardos, rodeados por todas partes por escorpiones venenosos. Pero el mandato de Dios es el mismo que en tiempos de Ezequiel, es decir, comunicar la verdad de la Palabra de Dios con amor y sin miedo.

Al igual que el antiguo profeta, somos llamados a simplemente hablar, y a dejar lo demás a Dios.

Día 321

Manténganse alerta;
permanezcan firmes en la fe;
sean valientes y fuertes.
1 CORINTIOS 16.13 NVI

Seguramente habrás oído este versículo antes.

Las cartas de Pablo incluían a menudo mandamientos para los creyentes, instrucciones para vivir la vida cristiana. Cuando escribía, Pablo escogía estas palabras sabiamente.

«Manténganse alerta; permanezcan firmes». Estas palabras evocan la imagen de un ejército enfrentándose a su enemigo. En lugar de correr, se mantiene firme y lucha contra su agresor. Sus soldados son fuertes y valerosos. Esta es la imagen que Pablo quería dejar impresa en los cristianos de Corinto. Debían ser vigilantes, estar firmes en lugar de huir, y ser valerosos y fuertes. Cuando eran perseguidos por sus creencias cristianas, debían reaccionar como soldados del ejército de Dios.

Estar firmes en nuestra fe no es algo que se haga con facilidad. Somos tentados por el maligno todos los días. Se nos olvida que debemos estar siempre vigilantes. cuando alguien nos trata inadecuadamente o cuando nos enfrentamos a obstáculos que parecen insuperables, podemos recordar las palabras de Pablo en 1 Corintios 16.13. Enfréntate al mal con valor y fuerza. Mantente firme como soldado en el Cuerpo de Cristo.

Día 322

*Estoy tan fuerte hoy como cuando Moisés me envió
a esa travesía y aún puedo andar y pelear
tan bien como lo hacía entonces.*
JOSUÉ 14.11 NTV

Caleb era descendiente de los quenizitas, un pueblo que habitaba en Canaán en tiempos de Abraham. En algún momento antes del Éxodo, miembros de ese pueblo se volvieron a Dios y se unieron a la tribu israelita de Judá.

A diferencia de muchos israelitas, que simplemente imitaban la religión con la que nacieron, los quenizitas poseían una profunda confianza y fe en Dios.

Caleb demostró esas convicciones cuando Moisés lo envió junto con once hombres más a explorar la tierra prometida. Solo él y Josué regresaron con un informe favorable.

Debido a su fidelidad, Dios le prometió: «Yo lo llevaré a la tierra que él exploró. Sus descendientes tomarán posesión de la porción de la tierra que les corresponde» (Números 14.24 NTV).

Cuando llegó la hora de repartir el territorio, Caleb pidió Hebrón, una ciudad que habían aterrorizado a diez de los exploradores años atrás. A sus ochenta y cinco años de edad, Caleb se preparó para combatir a los anaquitas que todavía vivían en Hebrón y tomar la ciudad como herencia.

La vida de Caleb reflejaba su confianza en Dios. Junto con una parte de la tierra prometida, dejó a su familia un incalculable legado de fe.

Como Caleb, esforcémonos por dejar una herencia de fe en Dios a nuestros seres queridos.

Día 323

Anímense unos a otros con salmos, himnos y canciones espirituales. Canten y alaben al Señor con el corazón.
EFESIOS 5.19 NVI

Estamos rodeados por la música. La alarma del radiodespertador nos levanta cada mañana, la televisión subraya con música los momentos culminantes de nuestros programas favoritos, y los escritores de los anuncios comerciales se inventan melodías pegajosas para vender sus más recientes y geniales chismes. Nuestras computadoras nos señalan con sus famosos *beeps* que hemos pulsado la tecla errónea, y los reproductores de MP3 nos acompañan durante nuestras sesiones de ejercicio. Vivimos en una sinfonía (o una cacofonía) de sonido.

Ahora, rebobina tus pensamientos hasta una época diferente, hace dos mil años. La electricidad se reducía a los relámpagos en el cielo nocturno, y la amplificación de sonido dependía de la acústica del anfiteatro. En este entorno relativamente silencioso, Pablo sugiere que hacer música juntos es, de hecho, una buena manera de conectar con Dios.

Imagina un alma solitaria recibiendo ánimo de la comunidad de creyentes adorando juntos en el canto. En una época en que la música tenía que ser participativa para poder experimentarse, imagina los corazones de cada adorador atesorando preciosas frases de una canción como valiosos recuerdos.

Las generaciones de la Biblia rompieron el silencio de su mundo cantando alabanza a Dios. En el ruido de nuestro mundo moderno, debemos crear nuestros propios momentos de silencio. Y, en la quietud, nuestros corazones entonan su propio canto de alabanza. Calla... y escucha.

Día 324

*Y el sol se detuvo y la luna se paró, hasta que
la gente se hubo vengado de sus enemigos.*
JOSUÉ 10.13 RVR1960

¿Has tenido alguna vez un día de esos en los que parece
que no tienes tiempo para hacer todo lo que hace falta?
Bien, en este pasaje, las tropas de cinco reyes habían venido
contra la ciudad de Gabaa, y Josué se había comprometido a
protegerla. Cuando preparaba a sus hombres para el combate,
Dios le prometió que ya había entregado a sus enemigos en
sus manos y que ninguno de ellos resistiría ante los israelitas
(v. 8). Después de haber aplastado al arrollador enemigo y
de ver cómo Dios lo torpedeaba con granizo, Josué le pidió
a Dios que detuviera el reloj. El sol y la luna se quedaron
quietos y los hombres de Josué tuvieron un día más para
erradicar la amenaza.

El día más largo de la historia fue también un día para
creer en que el Señor daría la victoria. Josué se enfrentó al
ejército unido de cinco reyes porque creyó en la promesa del
Señor, y vio a Dios luchar por él. En ese espíritu, pronunció
una memorable oración. ¡Animémonos a hacer oraciones
como esa cuando vemos al Señor cumpliendo sus promesas
en nuestras vidas!

Día 325

*Cada uno ponga al servicio de los demás
el don que haya recibido, administrando fielmente
la gracia de Dios en sus diversas formas.*
1 PEDRO 4.10 NVI

No hay vidas inútiles. Pero hay vidas que están «retiradas del servicio». Dios no hace eso. Tampoco es responsabilidad de su enemigo. Quienes relegan estas vidas al «banquillo» son quienes las viven.

Puedes pensar que las personas incapacitadas por la enfermedad han sido retiradas del partido por Dios, pero tienen la función de sacar lo mejor de los demás. Las personas que se sienten desbordadas por el mal que las rodea pueden sentirse incapaces de hacer algo que sea realmente bueno, pero su coraje es un gran ejemplo.

Este mensaje es para aquellos que, por miedo al fracaso o por la preocupación sobre su falta de idoneidad, se automarginan. No hay vidas inútiles. Hay una razón para que estés en este mundo. Si al menos puedes ofrecer una sonrisa, si solo puedes sentarte y escuchar, sonríe y escucha. El acto más aparentemente insignificante por tu parte puede ser el que marque la diferencia para otra alma en apuros.

¿Crees que no tienes nada que ofrecer? Te equivocas. Reincorpórate al partido y aporta tu juego, por insignificante que te pueda parecer. Dios puede tomarlo y hacer grandes cosas. Él solo necesita que estés en el partido.

Día 326

Después marchó Abimélec contra Tebes, la asedió y la conquistó.
Había en medio de la ciudad una torre fortificada, y en ella
se refugiaron todos los hombres y mujeres, y todos los señores
de la ciudad. Cerraron por dentro y subieron a la terraza de
la torre. Abimélec llegó hasta la torre, la atacó y se acercó a la
puerta de la torre para prenderle fuego. Entonces una mujer le
arrojó una muela de molino a la cabeza y le partió el cráneo.
Él llamó en seguida a su escudero y le dijo: — Saca tu espada
y mátame. Para que no se diga de mí que una mujer me dio
muerte. Su escudero lo atravesó con la espada, y murió. Cuando
la gente de Israel vio que Abimélec había muerto, se volvió cada
uno a su casa. Así devolvió Dios a Abimélec el mal que había
hecho a su padre Jerubaal matando a sus setenta hermanos.
JUECES 9.50–56 BLPH

¡Abimélec fue quizá la primera persona de la historia que
resultó gravemente herida por un gran aparato de cocina! La
piedra de molino le fracturó el cráneo, pero aún era capaz
de hablar, así que la herida tal vez no fuera mortal. Uno se
pregunta si, por culpa de su orgullo machista y chovinista,
Abimélec no pidió demasiado pronto que lo mataran.

Día 327

Corrige a tu hijo y vivirás tranquilo;
te colmará de satisfacciones.
PROVERBIOS 29.17 BLPH

La solidaridad dentro de la familia es la primera petición en la lista de deseos de todos. Pues Salomón, el gran creador y compilador de dichos sabios, conocía el peligro de los hijos indisciplinados. Como hijo del rey David, recordaba con intensidad el dolor que él y su hermano Absalón supusieron para la familia. Ambos hermanos necesitaban desesperadamente una fuerte mano correctora.

Otra traducción dice: «Corrige a tu hijo y te dará descanso» (LBLA). ¿Hay algún padre que no se haya quedado despierto esperando hasta oír el ruido de la puerta de casa al abrirse y de las pisadas de un hijo o una hija en la escalera?

Como el padre de Salomón aprendió, una mamá o un papá permisivos no solo hacen daño a un hijo, sino a sí mismos también.

El poeta Henry Wadsworth Longfellow, que no tuvo hijos varones, escribió que el enemigo más grande de uno comienza en el interior. «Solo hay uno que puede hacerte daño: solo tú mismo, que eres tu mayor enemigo». El poeta vivió siguiendo este pensamiento. Enseñó su verdad a sus hijas, «la seria Alice, la risueña Allegra y Edith, la del cabello dorado».

No podemos, como sugiere Longfellow, mantener a nuestros hijos «en la mazmorra de la torre de mi corazón». Pero podemos prepararlos para vivir vidas disciplinadas en una sociedad corrupta.

Día 328

*Así mismo, jóvenes, sométanse a los ancianos. Revístanse
todos de humildad en su trato mutuo, porque
Dios se opone a los orgullosos, pero da gracia a los humildes».*
1 Pedro 5.5 NVI

¿Te imaginas a unos adolescentes disfrutando al escuchar este versículo? Si fuera solo para ellos, podrían tener derecho a sentirse presionados. Pero no es así. *Todos* podemos encontrar a alguien de más edad y sabiduría que nosotros, si tenemos ojos para ver.

Por tanto, esta es la cuestión: ¿tenemos la humildad suficiente para aprender de esas personas mayores? Si la tenemos, nuestra sumisión se convierte en algo positivo. Gracias a ella podemos avanzar y ascender. Si no la tenemos, nos establecemos a nosotros mismos como autoridad, como personas que lo saben todo. Ese es exactamente el tipo de persona contra quien la generación siguiente quiere rebelarse y tratará de derribar. Así que las generaciones están separadas por causa del orgullo.

Es más difícil rebelarse contra la humildad. Si nuestros hijos ven los beneficios de un sometimiento positivo, de la paz y sabiduría que aporta, pueden seguir el ejemplo y aprender de nosotros. A su vez, ellos se convierten en los maestros. Es un proceso que no cesa. Siempre seremos más jóvenes que alguien, así que siempre tendremos más que aprender. Y, aun cuando seamos tan «viejos como las montañas», nunca tendremos tanta experiencia como Dios.

Día 329

Nada hay mejor para el hombre que comer y beber, y llegar a disfrutar de sus afanes. He visto que también esto proviene de Dios.
ECLESIASTÉS 2.24 NVI

Eclesiastés se ha ganado fama de pesimismo en el canon del Antiguo Testamento. Después de todo, el Predicador (que se supone que fue Salomón) repite el término «absurdo» treinta y cinco veces en doce capítulos.

En el segundo capítulo, examina si vale la pena seguir el placer y el trabajo. Su conclusión es: «También esto es absurdo» (2.23 NVI).

A pesar de su aparente pesimismo, el Predicador encuentra perlas de sentido. En ocasiones compara dos cosas, como cuando dice «hay *más provecho* en la luz que en las tinieblas» (2.13 NVI, cursivas añadidas). Utiliza cuatro veces la fórmula que encontramos en el versículo anterior: «hay más provecho». Dicho de otro modo, se trata de conseguir lo mejor que se pueda de esta vida.

¿Cuáles son estas fuentes básicas de satisfacción?

- tu trabajo (2.24; 3.22)
- comer, beber, disfrutar de la vida (2.24; 8.15)
- ser feliz (3.12)
- hacer el bien mientras puedes (3.12)

Vive cada día al máximo y encuentra alegría en las cosas sencillas. Si seguimos el consejo del Predicador, encontraremos el sentido que él no pudo encontrar.

Día 330

Venid luego, dice Jehová, y estemos a cuenta:
aunque vuestros pecados sean como la grana,
como la nieve serán emblanquecidos;
aunque sean rojos como el carmesí,
vendrán a ser como blanca lana.
ISAÍAS 1.18 RVR1995

Estos pecados que se describen «rojos como el carmesí» hablan de Dios diciéndole a una asesina: «llenas están de sangre vuestras manos» (v.15 RVR1995). Esta asesina era «la hija de Sión» (v. 8 RVR1995), el pueblo de Judá, y Dios dejó claro que, a menos que dejasen de pecar, no prestaría atención a sus ofrendas ni a su fiel observancia de las festividades. Apartaría su rostro de su pueblo cuando orasen.

Dios quería oír oraciones de arrepentimiento, y que el arrepentimiento fuese seguido de hechos. Mandó: «dejad de hacer lo malo, aprended a hacer el bien» (vv. 16–17 RVR1995).

Se habían acostumbrado a vivir egoístamente y pisoteando a los demás, pero Dios les prometió que, si se arrepentían, aunque sus pecados fuesen rojos como la grana, toda mancha sería limpiada. La palabra «grana» significa «doblemente teñido», y se refiere a sumergir los tejidos blancos en tinte grana dos veces para asegurarse de que no se destiñe al lavarse. Pero Dios dijo que *iba* a quitar toda mancha.

Este mensaje sigue siendo real para nosotros hoy. Dios puede perdonar los pecados más profundos y dejarnos limpios, «blancos como la nieve».

Día 331

Pero Rut respondió: —No me pidas que te deje y regrese a mi pueblo. A donde tú vayas, yo iré; dondequiera que tú vivas, yo viviré. Tu pueblo será mi pueblo, y tu Dios será mi Dios.
Rut 1.16 ntv

Durante una hambruna en Israel, un hombre llamado Elimelec se mudó con su esposa, Noemí, y sus dos hijos a la tierra de Moab. La vida fue allí más fácil y sus dos hijos se casaron.

Cuando Elimelec murió, cayó la desgracia sobre la familia. Luego murieron los hijos, dejando atrás a sus viudas, Rut y Orfa, y a su madre, Noemí.

Para entonces, se había acabado el hambre en Israel y Noemí decidió regresar a casa, a Israel, con Orfa y Rut acompañándola. En el camino, Noemí aconsejó a sus nueras: «Vuelva cada una a la casa de su madre», en lugar de ir con ella (Rut 1.8 ntv).

Orfa regresó, pero Rut, no. Se negó, decidida a permanecer con su suegra, y asumió como suyo al Dios de Noemí.

¿Qué tenía esta mujer desolada que atrajese a Rut?

Durante los años en Moab, Noemí debió de haber irradiado una fe auténtica en Dios. Sin duda, su fe también se dejó ver mientras Noemí atravesaba el dolor y la rabia del proceso de luto.

La vida era dura entonces; también ahora. Pero Dios es más grande. ¿Se hace visible tu fe durante los tiempos difíciles? Confía en que Dios te hará superarlos, y los demás lo notarán.

Día 332

Porque el amor al dinero es la raíz de toda clase de males.
Por codiciarlo, algunos se han desviado de la fe
y se han causado muchísimos sinsabores.
1 Timoteo 6.10 nvi

Aunque no hayas sido un ávido lector de la Biblia, probablemente has leído este versículo.

Dos de los temas más populares abordados en la Biblia son el amor y el dinero. De hecho, de las aproximadamente cuarenta parábolas de Jesús, casi la mitad se refieren al dinero. Curiosamente, en este versículo, las palabras «amor» y «dinero» están escritas una al lado de la otra, formando una ecuación. Amor al dinero=mal. ¡Uf, eso duele! ¿No amamos todos el dinero?

En las palabras de Pablo a Timoteo, no es el dinero lo malo, sino más bien hasta qué punto se involucran nuestros corazones en él. Lo que se aplicaba a la mayoría de personas de hace dos mil años, se aplica a la totalidad de nosotros hoy. Nuestros corazones necesitan un examen constante en lo que respecta al dinero. ¿Cuánto compromiso y prioridad damos a la obtención de dinero? Y, una vez lo tenemos, ¿cuánta pasión ponemos en conseguir, gastar o ahorrar más? Pablo nos advierte sobre que cada uno de nosotros que está ansioso por el dinero se ha extraviado de la fe. Desviarnos de la fe nos separa de Dios, y la separación de Dios equivale a dolor. Las palabras anteriores de Pablo en este capítulo son un recordatorio atemporal de que nada hemos traído a este mundo y nada vamos a llevarnos de él.

Día 333

*Y curan la herida de mi pueblo con liviandad,
diciendo: Paz, paz; y no hay paz.*
JEREMÍAS 6.14 RVR1960

Jeremías escribió en los últimos días de la nación de Israel. El pueblo había pecado y adorado a los ídolos por demasiado tiempo. El juicio estaba asegurado y ya no se iba a demorar.

La ira de Dios ardía con furor contra los líderes de Israel, los religiosos que deberían haber luchado al lado de Jeremías. En lugar de eso, «todos son engañadores» sin vergüenza (v. 13 NVI). No se avergonzaron, ni siquiera sabían lo que es la vergüenza (v.15). Hablaron el mensaje que el pueblo quería escuchar, como Neville Chamberlain, que proclamaba «Paz en nuestro tiempo» cuando tenía delante la amenaza nazi.

Dios a menudo recalca su mensaje mediante la repetición. Eso ocurrió con esta acusación. Palabra a palabra, Dios repite el juicio de 6.13–15 en los versículos 10–12 del capítulo 8. El profeta Ezequiel habló también contra los líderes que proclamaban una falsa paz (Ezequiel 13.10). La insistencia de los falsos profetas en prometer paz fue tanta que hizo a Jeremías cuestionarse su propio mensaje (Jeremías 14.13).

Que Dios nos conceda coraje para hablar su mensaje frente a la oposición.

Día 334

*Querido hermano, te comportas fielmente en todo lo que
haces por los hermanos, aunque no los conozcas.*
3 JUAN 1.5 NVI

¿No desearías en ocasiones ser un misionero, dedicando tu
vida completamente a Dios y la Palabra? Todo lo que deberías
hacer es dejar atrás todo lo que has conocido para arriesgarte
a ser ridiculizado por extraños, a ser maltratado por poderes
enemigos y, quizás, a una muerte ignominiosa.

¿No? ¿No te gusta? ¿De veras?

Aquellos a quienes Dios llama (los «hermanos» de este
versículo) tienen un sentido de la misión, una disposición al
sacrificio y la fuerza para hacer la obra de Dios. A la mayoría
de nosotros no se nos ha pedido hacer algo tan drástico.

Pero, antes de que respires con alivio, no creas que no
tienes nada que hacer. Hay hermanos y hermanas que lo están
arriesgando todo por Dios en este momento. Algunos de ellos
se cruzarán en nuestro camino, a otros no los conoceremos
jamás. La mayoría serán desconocidos, como los hombres a
los que Gayo ayudó y Juan se lo agradece. Ellos son nuestras
tropas de primera línea en la batalla por las almas, y, si
no estamos luchando junto con ellos, al menos podemos
apoyarlos.

Haz lo que puedas para ayudar a quienes son llamados a
darlo todo. Nunca pienses en ellos como extraños. Más bien
piensa esto: alguien que nos ama los ama también a ellos.

Día 335

*Mientras la tierra permanezca, no cesarán
la sementera y la siega, el frío y el calor,
el verano y el invierno, y el día y la noche.*
GÉNESIS 8.22 RVR1960

A la vez que continúan los desacuerdos acerca del calentamiento global, existen algunos absolutos de la madre naturaleza recibidos de Dios y que nunca cambiarán.

El fascinante versículo de hoy aparece al final del relato de Noé; cuando el gran diluvio ha causado sus estragos, el agua ha retrocedido, Dios invita a la familia del arca a salir y le dice al patriarca que construya un altar y ofrezca un sacrificio.

La fidelidad de Noé y el olor fragante del sacrificio da a Dios nuevas esperanzas en lo que ha quedado de su creación. Decide no volver a destruir a sus criaturas de tan violenta manera. Y, como compromiso de su gran fidelidad, el Creador promete mantener a su joven mundo girando en torno a su eje, asegurando los ciclos naturales y la hermosura de la naturaleza.

En el Edén, Dios le dio a Adán instrucciones de cuidar de esa parte de la creación: la flora y la fauna, dones entregados al hombre por la mano creadora de Dios (Génesis 1).

Considera esto. Si hoy Dios regresase a nuestro Edén, ¿aún diría que es «bueno en gran manera»? (Génesis 1.31 RVA).

*Esta obra es demasiado hermosa
para haber nacido del azar y no del cuidado.
No hay átomos que, lanzados por la casualidad,
puedan producir un mundo tan bello.*
JOHN DRYDEN

Día 336

Pero todo lo que la luz pone al descubierto se hace visible.
EFESIOS 5.13 NVI

🦋

¿No es increíble con qué rapidez la luz disipa la oscuridad?

En su carta a los Efesios, Pablo no está hablando de una luz literal, sino de una espiritual. Cuando nuestras vidas están en Cristo y estamos mostrando bondad, justicia, y viviendo en la verdad, escribe Pablo, estamos resplandeciendo en el Señor.

Pablo recuerda a sus lectores que, antes de que recibieran la luz que viene del Señor, vivían en la oscuridad, una oscuridad que les hacía vivir una vida estéril. Pablo predicaba que todo lo que se hace en la oscuridad acaba expuesto por la luz.

David creyó que nadie se enteraría de su pecado con Betsabé (2 Samuel 12.7–9), Amán pensó que su conspiración contra los judíos no sería delatada (Ester 7.1–10), y Acán creyó que su robo del botín pasaría desapercibido (Josué 7.19–20). Pero en cada una de las vidas de estas personas los actos que habían cometido en la oscuridad quedaron expuestos por la luz de la verdad de Dios.

Esta exposición vino por medio de la confrontación, porque, como dice Pablo, no basta con mantenerse apartado de la oscuridad, sino que debemos estar dispuestos a sacarla a la luz. Porque la conducta pecaminosa se evidencia solo al ser traída a la luz.

¿Brilla nuestra luz lo suficiente como para expulsar la oscuridad y traer la gloria de Dios, o hemos dejado que nuestra luz disminuya tanto que apenas disipa oscuridad?

Día 337

Oye, Israel: Jehová nuestro Dios, Jehová uno es.
DEUTERONOMIO 6.4 RVR1960

Deuteronomio 6.4, conocido como el «shemá», es quizá la afirmación más conocida de la fe y doctrina judía, recitada en las sinagogas de todo el mundo. Jesús confirmó su importancia en Marcos 12.29–30.

«Oye», del hebreo *sh'ma*, implica más de lo que entendemos a partir de la traducción. El término *sh'ma* aparece más de un millar de veces en el Antiguo Testamento hebreo y se traduce con más de trece palabras distintas en las versiones clásicas. De esas traducciones, la tercera más común es «obedecer». La implicación es clara: si uno oye a Dios, también obedece a Dios.

Cuando Josué retó a Israel a permanecer fiel al Señor después de su muerte, el pueblo respondió: «a su voz obedeceremos [*sh'ma*]» (Josué 24.24 RVR1960). Siglos después, cuando Samuel confrontó al rey Saúl, dijo: «¿no has oído [*sh'ma*] la voz de Jehová?» (1 Samuel 15.19 RVR1960).

Santiago se refirió en su epístola a la dualidad de oír sin obedecer. Exhortó a los creyentes: «Pero sed hacedores de la palabra, y no tan solamente oidores» (Santiago 1.22 RVR1960).

No nos engañemos: si oímos la Palabra de Dios, pero no obedecemos, es que en realidad no hemos oído nada.

Día 338

Oh hombre, él te ha declarado lo que es bueno,
y qué pide Jehová de ti: solamente hacer justicia,
y amar misericordia, y humillarte ante tu Dios.
MIQUEAS 6.8 RVR1960

¿Ha vivido alguna vez la humanidad este versículo? Pues... no.
La mitológica edad dorada del Camelot del rey Arturo —con
su mesa redonda y sus caballeros haciendo buenas obras por
todo el país— debería haber sido un ejemplo de todas esas
virtudes. Pero no lo fue.

El rey Arturo era un hombre impresionante. Pero no
dejaba de ser un hombre y, como tal, tenía sus defectos.
En la leyenda, Arturo tuvo un hijo con una hechicera, que
llevaría el reino a su fin. Dedicó demasiado tiempo a ser rey, y
demasiado poco a ser un buen marido. Así, Ginebra puso sus
ojos en el atractivo Sir Lancelot.

Cuando el rey falla, el resto tenemos una excusa para
no poner en práctica sus ideales. Pero hay un país en el que
sí es posible hacer justicia, amar misericordia y andar en
humildad. Su gobernante es perfecto. Intachable. Puedes
aspirar a ser lo mejor posible con él, sabiendo que nadie hará
caer su reino. Ese reino está a tu alrededor.

¿Te gustaría ser una dama de nobleza y virtud o un
caballero de valor y honor? ¡Entonces elige tu rey sabiamente!

Día 339

—¡Sí creo! —exclamó de inmediato el padre del
muchacho—. ¡Ayúdame en mi poca fe!
MARCOS 9.24 NVI

Las curaciones eran una parte importante del ministerio de Jesús. A lo largo de los cuatro Evangelios leemos de Jesús sanando a los leprosos, a los ciegos y a los poseídos por espíritus malignos.

Los versículos previos a Marcos 9.24 nos hablan de un padre que trae a su hijo a los discípulos, y les pide que le expulsen un mal espíritu. Después de un intento fallido se produce una discusión. Jesús llega y presencia el caos. El padre le presenta su situación e informa a Jesús que las facultades sanadoras de sus discípulos no estaban a la altura. Luego le dice a Jesús: «Si puedes hacer algo, ten misericordia». Jesús lo corrige diciendo: «*Si* puedes creer, al que cree todo le es posible» (vv. 22–23 NVI, cursivas añadidas).

Resulta interesante que Jesús no siempre decidía curar bajo petición (Mateo 13.58). ¿Entonces por qué sanó al hijo de este hombre, a pesar de su duda? Marcos 9.24 puede darnos la respuesta. En un suspiro, el hombre afirma confiadamente lo que cree, y al momento confiesa honestamente su duda, y pide ayuda a Jesús.

La respuesta contradictoria del padre nos habla a todos nosotros. Como él, profesamos con confianza nuestra fe, hasta que es puesta a prueba; entonces nos encontramos cayendo en la duda. En momentos así, debemos ser sinceros sobre nuestra fe, y orar para que Dios la fortalezca. Solo entonces puede Dios comenzar realmente el proceso sanador.

Día 340

En aquel día —afirma el Señor—,
ya no me llamarás: «mi señor»,
sino que me dirás: «esposo mío».
OSEAS 2.16 NVI

Este libro del Antiguo Testamento cuenta la historia del fiel
y perdonador Oseas, casado con la prostituta Gomer. Oseas
representa el profundo amor y compromiso de Dios con
su pueblo. Gomer, en sus caminos de pecado y extravío,
simboliza a Israel.

Dios basó esta ilustración en la relación de matrimonio.
Dios es el marido amoroso, totalmente entregado a su esposa,
aun considerando su infidelidad. Nunca se rinde y la busca
continuamente, la protege y la restaura a su lado. El perdón y
el amor de Dios redimen esa relación.

Dios también quiere *nuestros* corazones. Él desea una
relación con nosotros basada en el amor y el perdón. Entra
en un pacto con nosotros, como el matrimonio entre Oseas y
Gomer.

Dios es el marido amoroso y fiel, que constantemente
va tras nosotros sin importar lo que hacemos o por dónde
vagamos. Aunque es difícil hacerse una idea de cuánto nos
ama, encontramos esperanza en su promesa. Dios mantendrá
su compromiso con nosotros. Su canción de amor para
nosotros es perdón, y su voto nupcial es amor sin condición.

Día 341

No van a decir: «¡Mírenlo acá! ¡Mírenlo allá!»
Dense cuenta de que el reino de Dios está entre ustedes.
LUCAS 17.21 NVI

Durante siglos, el pueblo de Dios ha esperado su «día de gloria». Las profecías antiguas traían representaciones mentales del reino de Dios; un reino físico con un rey real que los liberaría del gobierno romano.

En Lucas 17, los fariseos le pidieron a Jesús que les dijera cuándo llegaría el reino de Dios. Él respondió que el reino de Dios ya existía, y eso seguramente los dejó confusos. ¡Probablemente los desconcertó más dónde existía!

Como cristianos, también nosotros nos encontramos esperando. Esperamos la victoria sobre el mal y la Segunda Venida de Cristo. Anhelamos experimentar la gloria del reino de Dios. La respuesta de Jesús es también para nosotros. ¡El reino de Dios ya está aquí!

Pero ¿dónde? Algunos cristianos confunden la iglesia con el reino. Pero iglesia y reino no son lo mismo. Si hemos descubierto el reino, eso significa que Dios (nuestro Rey) nos ha liberado de la oscuridad del pecado por medio de su príncipe, Jesús. Dios está sentado en un trono, en nuestros propios corazones, gobernando nuestras almas y conciencias. ¡Qué glorioso! La iglesia es simplemente un lugar para aquellos que se someten al gobierno del Rey para reunirse, proclamar e invitar a los demás a encontrarlo. No esperes más, cada día es un día de gloria.

Día 342

Esto hizo que Saúl se enojara mucho. «¿Qué es esto?
—dijo—. Le dan crédito a David por diez miles y a mí
solamente por miles. ¡Solo falta que lo hagan su rey!».
Desde ese momento Saúl miró con recelo a David.
1 SAMUEL 18.8–9 NTV

El rey Saúl demostró ser un guerrero valiente y exitoso.
Leemos: «... peleó contra sus enemigos en todas las
direcciones [...]. Y dondequiera que iba, obtenía la victoria»
(1 Samuel 14.47 NTV).

Entonces Saúl se volvió orgulloso y dejó de seguir los
mandamientos de Dios. Como resultado, Dios lo rechazó
como rey de Israel (1 Samuel 15.26). Saúl supo que su hijo
nunca heredaría el trono.

Cuando el joven David regresó victorioso de la batalla y
recibió elogios más altos que Saúl, los celos del rey estallaron
y se transformaron rápidamente en ira. En lugar de celebrarlo,
Saúl se convirtió en un loco rabioso, temeroso de perder su
trono en manos del valiente guerrero.

Aunque David demostró su lealtad al rey, la desconfianza
y los celos cegaron a Saúl impidiéndole ver los talentos y
logros de su fiel súbdito. El éxito de David en el campo de
batalla hizo que la vida cotidiana en Israel fuera más segura,
pero Saúl no podía ver ni apreciar esas ventajas.

La envidia y la desconfianza son unos capataces terribles.
Alegrémonos cuando otros triunfan, sobre todo en las áreas
de nuestra especialización.

Día 343

No apaguen el Espíritu.
1 Tesalonicenses 5.19 NVI

El fuego es una fuerza destructora, que no tiene misericordia de lo que consume, sin embargo, el fuego también da calor y luz, lo que nos permite hacer muchas cosas.

Pablo estaba instruyendo a los lectores de su carta a no apagar el fuego del Espíritu. La oración continua, una actitud agradecida en medio de sus circunstancias, sean buenas o malas, y creer en la voluntad de Dios para sus vidas eran las cualidades que había que manifestar.

Además, debían pronunciarse contra los ociosos, ponerse al lado de los desanimados y examinar las cosas que se les estaban enseñando. Tenían que aferrarse a lo que era bueno y apartarse de lo malo. Viviendo de esta manera no estarían apagando el Espíritu Santo.

Jesús habló de la importancia del Espíritu, sobre todo en el libro de Juan. Predicó que el Espíritu no solo nos enseña acerca de Dios, sino que también nos hace recordar las lecciones que ya hemos aprendido (Juan 14.25–26).

Sabemos que cuando se descuida un fuego comienza pronto a descontrolarse. Pero, con la adecuada atención, un fuego continúa ardiendo, dando calor y luz a los de su entorno.

¿Estamos haciendo lo necesario para mantener el fuego encendido o estamos permitiendo que se agote?

Día 344

*Y dije: No me acordaré más de él, ni hablaré más
en su nombre; no obstante, había en mi corazón
como un fuego ardiente metido en mis huesos.*
JEREMÍAS 20.9 RVR1960

El profeta Jeremías se enfrentaba a un desafío. Había sido
llamado a ministrar la Palabra de Dios a Judá durante los
últimos años de declive de la nación. Con pasión y fervor,
el profeta predicó que, a menos que el pueblo de Dios se
arrepintiera, el juicio y la calamidad llegarían pronto.

El pueblo le tomó rencor a Jeremías y lo ridiculizó,
tratándolo con desprecio por esas proclamaciones indeseables.
Frustrado, el hombre conocido como «el profeta llorón» se
lamentaba: «La palabra del SEÑOR no deja de ser para mí un
oprobio y una burla» (Jeremías 20.8 NVI). Así que procuraba
acallar su agitación espiritual.

Por mucho que Jeremías lo intentara, no podía quitar
el mensaje divino que Dios le había puesto en el corazón.
A pesar del precio personal, Jeremías siguió proclamando la
Palabra.

En un mundo que rechaza el evangelio, Dios está
buscando cristianos con ganas y disposición para compartir
la verdad de su Palabra, sin importar las consecuencias.
El apóstol Pablo declaró: «Porque no me avergüenzo del
evangelio, porque es poder de Dios para salvación» (Romanos
1.16 RVR1960).

Cuando nuestro amor por Dios es mayor que nuestro
temor al rechazo y el reproche, no podemos sino proclamar
las Buenas Nuevas con desinhibida osadía.

Día 345

Y sus pies semejantes al bronce bruñido,
refulgente como en un horno;
y su voz como estruendo de muchas aguas.
APOCALIPSIS 1.15 RVR1960

El primer capítulo de Apocalipsis registra el intento de Juan por tratar de plasmar con palabras su visión del Hijo de Dios viviente. Incluye una descripción de la voz de Dios, como «estruendo de muchas aguas».

Aunque algunas versiones hablan del ruido de una catarata o de aguas caudalosas, se usa el griego *polys*, que en nuestro idioma es un prefijo que indica «muchos». Aparece también en Apocalipsis 14.2 y 19.6 para referirse a la voz de Dios, añadiendo el detalle de que suena también como un trueno que resuena por el cielo. Cuando Ezequiel tuvo la visión del regreso de la gloria de Dios al templo, también describió la voz de Dios «como el sonido de muchas aguas» (Ezequiel 43.2 RVR1960).

Apocalipsis nos dice también que la sangre del Cordero ha comprado hombres «de todo linaje y *lengua* y pueblo y nación» (Apocalipsis 5.9 RVR1960, cursivas añadidas). Cuando Daniel tuvo su visión de «alguien con aspecto humano» (Daniel 10.16 NVI), su voz resonaba «como el eco de una multitud» (Daniel 10.6 NVI).

¿Es demasiado imaginar que nosotros, sus hijos, somos su voz en el mundo? Juntos, nuestras voces individuales se convierten en un rugido.

Somos cristianos, oye cómo rugimos.

Día 346

También éstos son dichos de Salomón,
copiados por gente al servicio de Ezequías, rey de Judá.
PROVERBIOS 25.1 DHH

El cronista real nos informa que el rey Salomón «compuso tres mil proverbios y cinco mil canciones» (1 Reyes 4.32 NVI). Obviamente, alguien llevaba la cuenta. Solo *uno* de los cantares de Salomón ha llegado hasta nosotros en la Biblia: el Cantar de los Cantares.

Son algunos más los Proverbios de Salomón que han sobrevivido hasta hoy: unos 900. Pero al principio solo se conservaron unos 700. Entonces, unos dos siglos después de Salomón, en tiempos del rey Ezequías, alguien descubrió un tesoro increíble: un viejo rollo que contenía otros aproximadamente 200 proverbios de Salomón. Los escribas los copiaron, enriqueciendo así la colección ya existente. No sabemos dónde acabaron los otros 2.100 proverbios, pero podemos estar muy agradecidos por los que tenemos.

Unos cien años después, se perdió otro rollo de las escrituras: era *toda* la Ley de Moisés. Luego, en tiempos del rey Josías, el sacerdote Hilcías lo encontró (2 Crónicas 34.14–15).

Tenemos una enorme deuda de gratitud con héroes casi desconocidos, como Hilcías y la persona anónima de la corte de Josías, por rescatar la Palabra de Dios del olvido.

Día 347

Vi además que tanto el afán como el éxito en la vida
despiertan envidias. Y también esto es absurdo;
¡es correr tras el viento!
ECLESIASTÉS 4.4 NVI

El trabajo no es absurdo. Tampoco los logros conseguidos. Lo que los estropea es la envidia del hombre por su vecino: lo que hacemos para ser como los otros, lo que queremos porque otro lo tiene... esas cosas son las absurdas.

«Querer estar a la altura de los vecinos» puede parecer conveniente en algún momento, pero los vecinos son mortales, y su ejemplo es limitado. Cuando siguen el camino propio de todo lo que es mortal, sus obras, sus logros y todo lo que imitábamos —o queríamos ser, o deseábamos tener porque ellos lo tenían—, todo eso se va con ellos, como el polvo que se lleva el viento.

Para que el trabajo de una vida tenga sentido, sus efectos deben ser independientes de la vida que los realizó. Grandes hombres y mujeres lo consiguen durante un tiempo, hasta que la historia se olvida de ellos. Las almas humildes y de fe encuentran el verdadero significado no en tratar de conseguir lo que poseen sus vecinos, sino alcanzando a esos vecinos, y a los demás, en el nombre de Dios, realizando su labor en la obra del Señor.

Si tienes que correr tras el viento, que sea tras el Espíritu Santo, también conocido como Viento del Cielo. Entonces tus logros tendrán significado para siempre.

Día 348

Esto es mi cuerpo que por vosotros es partido:
haced esto en memoria de mí.
1 Corintios 11.24 RVA

En la mayoría de ocasiones, cuando la gente recuerda a los héroes, celebran sus proezas. Pero, en la Cena del Señor, Jesús nos manda que recordemos su muerte. ¡Fascinante!

¿Por qué no usamos una copa de vino para recordar cuando convirtió el agua en vino? ¿O por qué no usamos el pan para recordar cuando multiplicó los panes y los peces para los cinco mil? En lugar de eso, nos recuerda las circunstancias de su muerte.

En la Pascua se sacrificaba un cordero. Pero Jesús era el Cordero de Dios que vino para quitar los pecados del mundo. Por eso recordamos su muerte. Solo mediante su muerte en la cruz y su resurrección podíamos ser salvos de nuestro castigo en el infierno y de la esclavitud del pecado.

Algunas cosas pierden su fascinación por la costumbre. Es normal que un pasaje muy familiar de la Escritura pierda su intensidad con el tiempo. También existe la posibilidad, si hemos dado por descontada la muerte de Cristo, de que nos acostumbremos al pecado. Reavivemos las ascuas de nuestros corazones al pensar en la muerte, sepultura y resurrección de Cristo, porque ahí está el pilar de nuestra fe, el que nos llevará a triunfar sobre el pecado.

Día 349

¿Qué es lo que Dios nos ha hecho?
GÉNESIS 42.28 NVI

Fueron los desconcertados hijos de Jacob los que hicieron esta pregunta. La respuesta los dejó perplejos y los puso frente a frente con el perdón.

¿Te acuerdas de José, con su hermosa túnica, a quien sus hermanos vendieron como esclavo? Pensaban que perderían de vista a su hermano pequeño, hasta que una hambruna los llevó a Egipto a buscar un «paquete» de víveres. Pero, ¡oh sorpresa!, quien les estaba salvando la vida con esa providencial comida era su hermano, José.

No se debe malinterpretar la ironía de este incidente histórico. Antes de reconocer a José, los hermanos se habían quedado sobrecogidos al encontrar su pago devuelto en los sacos de grano. Acertadamente, atribuyeron a Dios tal generosidad. Por supuesto, fue Dios mediante su obra en el corazón de José quien comenzó el proceso que llevaría al reconocimiento, renovación y recompensa de la reconciliación. Aquí no hay casualidades.

Quizá no haya otra biografía tan convincente con respecto al hecho de que Dios siempre obra para nuestro bien. En muchos sentidos, José anticipa lo que iba a venir de parte de otro Padre. Lee la historia completa de José (Génesis 37–50). Abre tu corazón a la provisión salvadora de Dios.

De los aproximadamente cuatrocientos versículos que conforman el relato de José, ninguno estremece tanto como Génesis 50.19–20 (RVR1960): «Y les respondió José [a sus hermanos...] "Vosotros pensasteis mal contra mí, mas Dios lo encaminó a bien"». ¡Igual que Jesús!

Día 350

*Si ustedes permanecen en mí y mis palabras permanecen en
ustedes, pueden pedir lo que quieran, ¡y les será concedido!*
JUAN 15.7 NTV

¡Uau! ¿De veras? ¿Es eso cierto? ¿Dios es una especie de genio
mágico que nos concederá todos nuestros deseos sin límite?

Por tonto que pueda sonar, hay algunos que oran así.
Dan por sentado que tienen permiso para tratar a Dios como
una especie de conserje, que está ahí de pie para cumplir sin
demora todo lo que le pidamos.

Cuando pensamos en nuestros hijos, recordamos que
nuestro amor por ellos es tan grande que les daríamos
cualquier cosa que pidieran. En medio de este pensamiento,
sin embargo, nuestra inteligencia nos alerta y nos damos
cuenta de lo que pasaría si realmente diéramos a nuestros
hijos todo lo que quieren. ¡El resultado probablemente sería
unos críos repelentes!

Al presentar nuestras peticiones a Dios, necesitamos estar
conscientes de que él sabe lo que es mejor para nosotros y
de que no debemos pedir «a nuestra manera». No debemos
olvidar la primera parte de Juan 15.7, que dice: «Si ustedes
permanecen en mí y mis palabras permanecen en ustedes».
Esto debería claramente enseñarnos que nuestro primer deseo
tiene que ser que se haga la voluntad de Dios.

Puesto que Dios solo quiere darnos lo mejor y él sabe
cómo hacerlo, ¿por qué habríamos de orar por otra cosa?

Día 351

—¿Tienes razón de enfurecerte tanto?
—le respondió el SEÑOR.
JONÁS 4.4 NVI

Jonás es uno de los personajes más conocidos de la Biblia.

Su aventura comenzó cuando Dios le dijo que fuera y predicara en la malvada ciudad de Nínive el mensaje de que Dios pronto iba a enviar su juicio sobre ellos. Jonás se negó a ir y huyó. Acabó en un barco desde el que finalmente fue arrojado al mar en medio de una fuerte tormenta. Jonás no se ahogó; Dios tuvo misericordia y lo salvó enviando a un gran pez que se lo tragara.

Cuando Jonás se arrepintió, Dios lo sacó del pez. Entonces fue a Nínive y predicó. La gente escuchó y se arrepintió. Jonás debería haber estado feliz con los resultados, pero no fue esa su reacción.

Tras ver la compasión de Dios por las personas que él despreciaba, Jonás se enfureció. Estaba tan enojado que quería que Dios le quitara la vida. En lugar de eso, Dios le enseñó acerca de la compasión. Era una lección a la que Jonás no quería someterse.

Jonás olvidó su papel como barro, y que la posición de Dios es la de alfarero. Cuando revertimos nuestro papel con el de Dios, acabamos encontrándonos furiosos y frustrados. Hemos sido bendecidos con muchos derechos, pero cuestionar a Dios no es uno de ellos.

Día 352

*Los apóstoles, a su vez, con gran poder seguían dando
testimonio de la resurrección del Señor Jesús. La gracia
de Dios se derramaba abundantemente sobre todos ellos.*
HECHOS 4.33 NVI

No es casual que en una descripción de esos creyentes del
primer siglo encontremos las palabras «poder» y «gracia».
Recuerda que el mártir Esteban fue descrito de la misma
manera. Sin duda, formaba parte de esta congregación.

Aquí, en la historia de los comienzos del cristianismo
contada por Lucas, esta descripción de los seguidores de
Cristo aparece dos capítulos después del relato de Lucas
sobre el día de Pentecostés (Hechos 2). Una lectura de este
acontecimiento revela la unidad de aquellos creyentes. Su
descripción de los creyentes en el capítulo 4 subraya su
perseverante unidad y el poder de sus testimonios de la
resurrección.

En su uso en el Nuevo Testamento, la palabra «gracia»
está relacionada con la de Dios. Esta consiste en sus
bendiciones derramadas sobre sus fieles hijos, el resultado que
Dios comparte con gracia; por tanto, estos creyentes llenos
del Espíritu comparten entre sí.

La marca de un cristiano lleno de gracia es su espíritu de
unidad y genuino amor por los demás.

Se cuenta que, cuando el emperador Adriano envió a un
hombre a investigar «a esos cristianos», el espía regresó con un
informe contradictorio, pero destacaba su observación: «¡Es
increíble cómo se aman!».

Ese amor brotaba de su unidad en la maravillosa gracia
de Dios.

Día 353

Conforme á la fe murieron todos éstos sin haber recibido las
promesas, sino mirándolas de lejos, y creyéndolas, y saludándolas,
y confesando que eran peregrinos y advenedizos sobre la tierra.
HEBREOS 11.13 RVA

Cuando estamos en apuros, a menudo miramos a Dios y sus promesas. Lo que esperamos, por supuesto, es que nos libre más pronto que tarde. Lo asombroso de este versículo es que la Biblia ensalza a Abraham como un hombre que demuestra una gran fe... ¡por creer que Dios cumpliría su promesa después de la muerte de Abraham!

Abraham se había regocijado por la promesa de Dios de darle un hijo, años antes de recibirlo. Luego se regocijó al recibir una tierra en propiedad, aunque se dio cuenta de que eso no iba a cumplirse durante su vida. El cumplimiento de la primera promesa —de una manera milagrosa— probablemente ayudó a Abraham a creer a Dios de cara a la otra promesa.

Dios nos llama a experimentar la misma fe que Abraham, a creer en la venida de un mundo mejor en el que todas las buenas promesas se cumplirán. Que casa promesa que crees sea un peldaño hacia una fe más grande.

Día 354

Compré la heredad de Hanameel, hijo de mi tío, la cual
estaba en Anatot, y le pesé el dinero: diecisiete siclos de plata.
JEREMÍAS 32.9 RVR1995

Fue una hora muy negra para Jerusalén, y personalmente
para Jeremías. El profeta había advertido a los judíos
durante décadas de que, si no se arrepentían, Dios iba a
enviar a los babilonios para conquistarlos. Seguramente, un
inmenso ejército babilonio estaba ahora acampado en torno
a Jerusalén, y las rampas de asedio estaban colocadas. Los
judíos estaban atrapados dentro, no podían salir a sus campos
y escaseaba la comida. Jeremías era el que peor estaba. Los
gobernantes de Jerusalén lo habían metido en prisión debido
a su impopular mensaje.

En el momento más bajo de Jeremías, se presentó su
primo Hanameel. Necesitaba dinero para comer y quería
vender su campo. El único problema era que estaba en el
pueblo de Anatot, a cierta distancia más allá de los muros de
Jerusalén, donde poco provecho le podría traer a Jeremías.
Pero, siguiendo las instrucciones de Dios, el profeta compró
el campo. ¿Por qué? Porque, por muy desesperadas que
estuvieran las cosas en ese momento, Dios dijo que pronto
mejorarían considerablemente (Jeremías 32.36–44), y
Jeremías lo creyó. ¡Y así ocurrió!

Si estás, como Jeremías, atrapado sin salida, recuerda lo
que Dios le preguntó: «He aquí que yo soy Jehová, Dios de
toda carne; ¿habrá algo que sea difícil para mí?» (Jeremías
32.27 RVR1960).

Día 355

Manténganse firmes, ceñidos con el cinturón de
la verdad, protegidos por la coraza de justicia.
EFESIOS 6.14 NVI

La primera pieza de la armadura de Dios parece muy simple:
un cinturón. Sin embargo, para un soldado romano, el
cinturón sostenía el resto de partes de su equipamiento.
Cuando Isaías describió el vástago de la vara de Jesé, dijo:
«La justicia será el cinto de sus lomos» (Isaías 11.5 NVI). En
la armadura que Dios nos ha proporcionado, el cinturón
consiste en su verdad, mientras la justicia cubre nuestros
vulnerables pechos.

Cuando los israelitas comieron la Pascua, tenían que estar
listos para viajar, con las sandalias puestas, los bastones en
mano y las ropas recogidas en los cinturones (Éxodo 12.11).

En una memorable lección gráfica, Dios le mandó a
Jeremías que se comprara un cinturón y lo dejara pudrirse.
Israel era como un cinto podrido; ligados a Dios por su
«alabanza y por honra» (Jeremías 13.11 RVR1960), se habían
vuelto, sin embargo, completamente inservibles.

Igual que Dios mandó a los israelitas que se preparasen
para salir de Egipto, también ordena a los que esperan
su regreso: «Estén ceñidos vuestros lomos» (Lucas 12.35
RVR1960).

Comenzando con nuestros cinturones.

Día 356

*Entonces Belsasar ordenó que vistieran a Daniel
de púrpura y le pusieran un collar de oro al cuello,
y que proclamaran acerca de él, que él tenía ahora
autoridad como tercero en el reino.*
DANIEL 5.29 LBLA

Cuando, durante el blasfemo banquete de Belsasar, apareció una mano sobrenatural y escribió un mensaje codificado en la pared, nadie pudo interpretar su significado excepto Daniel. Por este mérito, Belsasar encumbró a Daniel como tercer gobernante del reino. Eso no iba a importarle mucho, porque esa misma noche un ejército invasor conquistó el reino y ejecutó a Belsasar.

Por muchos años, los críticos de la Biblia se han mofado de este relato. La historia enseñaba que el último rey de Babilonia fue Nabonido, no Belsasar. Pero recientemente se han hallado tablillas babilónicas con escritura cuneiforme en un zigurat de Ur que confirman el relato de Daniel. El rey Nabonido puso a su hijo Belsasar como segundo al mando antes de partir a un viaje de varios años al oeste. Esto también explica por qué Belsasar nombró a Daniel tercero del reino, y no segundo.

Pero los críticos encontraron nuevas objeciones. En Daniel 5 se llama a Nabucodonosor, no a Nabonido, padre de Belsasar. Sin embargo, el término semítico traducido como «padre» también puede significar «abuelo». Documentos antiguos indican que Nabonido se casó con la hija de Nabucodonosor, Nitocris. Esto convirtió a su hijo Belsasar en nieto de Nabucodonosor.

Podemos confiar siempre en la veracidad de la Biblia, aun cuando los datos actuales no estén al día con los detalles concretos que encontramos en la Palabra de Dios.

Día 357

Todavía estaba hablando Jesús cuando llegaron unos hombres
de la casa de Jairo, jefe de la sinagoga, para decirle:
—Tu hija ha muerto. ¿Para qué sigues molestando al Maestro?
MARCOS 5.35 NVI

Qué desesperación. Jairo, un principal de la sinagoga, le
suplicó a Jesús que sanara a su hija enferma. Jesús iba de
camino a la casa del hombre cuando les llegó la noticia de que
la niña había muerto. ¿Por qué seguir molestando al Maestro
galileo? Era un buen detalle que quisiera ir, pero ya no había
nada que hacer, pensaron los detractores. Pero Jesús dio una
respuesta de ánimo y esperanza: «No tengas miedo; cree nada
más» (v. 36 NVI).

Cuando Jesús entró en la casa de Jairo, oyó los llantos.
«¿Por qué tanto alboroto y llanto? La niña no está muerta,
sino dormida», dijo. Pero ellos se rieron. Tras quitar de en
medio a los escépticos, Jesús tomó a la niña de la mano y le
dijo: «Niña, a ti te digo, ¡levántate!» y la niña volvió a la vida
(vv. 39–42 NVI).

Cuando todo juega en nuestra contra y las circunstancias
nos llenan de desesperación, nuestra tendencia es la de
encargarnos de nuestras cargas en la medida de lo posible y
dejar de orar. Llenos de duda, nos desviamos. ¿Puede Dios
restaurar un matrimonio desgraciado? ¿Puede curar el cáncer?
¿Puede librarme de la ruina económica? ¿Lo *va* a hacer?

Jesús conoce la salida. Tú cree; ten fe en él y no pierdas la
esperanza.

Día 358

*Pues somos hechura suya, creados en Cristo
Jesús para buenas obras, las cuales Dios preparó
de antemano para que anduviéramos en ellas.*
EFESIOS 2.10 RVR1995

Pablo dice que fuimos creados en Cristo Jesús y diseñados
para hacer la obra de Dios. Dios tiene un plan para cada uno
de nosotros.

Puesto que hemos sido «creados en Cristo Jesús», Cristo
es el ejemplo de lo que deberían ser los cristianos. «De modo
que si alguno está en Cristo, nueva criatura es: las cosas
viejas pasaron; todas son hechas nuevas» (2 Corintios 5.17
RVR1995). somos salvos por medio de Cristo para hacer las
buenas obras que Dios ha preparado para nosotros.

¿Cómo puedes conocer los planes de Dios para tu vida?
Primero, debes encontrarte con él en oración cada día y
buscar su voluntad. También es importante estudiar la Biblia.
Con frecuencia, Dios nos habla directamente por medio de
su Palabra (Salmos 119.105). Por último, debes confiar en
que Dios *va a* llevar a cabo su plan para tu vida, y en que su
plan es bueno. Jeremías 29.11 (NVI) dice: «"Porque yo sé muy
bien los planes que tengo para ustedes —afirma el SEÑOR—,
planes de bienestar y no de calamidad, a fin de darles un
futuro y una esperanza"».

¿Estás viviendo conforme al ejemplo de Cristo y
buscando el plan de Dios para tu vida?

Día 359

*Pero, cuando se manifestaron la bondad
y el amor de Dios nuestro Salvador...*
TITO 3.4 NVI

Trece palabras. El suyo es un mensaje sencillo. Cuando se manifiestan la bondad y el amor de Dios, se produce el cambio.

En la carta de Pablo a Tito, habla sobre la conducta propia de quienes conocen a Cristo. Deben someterse a las autoridades, no hablar mal de nadie, esforzarse por la paz y tener una actitud humilde.

Pablo también les dio un recordatorio sobre la manera como deben relacionarse con quienes no conocen todavía a Cristo. En vez de tratarlos con orgullo, deberían recordar que en otro tiempo ellos mismos estaban involucrados en envidias, mentiras, rencores, desobediencias y una vida insensata. Fue solo cuando Jesús vino a sus vidas cuando esas conductas cambiaron.

Pablo sabría muy bien de qué estaba hablando. Porque en otro tiempo él vivía lleno de odio hacia otras personas y aprobaba que maltratasen a los que creían en Cristo. Pablo no buscaba la paz en absoluto. Pero entonces apareció Jesús (Hechos 9.1–19). De repente, Pablo se estaba despojando de su mala conducta para tener en su lugar un comportamiento que mostrase que Dios estaba en su corazón.

El amor y la bondad de Dios son algo poderoso que transforma de manera continua los corazones. ¿Cómo ha cambiado su amor tu corazón?

Día 360

Ustedes son la luz del mundo. Una ciudad en
lo alto de una colina no puede esconderse.
MATEO 5.14 NVI

El pintor William Holman Hunt representó a Cristo como «La luz del mundo». Aunque en el cuadro aparece Jesús con una lámpara, no hay duda de que Hunt quería comunicar que el *Señor*, y no la lámpara, era la luz a la que se refería.

El título procede de una descripción que Jesús se aplicó a sí mismo. Dijo que todo el que le siguiera no andaría en tinieblas. Luego Jesús lo concretó diciendo que él sería la luz del mundo mientras estuviera en el mundo.

Luego, antes de su muerte, Jesús pasó el deber de la iluminación a sus discípulos y, a través de ellos, a nosotros.

En el cuadro, Jesús está parado ante una puerta que no tiene picaporte por fuera. La implicación es que tiene que ser invitado a entrar. Pero, una vez Jesús está dentro de ti, no te lo guardas para ti solo; no mientras todavía hay otros que andan en tinieblas. Como seguidor del Señor, te subes a la «colina» del amor de Dios y haces brillar una luz de guía para los demás.

Llevar a las personas hacia el cielo no es labor únicamente de pastores y teólogos. Es trabajo de todos los que lo anunciamos a él. Como él dijo: «¡*Ustedes* son la luz del mundo!».

Día 361

Por tanto, no desmayamos; antes aunque este nuestro hombre exterior se va desgastando, el interior no obstante se renueva de día en día. Porque esta leve tribulación momentánea produce en nosotros un cada vez más excelente y eterno peso de gloria.
2 Corintios 4.16–17 RVR1960

Pablo tenía una mentalidad celestial. En un tono propio de un poeta, animaba a la iglesia primitiva comparando su vida terrenal con la dicha que es la vida eterna para todo cristiano.

Nuestros cuerpos —los templos temporales del Espíritu Santo— son solo eso: temporales. En 1 Corintios 15.31 (RVR1960), el apóstol escribió: «cada día muero». Su afirmación era tanto metafórica como real. Físicamente, nuestros cuerpos se deterioran con la edad; y, espiritualmente, procuramos «morir» a nuestra naturaleza carnal y egocéntrica. Esto plantea una interesante dicotomía: la muerte del yo lleva a la vida. Conforme el cuerpo se hace más viejo, el espíritu se hace más joven y fuerte en Cristo cada día.

Con la voz de la sabiduría, Pablo declara que, por muy duros que puedan parecer nuestros sufrimientos, no pueden compararse con el mucho más excelente y eterno peso de la gloria que experimentaremos con Dios por toda la eternidad.

Pablo estableció un bello contraste entre las cosas presentes y las futuras; un momento frente a una eternidad; algo leve frente a un gran peso; tribulación frente a gloria. Esta es la mentalidad que Dios quiere que alcancemos todos los creyentes.

Día 362

Pero Pablo consideraba que no debían llevar consigo a quien los había desertado en Panfilia y no los había acompañado en la obra.
HECHOS 15.38 LBLA

Un joven, Marcos, acompañó a Bernabé y a Pablo cuando emprendieron su primer viaje misionero, pero regresó a Jerusalén antes de terminarlo.

Cuando estaban planificando su segundo viaje misionero, Bernabé quería incluir de nuevo a Marcos, pero Pablo estaba totalmente en desacuerdo. el joven los había dejado la primera vez, sobrecargando al resto del equipo con su parte que había dejado sin cumplir. A Pablo no le apetecía nada que eso se repitiera.

Sin embargo, Bernabé insistió en que Marcos los acompañara. Incapaces de ponerse de acuerdo, Pablo formó equipo con Silas y se encaminaron hacia el norte, mientras que Bernabé tomó a Marcos y navegaron hacia el oeste, a Chipre.

Bernabé le dio a Marcos el estímulo y el entrenamiento que necesitaba para alcanzar su pleno potencial. Marcos llegó a escribir el Evangelio de Marcos, a ministrar con eficacia en la iglesia primitiva, e incluso a convertirse en un colaborador muy valioso de Pablo.

¿Alguien te ha fallado a ti? Antes de desechar para siempre a esa persona, busca indicios de un espíritu con ganas de aprender y de una madurez en crecimiento. Dirección y ánimo pueden ser exactamente lo que alguien necesita para tener éxito en una tarea. Quizás hay un Marcos en tu vida, y Cristo te está llamando a ser un Bernabé.

Día 363

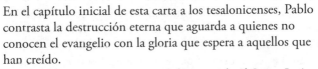

En el capítulo inicial de esta carta a los tesalonicenses, Pablo contrasta la destrucción eterna que aguarda a quienes no conocen el evangelio con la gloria que espera a aquellos que han creído.

Sucederán varias cosas en el día «cuando el Señor Jesús se manifieste desde el cielo entre llamas de fuego, con sus poderosos ángeles» (2 Tesalonicenses 1.7 NVI). Entre ellas, Dios será glorificado en su pueblo santo: en *nosotros* (v. 10). En la carta de Pablo a los efesios, mencionó que creemos «para alabanza de su gloria» (Efesios 1.12 NVI). Cuanto más somos transformados en la semejanza del Señor, más reflejamos su gloria (2 Corintios 3.18).

Este versículo nos dice que el Señor también será admirado por los que hayan creído. Algunas traducciones (NTV) dicen que «recibirá alabanzas». Los significados son similares, pero la idea de «admiración» parece tener un matiz más intenso. Es más que mirar al Señor y expresar alabanza. Cuando nos encontremos cara a cara con el Señor y toda su gloria nos quedaremos sobrecogidos de admiración, asombro e incluso perplejidad.

Comencemos a buscar a ese Dios admirable, asombroso y sobrecogedor en nuestras vidas aquí y ahora.

Día 364

Y aprovechen cualquier oportunidad,
pues corren tiempos malos.
EFESIOS 5.16 BLPH

Piensa: Pablo escribió estas palabras para la iglesia de Éfeso hace casi dos mil años. Si entonces los tiempos eran malos, ¿qué diría Pablo sobre la situación en el siglo veintiuno? ¿Cuándo fue la última vez que sintonizaste las noticias y no escuchaste acerca del mal que la humanidad acarrea sobre sí?

Y, hablando del mundo, este tiene su propio sistema para la gestión del tiempo y para hacer que cada minuto importe. La librería de la esquina tiene un montón de libros que aconsejan sobre cómo utilizar mejor cada segundo de cada día para llegar a ser el ser humano más productivo y mejor trabajador/padre/hijo que puedas soñar en convertirte.

Pero el plan de Dios para la administración del tiempo sirve a un propósito que no es el de la autorrealización. Y, aunque parezca tentador arrastrarse de vuelta a la cama y esconderse bajo las cobijas de la negación en lugar de enfrentar la dura realidad del mundo, Dios tiene una idea diferente.

Cada minuto cuenta porque, como creyentes, llevamos una esperanza eterna que el mundo necesita oír. A las buenas personas les ocurren cosas malas, pero en las pruebas de este mundo siempre encontraremos a un Dios de amor que se preocupa profundamente por sus hijos. ¿Con quién vas a compartir estas buenas noticias hoy?

Día 365

*Pues Demas me ha abandonado, habiendo amado
este mundo presente, y se ha ido a Tesalónica;
Crescente se fue a Galacia y Tito a Dalmacia.*
2 Timoteo 4.10 lbla

❧

Preso en Roma y consciente de su inminente ejecución, Pablo
escribió una última carta para animar y alentar a Timoteo, su
hijo en la fe.

Le aconsejó a Timoteo: «Sufre penalidades conmigo,
como buen soldado de Cristo Jesús» (2 Timoteo 2.3 lbla), y
le explicó las características de un eficaz obrero de Cristo.

Pablo incluyó también una breve puesta al día sobre sus
colaboradores mutuos. Todos estaban sirviendo fielmente a
Cristo en distintas regiones, excepto uno: Demas. Este había
abandonado a Pablo y había dejado el ministerio.

¿Por qué? Demas permitió que su amor por las
comodidades y placeres del mundo presente apagaran su
amor por Cristo.

Quizás Pablo estaba pensando en Demas cuando
escribió: «Ningún soldado en servicio activo se enreda en los
negocios de la vida diaria, a fin de poder agradar al que lo
reclutó como soldado» (2 Timoteo 2.4 lbla).

Demas dejó las recompensas eternas por placeres
temporales. Por el contrario, Pablo soportó adversidades por
su amado Salvador.

Estando cerca el final de su vida, Pablo escribió: «He
peleado la buena batalla, he terminado la carrera, he guardado
la fe» (2 Timoteo 4.7 lbla).

Que el epitafio de Pablo sea también el nuestro.

Autores

Dana Christensen es una escritora y música independiente que vive en Colorado. Su esposo, sus dos pares de gemelos idénticos, su preciosa hija y su perro labrador llenan de alegría y risas su vida.

17, 35, 54, 58, 68, 70, 92, 102, 112, 151, 162, 167, 184, 208, 220, 226, 246, 276, 303, 323, 364

Stephen Fierbaugh es el autor de *Surviving Celibacy* y es orador sobre temas de soltería cristiana. También ha contribuido como escritor en *The Great Adventure*. Es además misionero con Pioneer Bible Translators, donde sirve como director de tecnología de la información, en el International Service Center de Dallas, Texas. Stephen es graduado del Johnson Bible College.

10, 18, 46, 57, 73, 84, 93, 106, 120, 145, 155, 172, 187, 200, 215, 239, 242, 270, 290, 317, 326

Jean Fischer lleva casi tres décadas escribiendo y ha servido como editora con Golden Books. Ha escrito libros junto a Thomas Kinkade y John MacArthur, y es una de las autoras de la nueva serie de Barbour «Camp Club Girls» . Entre sus últimos libros están *The Kids' Bible Dictionary* y *199 Bible People, Places, and Things*, también para Barbour.

7, 22, 39, 85, 96, 104, 115, 126, 139, 177, 197, 204, 221, 244, 264, 274, 296, 309, 321, 358

Darlene Franklin ha escrito devocionales para varias colecciones anteriores de Barbour (la más reciente: *Heavenly Humor for Cat Lovers*). También tiene seis libros y novelas impresos (y varios en camino), todos con Barbour Publishing. Visita su blog en: www.darlenefranklinwrites.blogspot.com.

5, 23, 25, 36, 50, 60, 83, 95, 111, 119, 137, 144, 165, 175, 192, 210, 228, 252, 277, 287, 300, 305, 312, 329, 333, 337, 345, 355, 363

Steve Husting es un apacible *webmaster* durante el día y un intrépido escritor por la noche. Le encanta el chocolate, las caminatas y aclarar el mensaje de la Biblia a sus lectores. Él y su esposa, Shirley, viven en el sur de California con su hijo.

12, 49, 81, 100, 109, 163, 173, 186, 224, 262, 273, 288, 294, 304, 306, 314, 324, 348, 353

Tina Krause es una escritora, editora y galardonada columnista independiente. Tiene novecientos escritos de su atribución y es autora del libro *Laughter Therapy*. Tina y su esposo, Jim, viven en Valparaíso, Indiana, donde disfrutan consintiendo a sus cinco nietos.

3, 13, 19, 28, 40, 56, 74, 90, 103, 121, 132, 148, 158, 170, 181, 189, 196, 206, 222, 232, 249, 259, 268, 282, 302, 315, 320, 344, 357, 361

David McLaughlan solía escribir cualquier cosa que le generara algún ingreso; ahora escribe acerca de la fe y de Dios. No se gana mucho así, ¡pero hace cantar a su corazón! Vive en la bella Escocia con su esposa, Julie, y todo un clan de hijos.

16, 21, 27, 38, 42, 45, 48, 55, 75, 80, 88, 98, 105, 129, 134, 136, 146, 152, 156, 160, 168, 180, 185, 191, 194, 199, 203, 205, 212, 216, 219, 225, 227, 230, 233, 236, 240, 243, 245, 247, 250, 253, 256, 258, 261, 269, 275, 280, 284, 295, 297, 301, 307, 316, 325, 328, 334, 338, 347, 360

Paul M. Miller es un escritor independiente de Oak Harbor, Whidbey Island, Washington. Es un activo director de un ministerio teatral y maestro de escuela dominical, así como dramaturgo y editor retirado. Paul es padre de dos hijos adultos.

8, 24, 31, 51, 71, 87, 97, 116, 128, 131, 141, 153, 157, 161, 178, 188, 201, 238, 265, 278, 286, 292, 327, 335, 349, 352

Kathie Mitchell es una abuela que ha disfrutado escribiendo desde su infancia. Ha escrito para su iglesia, ha tenido buenos resultados en varios concursos literarios y tiene varias colaboraciones en el libro de Barbour *365 Fun Bible Facts*. Ella y su esposo, Mike, viven en Milton, Pennsylvania. Tienen dos hijos casados y cuatro nietos.

9, 26, 37, 47, 59, 69, 89, 94, 114, 140, 149, 171, 179, 202, 214, 229, 251, 257, 260, 266, 272, 285, 289, 310, 322, 331, 342, 356, 362, 365

Paul Kent es un editor veterano quien ha escrito varios libros incluyendo *Know Your Bible, Bible Curiosities* y *Playing with Purpose: Baseball Devotions*. Vive con su familia cerca de Grand Rapids, Michigan.

Todd Aaron Smith tiene catorce libros publicados, algunos de los cuales han aparecido en la lista de *bestsellers* de la CBA. Todd trabaja también con un ministerio para niños nativos mayas que viven en Guatemala y el sur de México. Él y su familia viven cerca de Kansas City.

2, 11, 20, 32, 33, 44, 61, 79, 108, 117, 138, 159, 207, 223, 254, 263, 299, 311, 350

Ed Strauss y su familia viven en la Columbia Británica, Canadá. Ed es un escritor independiente apasionado por la apologética bíblica y la fantasía ficción. Ha escrito dieciocho libros para niños, gemelos, adolescentes y adultos, y ha colaborado en diecisiete más. Aparte de escribir, Ed disfruta andando en bicicleta y explorando la naturaleza.

4, 6, 29, 43, 53, 64, 82, 99, 101, 107, 118, 122, 130, 143, 154, 166, 176, 198, 211, 218, 235, 255, 267, 283, 291, 298, 318, 330, 346, 354

Lisa Toner es una escritora independiente cuya obra ha aparecido en publicaciones y sitios web cristianos y seculares, como *Family Fun*, *Primary Treasure*, *Pack-O-Fun*, y, de Enfoque a la Familia, *Clubhouse* y *Clubhouse Jr*. Lisa se graduó en la Universidad de Nebraska con un título de bachiller en periodismo y un amplio trasfondo en ventas, anuncios comerciales y relaciones públicas. Hace voluntariado como maestra para estudiantes de enseñanza media en su iglesia.

30, 67, 76, 125, 135, 142, 150, 213, 231, 281, 313, 332, 339, 341

Martha Willey está casada y es madre de tres adolescentes. Trabaja en una escuela de primaria como asistente para alumnos con necesidades especiales. Sus escritos han sido publicados en *DevoZine*, *Encounter*, *Grit*, *Simple Joy* y *Cross and Quill*, así como en los libros de Barbour *Whispers of Wisdom for Caregivers* y *The Book Lover's Devotional*. Es miembro de Northwest Ohio Christian Writers, entre sus aficiones están también la lectura y bordar con punto de cruz.

15, 63, 66, 72, 113, 127, 147, 174, 183, 190, 234, 336, 343, 351, 359

Jean Wise es periodista y escritora independiente, y oradora cristiana en retiros, encuentros y seminarios. Ha publicado artículos en publicaciones como *Lutheran*, *Spirit-Led Writer*, *Christian Communicator*, *Sacred Journey* y *God Answers Prayers—Military Edition*. Ha aportado sus devocionales a libros de Barbour como *Daily Comfort for Caregivers* y *The Book Lover's Devotionals*. Vive en el noroeste de Ohio, donde es reportera para un diario en el que escribe artículos especiales. Conoce más de ella en su web: www.jeanwise.org o su blog: www.healthyspirituality.org.

14, 34, 41, 52, 62, 78, 86, 91, 110, 123, 133, 164, 169, 193, 195, 209, 217, 237, 248, 271, 279, 293, 308, 319, 340

Índice de citas bíblicas